V리그 연대기
둘

V리그 연대기
둘

쿠바특급,
시몬스터,
슈퍼땅콩,
씻은배추줄기,
산수형까지

류한준
김효경
지음

북큐마

책을 펴내며

V리그 여자부 이야기를 다룬 〈V리그 연대기〉를 중앙일보 김효경 기자와 함께 마무리한 뒤 남자부에 대해서도 다룰 기회가 오래지 않아 찾아왔다. 남자부의 경우 V리그 출범 20주년을 맞이해 개막한 2024/25시즌을 담을 수 있어 좀 더 의미가 있다고 본다. 이런 자리를 마련해준 북콤마 출판사에 〈V리그 연대기〉에 이어 다시 한 번 감사드린다.

남자부에선 구단 역사를 소개하는 코너도 준비했다. 〈V리그 연대기〉와 같은 콘셉트로 잡았다가 조금 변화를 줬다. 김기자와 함께 여자부 이야기를 쓸 때 아쉬운 마음이 들었는데 이번에는 그 부분을 조금은 만회한 것 같다. 그러나 여전히 충분하지 않다고 본다. 2024/25시즌 일정이 끝나는 시점에 맞춰야 했는데 원고 작성이 계속 뒤로 밀린 게 크다고 본다. 전적으로 내 탓이다. 특히 선수와 지도자 부분에서는 아쉬운 마음이 든다.

2024/25시즌은 다시 현장으로 돌아가 취재를 할 수 있었기에 내게는 무엇보다 의미가 컸다. 배구 전문 월간지 '더스파이크'에 합류해 한 시즌을 함께 보낸 이보미 편집장, 김희수, 송현일 기자, 김희

경 이사에게 감사드린다. '더스파이크'가 창간한 2015/16시즌부터 2023/24시즌 개막까지 외부 필진으로 함께한 인연이 있는데 앞으로의 10년도 V리그와 함께 발전하기를 기원한다.

남자부 각 구단의 선수와 코칭스태프, 사무국 임직원 그리고 한국배구연맹 사무국 관계자들에게도 이 자리를 빌려 다시 한 번 감사드린다. 이들이 있었기에 배구와 V리그를 주제로 한 두 번째 책이 나올 수 있었다고 본다. 〈V리그 연대기〉에서처럼 배구계 안팎을 함께 취재했던 선배와 후배 기자들에게 다시 한 번 고마운 마음을 전한다. 그리고 앞선 책에서 미처 언급하지 못한 연합뉴스 장현구 선배를 비롯해 같은 시기 배구를 담당했던 하남직, 신창용, 최인영, 이대호, 김경윤 기자에게도 이번 기회를 통해 감사드린다. 그리고 오랜 기간 함께한, 지금은 다들 각자의 자리로 돌아간 석명 국장을 비롯한 '아이뉴스24(조이뉴스24)' 식구들에게도 늘 감사드린다. 아울러 따로 언급하지 못했지만 V리그 현장을 거쳐 간, 그리고 다가오는 2025/26시즌에도 함께할 선배와 후배 기자들에게도 역시나 고마운 마음이다.

남자부 스토리를 준비하면서 개인적으로도 사회적으로도 많은 일이 있었다. 그러다보니 녹록지 않은 상황과 마주했다. 그러나 어김없이 시즌은 다시 돌아올 것이다. 글을 쓰는 동안 변함없는 격려를 보내준 세 누나와 매형들, 특히 투병 중인 어머니와 가장 많은 걱정과 고민을 하고 있는 아버지에게 이 자리를 빌려 다시 한 번 힘내시라는 이야기를 드리고 싶다. 아울러 어머니를 지근거리에서 보살피며 돕고 있는 요양사와 복지사분, 의료진에게도 감사드린다.

　여자부에 이어 남자부까지 V리그를 정리하는 시간은 내게는 정말 특별했다. 자료를 찾고 확인하는 과정을 거치기는 했지만 빠졌거나 잘못된 부분이 있을 수 있는데 그 부분은 전적으로 내 불찰이 가장 크다. 아울러 이번뿐 아니라 배구 관련 서적들이 앞으로도 종종 팬들과 독자들에게 찾아가는 자리가 더 마련되기를 바란다. 마지막으로 이번 과정에서 글을 보태고 도움을 준 동아일보 황규인 기자에게는 한층 더 고마운 마음을 전한다. _**류한준 쓰다**

차례

책을 펴내며 | 5

플레이어

레오와 경쟁자들 | 14

시몬과 경쟁자들 | 24

케이타와 경쟁자들 | 31

클럽히스토리

'Tradition' 한국전력 | 53

'Dynasty Take-off' 대한항공 | 59

'Challenger' KB손해보험 | 67

'New dynasty' 현대캐피탈 | 75

'Strong Again' 삼성화재 | 82

'Clear Goal' 우리카드 | 90

'Glory Story' OK저축은행 | 97

'Remember 1992' 상무 | 104

시즌스케치

2005시즌	닻을 올리다	121	2015/16시즌	괴물 시몬	257
2005/06시즌	첫 통합우승	135	2016/17시즌	10시즌 만의 우승	271
2006/07시즌	연속 우승	149	2017/18시즌	고공비행	285
2007/08시즌	정상 탈환	158	2018/19시즌	네 번째 우승	299
2008/09시즌	왕조의 시작	170	2019/20시즌	첫 우승 기회	313
2009/10시즌	가빈 천하	181	2020/21시즌	새로운 왕조	324
2010/11시즌	롤러코스터	194	2021/22시즌	다시 순항	339
2011/12시즌	큰 고비를 넘다	210	2022/23시즌	트레블	353
2012/13시즌	레오 돌풍	220	2023/24시즌	4연속 통합우승	368
2013/14시즌	7시즌 연속 우승	231	2024/25시즌	다시 트레블	383
2014/15시즌	독주를 끊다	244			

일러두기

* 팀과 선수에 대한 모든 기록은 한국배구연맹 홈페이지에 나오는 기록을 기준으로 삼았다. 규정도 그곳의 명문과 조항을 참고했다.

* 외국인 선수 이름은 국립국어원의 외국어 표기 규정 및 용례와 다르더라도 팬들과 언론 보도의 익숙함을 고려해 가급적 기존의 한국배구연맹 등록명을 따랐다.

* 포지션 이름은 2022/23시즌 바뀌기 전에도 레프트와 라이트, 센터로 쓰지 않고 아웃사이드 히터, 아포짓 스파이커, 미들 블로커로 써 전체적으로 통일했다.

플레이어

2024/25시즌까지 정규리그를 기준으로 가장 많은 경기에 나온 선수는 리베로 여오현이다. 그는 리그 원년인 2005시즌부터 2023/24시즌까지 625경기(2181세트)를 뛰었다. 리그 출범 전인 실업배구까지 포함하면 개인 통산 1천 경기가 넘는다(2000년 삼성화재에 입단해 2013/14시즌 현대캐피탈로 이적하고 2023/24시즌을 마친 뒤 은퇴했다). 실업 시절을 제외하고 리그 출범만을 기준으로 두면 미들 블로커 하현용이 가장 많은 경기에 나왔다. 577경기(2044세트) 출전. 그는 2005년 LG화재에 입단한 뒤 우리카드를 거쳐 삼성화재에서 2023/24시즌을 마친 뒤 은퇴했다.

그러나 여오현, 하현용과 다르게 선수로 등록되고도 단 한 경기, 한 세트도 나오지 못하고 리그 경력을 마친 이들도 있다. 이런 선수들도 리그 역사의 한 부분을 차지하고 있다. 물론 배구 팬들과 미디어의 관심을 받는 선수가 주목받기 마련이다. 리그를 주름잡은 많은 선수와 감독 중 특히 기억하고 지켜봐야 할 이들을 꼽았다.

레오와
경쟁자들

슈퍼리그와 세미프로인 V투어를 거치는 동안 코트에는 슈퍼스타로 꼽히는 선수들이 있었다. 김세진과 신진식(이상 삼성화재), 후인정(현대캐피탈), 이경수(LG화재) 등이 대표적이다. 김세진과 신진식은 1990년대 초중반 소속 팀뿐 아니라 대표팀에서도 공격을 이끈 듀오로 평가된다. 그런데 두 선수가 V리그에서 뛴 기간은 길지 않다. 김세진은 2005, 2005/06시즌을 뛰며 50경기(141세트) 출전, 473점, 공격성공률 51.80퍼센트를 기록하고, 신진식은 2006/07시즌까지 뛰며 75경기(232세트) 출전, 669점, 공격성공률 48.70퍼센트를 기록했다. 두 선수가 비교적 일찍 선수 생활을 접은 데는 배경이 있다.

삼성화재는 2005시즌 우승을 차지하며 실업 시절의 '왕조'를 프로로까지 이어갔다. 그때 강력한 경쟁자가 등장한다. 공교롭게도 리그에 외국인 선수 제도가 도입된 2005/06시즌, 현대캐피탈이 삼성화재의 연속 우승에 제동을 걸었다. 세터 권영민과 후인정, 장영기, 미들 블로커진 이선규와 윤봉우, 하경민 등이 버티는 중에 숀 루니가 화룡정점을 찍었다. 반면 삼성화재는 외국인 선수 쪽에서 현대캐피탈에 밀렸다. 2006/07시즌에도 현대캐피탈이 삼성화재를 꺾고 정상에 올랐다.

그런 가운데 당시 신치용 삼성화재 감독은 한 가지 선택을 했다. 김세진과 신진식, 미들 블로커 김상우 등 주축 멤버를 내보내는 세대교체를 단행한 것. 김상우가 2006/07시즌을 마친 뒤 선수 은퇴한 이유도 여기에 있다. 그리고 외국인 선수 자리를 아웃사이드 히터가 아니라 아포짓으로 바꿨다. 레안드로(2006/07시즌)를 시작으로 안젤코(2007/08~2008/09시즌), 가빈(2009/10~2011/12시즌)이 그랬다.

연속으로 챔피언결정전 우승을 차지해 새 왕조를 이어가리라고 평가받던 현대캐피탈은 루니를 붙잡지 못한 뒤 삼성화재에 다시 정상을 내줬다. 2008/09시즌에 루니를 대체할 선수로 매튜 앤더슨을 영입하는데 여러모로 루니와 비슷한 유형의 장신 아웃사이드 히터였다. 2009/10시즌에 팀은 앤더슨과 재계약하지만 후반기에 베테랑 아포짓 에르난데스로 교체했다. 삼성화재에 대항하기 위한 카드였지만 에르난데스는 기대에 모자란 경기력을 보였다. 결국 현대캐피탈의 선택은 악수가 되고 말았다. 그리고 그 시기 삼성화재는 비판의 여지가 있는, 외국인 선수에게 공격을 몰아주는 배구로 리그 정상을 지켰다. 그러다 보니 트렌드가 됐다. 다른 팀들도 삼성화재를 따라 비슷한 스타일로 경기를 치르게 됐다.

그런 가운데 국내 스파이커들도 힘을 냈다. 김세진과 신진식의 뒤를 이을 선수로는 이경수가 첫손가락에 꼽힌다. 아포짓인 김세진과 달리 아웃사이드 히터인 그는 신진식보다 높이도 있어 공격과 수비 양쪽에서 인정을 받았다. 한양대 재학 시절부터 한 경기에 40점을 훌쩍 넘겨 거포로 조명을 받았다(국내 배구에서 특정 선수에게 공격을 몰아주는 배구는 당시 송만덕 한양대 감독이 먼저 시작했다고 봐도 무방하다). 하지만 그는 스카우트 파동에 휘말려 한창 전성기에 접어들 무렵 코트에 나오지 못했다. 2005/06시즌에 첫 번째 트리플 크라운(한 경기에서 후위공격과 블로킹, 서브 에이스 모두 각각 3개 이상을 달성할시 주어지는 상으로 V리그만의 로컬 룰)을 달성하기도 하는 등 정상급 토종 스파이커로 자리하지만 우승 타이틀과는 거리가 멀었다. 그가 선수로 뛰는 동안 팀의 세터와 리베로 포지션에서 계속 엇박자가 나기도 하는데 그 역시 부상으로 못 나간 경기가 꽤 됐다. 그는 '원클럽맨'(LG화재-LIG손해보험)으로 남아 2014/15시즌을 마치고 은퇴할 때까지 291경기(999세트)에 나와 3841득점에 공격성공률 48.73퍼센트를 기록했다.

이경수의 한양대 후배로 신체 조건이나 스타일이 비슷한 신영수 역시 대한항공에서 원클럽맨으로 뛰었다. 김학민과 함께 오랜 기간 대한항공의 공격을 이끈 그는 프로 원년부터 2017/18시즌까지 뛰며 342경기(1097세트)에 출전해 3323점에 공격성공률 49.40퍼센트를 기록했다.

무엇보다 리그 초창기에 트로이카 체제가 형성된다. 박철우와 김요한, 문성민이 그 주인공이다. 신체 조건도 좋고 뛰어난 공격력을 갖춘 세 선수는 당시 한국 남자배구를 향후 10년 동안 책임지고 이끌어 가리라는 기대를 모았다. 박철우는 경북사대부고 시절부터 유명세를 치르고 김요한과 문성민도 각각 인하대와 경기대에 다닐 때부터 전국구 선수로 유명했다.

박철우는 김요한, 문성민과 달리 대학을 거치지 않고 고교 졸업반인 2004년 현대캐피탈에 입단했다. 2006/07시즌까지는 아포짓 후인정의 백업으로 코트에 나오다가 2007/08시즌부터 주포로 자리매김했다. 특히 2007/08시즌 대한항공과의 플레이오프 3차전을 계기로 주가가 오르기 시작했다. 당시 3세트 2-11로 대한항공에 크게 뒤진 상황에서 김호철 현대캐피탈 감독이 그를 교체 선수로 코트에 내보내는데 그때부터 그의 활약에 힘입어 현대캐피탈이 추격을 시작하고 세트 승부를 결정짓게 됐다. 그가 3세트에만 출전해 9점을 올린 뒤 현대캐피탈은 결국 3-1로 대한항공을 꺾고 챔피언 결정전에 올라갔다. 그리고 그 3차전 결과는 나중에 문용관 대한항공 감독이 팀의 지휘봉을 내려놓는 계기가 된다. 그도 선수 은퇴한 뒤 필자와 가진 인터뷰에서 해당 경기를 "선수로 뛰는 동안 가장 잊지 못할 순간"이라고 얘기했다.

김요한과 문성민은 모두 신인 드래프트에서 전체 1순위 지명을 받았다. 김요한은 2007/08시즌 LIG손해보험에, 문성민은

2008/09시즌 한국전력에 뽑혔다. 그리고 두 선수는 드래프트에 앞서 2006년 도하(카타르) 아시안게임 대표팀에 선발돼 주전 멤버는 아니지만 금메달을 목에 걸며 병역 혜택까지 받았다. 그러나 김요한은 LIG손해보험과 OK저축은행을 거치는 동안 기대만큼 활약을 보여주지는 못했다. 문성민은 한국전력에 입단하지 않고 해외 진출로 방향을 돌려 독일 분데스리가 프리드리히스하펜(2008/09시즌)과 튀르키예리그 할크방크(2009/10시즌)에서 각각 한 시즌을 보내고 국내로 복귀했다. 그때 곧바로 트레이드를 통해 현대캐피탈의 유니폼을 입고 리그에 데뷔했다.

　세 선수는 공교롭게도 태극 마크를 달고 대표팀에서 함께 뛴 적이 그렇게 많지 않다. 월드리그에서 함께 손발을 맞춘 적은 있어도 아시안게임과 올림픽 예선전에 함께 나간 적이 없다. 그때마다 셋 중 한 명이 꼭 아픈 상태였다. 박철우는 2007년 월드리그 도중 기흉 때문에 수술을 받고 김요한도 선수 시절 내내 발목과 허리에 부상을 달고 다녔다. 문성민은 월드리그에서 명암이 갈렸다. 2008년 월드리그 대륙 간 라운드에서 12경기 동안 285득점과 서브 에이스 25개를 기록하며 득점과 서브 부문 모두 1위에 올랐다. 그때의 활약을 바탕으로 해외 리그에 진출할 기회가 찾아오는데 2013년 월드리그에서 그것 때문에 자신의 전성기를 오랜 재활로 보내게 되는 큰 부상을 당했다. 대륙 간 라운드 개막전인 일본과의 경기에서 스파이크를 시도하고 착지하는 과정에서 왼쪽 무릎 십자인대가 파열된 것. 그때가 선수 인생에서 변곡점이 됐다. 그도 "정말 몸 상태가 제일 좋았을 때에 크게 다쳐버렸다. 만약 그 부상이 없었다면 다시 해외 진출에 도전했을 수도 있었을 것"이라고 아쉬운 마음을 내비칠 정도였다.

그래도 박철우와 문성민은 리그에서 챔피언결정전 우승 트로피를 들어 올렸다. 박철우는 현대캐피탈과 삼성화재에서, 문성민은 현대캐피탈에서 우승 멤버로 당당히 이름을 올리지만 김요한은 소속 팀 선배 이경수와 마찬가지로 '무관'으로 남았다. 박철우는 2023/24시즌까지 뛰는 동안 선수 생활 후반부에는 아포짓이 아니라 미들 블로커로 포지션을 바꾸기도 했다. 그런 경우는 박철우가 첫 사례는 아니었다. 후인정도 2011/12시즌부터 아포짓이 아니라 미들 블로커로 자리를 바꿔 코트에 나오기 시작해 2013년 한국전력으로 이적한 뒤 2014/15시즌 선수 은퇴할 때까지 해당 포지션에서 뛰었다.

박철우는 선수 은퇴할 때까지 564경기(1945세트)에 출전해 6623득점에 공격성공률 46.27퍼센트를 기록했다. 2023/24시즌까지 박철우는 개인 통산 득점 부문 1위에 올라 있었다(레오가 2024/25시즌 현대캐피탈 소속으로 박철우의 기록을 넘어섰다). 문성민은 2024/25시즌을 마치고 선수 은퇴할 때까지 381경기(1262세트)에 출전해 4813득점에 공격성공률 52.14퍼센트를 기록했다. 김요한은 이른 시기에 2018/19시즌을 마치고 은퇴하는데 343경기(1178세트)에 나와 4252득점에 공격성공률 50.42퍼센트라는 성적을 냈다. 김요한이 좀 더 오래 리그에서 뛰었다면 문성민보다 기록상 앞섰을 가능성이 크다.

앞서 언급한 것처럼 삼성화재가 안젤코와 가빈에 이어 레오를 선택한 이유가 있다. 박철우가 2009/10시즌이 끝난 뒤 자유계약 선수(FA) 자격을 얻어 삼성화재로 이적해 왔다. 왼손잡이 아포짓 인 그를 좀 더 활용하기 위해서라도 외국인 선수 자리에 다시 아웃 사이드 히터가 필요해졌다. 신치용 감독은 처음엔 레오에 대한 기대가 크지 않았다. 신감독은 "나이도 어리고 너무 말랐었다(1990년 생인 레오는 삼성화재에 입단할 당시 나이 22세에 신장 206센티미터, 몸무게 78킬로그램이었다). 근육량과 함께 몸집을 키우기 위해 무조건 많이 먹으라고 했는데 살이 잘 안 쪘다. 그래서 '저렇게 마른 몸으로 공격에 힘을 실을 수 있을까?' 하는 의문도 들었다"고 얘기했다. 걱정은 기우였다. 레오는 가빈이 빠진 자리를 완벽히 메웠다. 리그에 데뷔한 2012/13시즌 단숨에 최고의 외국인 선수로 자리매김했다. 앞서 가빈이 2009/10시즌과 2010/11시즌에 각각 1110점, 1112점을 올려 리그 최초로 '두 시즌 연속 1천 득점' 이상을 기록하는데 레오도 뒤를 이어 2013/14시즌과 2014/15시즌에 각각 1084점, 1282점을 기록했다.

삼성화재가 안젤코와 가빈, 레오를 거치는 동안 최강팀으로 자리한 건 역시 그들의 공격력이 가장 큰 이유로 꼽힌다. 하지만 한편으로는 탄탄한 수비력이 받쳐주었기에 가능한 일이었다. 그들 옆에 리베로 여오현과 아웃사이드 히터 석진욱이 버티고 있었다. 석진욱은 실업 시절 박희상이 대한항공에서 한 살림꾼 역할을 삼성화재에서 맡았다. 수비와 서브 리시브에 주로 초점을 맞추지만 그렇다고 공격력이 떨어지는 편도 아니었다. 리그의 예는 아니지만 대표팀이 2010년 광저우 아시안게임 준결승전에서 일본과 맞붙을 때 그가 빠진 다음 어떤 일이 벌어졌는지를 보면 알게 된다. 당시 한국은 일본에 2-1로 앞서는 상황에서 결승 진출의 꿈을 한층 끌어올렸다. 그런데 4세트 도중 그가 무릎 부상으로 빠진 뒤 수비와 리시브 라인이 급격히 흔들리면서 결국 일본에 2-3으로 패했다. 이후 그는 2010/11시즌에도 리그 경기에 출전하지 못했다. 삼성화재는 그가 없는 사이 그해 3위로 시즌을 마무리하고 챔피언결정전 우승까지 차지하지만 시즌 도중 최하위로 떨어지는 등 위기를 맞기도 했다. 앞서 2005/06시즌 챔피언결정전에서도 그가 부상을 당해 제 컨디션이 아닌 것이 승부에 영향을 끼쳤다. 당시 상대 팀 현대캐피탈에선 아웃사이드 히터 장영기가 석진욱처럼 공수에서 알토란 같은 활약을 보이며 우승에 힘을 보탰다.

석진욱은 2012/13시즌을 마치고 선수 은퇴할 때까지 209경기(670세트)에 나와 4462차례 리시브에 가담하고 3236개를 연결해 리시브효율이 71.022퍼센트로 높다. 디그도 1240개를 기록한 중에 세트당 평균이 1.851개다. 리베로 포지션을 제외하면 아웃사이드 히터 선수로서 기록하기 어려운 높은 수치다.

한편 레오는 2014/15시즌을 마치고 리그를 떠났다. 삼성화재는 당시 계약에 늦장을 피우던 그와의 재계약을 포기하고 대신 괴르기 그로저라는 특급 아포짓을 영입했다. 하지만 레오와 V리그의 인연은 다시 이어졌다. 2021/22~2023/24시즌 OK저축은행에서 뛰고 2024/25시즌엔 현대캐피탈의 유니폼을 입었다. 그는 지금까지 리그에서 7시즌 동안 뛰며 231경기(872세트)에 출전해 6661점에 공격성공률 55.64퍼센트를 기록했다. 득점 부문에서 마침내 박철우를 넘어서며 개인 통산 1위에 올랐다. 2025/26시즌에도 현대캐피탈의 소속으로 코트에 나올 가능성이 크다. 박철우는 "기록은 언젠가 깨지는 것으로 생각했다. 한 시즌도 채 지나지 않아 레오가 (개인 통산 득점 부문) 기록을 깨뜨렸지만 괜찮다. 예전 팀 동료가 새로운 기록의 주인공이 돼 더욱 기분이 좋다. 레오가 좀 더 오래 뛰어 1만 득점도 기록했으면 한다. 그리고 국내 후배 선수들이 언젠가는 그 기록을 넘어서면 좋겠다"고 얘기했다. 나이와 경력이 쌓인 레오는 몸무게도 이제 95킬로그램까지 늘어 탄탄한 체구를 자랑한다. 그는 "삼성화재와 신치용 감독이 내 배구 인생의 전환점이 됐다. 은퇴 시점은 아직 생각하지 않았지만 V리그에서 선수 생활을 마치고 싶다"고 했다.

한편 박철우와 문성민은 2025/26시즌을 앞두고 지도자로 제2의 배구 인생을 시작했다. 박철우는 우리카드 코치로, 문성민은 현대캐피탈 코치로 선임됐다. 한편 박철우는 2024/25시즌 기준으로 국내 선수로는 유일하게 한 경기 50점 이상을 기록한 주인공이다. 현대캐피탈 시절이던 2010년 1월 30일 천안 유관순체육관에서 열린 LIG손해보험과의 경기에서 50점을 올렸다. 그런데 여기에는 오심이 있었다. 박철우는 "50점 중 한 점은 분명히 상대 범실로 기억하고 있다. 그런데 주·부심 모두 범실 시그널을 하지 않았다. 49점으로 알고 있었는데 경기가 끝나고 기록지를 보니 50점으로 나와 있더라. 상대 범실이 아니라 내가 올린 득점으로 기록됐다"고 얘기했다. 리그 한 경기 개인 최다 득점 기록은 가빈이 갖고 있다. 2012년 2월 2일 삼성화재와 LIG손해보험의 맞대결에서 58점을 기록했다. 가빈은 그 경기 외에 50점 이상을 기록한 경기가 한 번 더 있다. 개인 최다는 레오가 갖고 있다. 그는 2015년 2월 3일 LIG손해보험과의 경기에서 54점(역대 3위)을 기록하는 등 총 8경기에서 50점 이상을 기록했다.

시몬과 경쟁자들

리그 역사상 가장 인상 깊은 팀을 꼽자면 OK저축은행이 빠지지 않는다. OK저축은행은 2013/14시즌 창단되어 바로 다음 시즌에, 그러니까 리그 참가 2시즌 만에 가장 높은 자리에 올라갔다. 2014/15시즌에 정규리그 3위로 플레이오프에 진출하며 봄배구에 첫선을 보이는데 한국전력을 꺾고 챔피언결정전으로 향했다. 챔피언결정전에선 삼성화재를 시리즈 전적 3승으로 제치고 우승 트로피를 거머쥐었다. 무명이나 다름없던 신생 팀이 2007/08~2013/14시즌 7회 연속으로 챔피언결정전 우승을 차지한 '왕조'의 앞길을 막아선 것이다.

우승 주역은 누가 뭐라 해도 그해 영입한 시몬이었다. 그가 리그로 오기 전인 2012/13시즌에 본격적으로 외국인 선수의 몸값에

인플레이션이 있다는 이야기가 나왔다. 시발점이 된 선수는 LIG손해보험이 계약한 오레올 까메호다. 레오를 시작으로 앞다퉈 쿠바 선수를 영입하려는 열풍이 불 때였다. 그와 계약하는 데 총 비용이 120~150만 달러가 들었다는 얘기가 팀 안팎에서 흘러나왔다. 오레올이 2012/13시즌이 끝나고 리그를 떠나지만(그는 이후 돌아와 2015/16시즌과 2022/23시즌 현대캐피탈 소속으로 뛰었다. 그는 센터 출신답게 2단 연결에 강점이 있고 높이를 자랑하는 아웃사이드 히터로서 블로킹 능력도 뛰어났다. 당시 LIG손해보험에선 기대만큼 활약하지 못한 끝에 재계약하지 못했다), 이어 같은 쿠바 출신 마이클 산체스도 2013/14시즌 대한항공의 유니폼을 입었다. 그리고 그해 현대캐피탈은 해외 리그에서 이름값이 있고 충분히 검증된 아포짓인 리버맨 아가메즈를 영입했다. 산체스와 아가메즈 모두 영입 과정에서 100만 달러 이상이 들었다는 소문이 당시 해외 에이전트 사이에선 기정사실로 통했다.

그 무렵 정점을 찍은 주인공이 시몬이다. 2014/15시즌을 앞두고 OK저축은행은 시몬을 영입하기 위해 직전 시즌 소속 팀이던 이탈리아리그 피아첸차에 이적료까지 지불했다. 당시 이적료만 55만 유로로 알려졌다. 피아첸차는 시몬을 OK저축은행으로 보내고 받은 돈으로 밀린 선수단·코칭스태프 임금까지 해결했다. OK저축은행은 시몬과 1년이 아니라 2년 계약을 맺었다. 총액은 공식 발표되지 않지만 당시 필자가 해외 에이전트에게 확인한 결과 240만 달러였다. 시몬은 이름값만 놓고 보면 '월드 클래스급' 선수였다. 2007/08시즌 LIG손해보험이 다년 계약한 기예르모 팔라스카를 뛰어넘는 선수가 리그에 온 것이다.

입단 초기엔 시몬의 주 포지션이 미들 블로커이다 보니 리그에서 성공할지를 두고 물음표가 붙었다. 김세진 OK저축은행 감독은 그에게 '멀티 롤'을 맡겼다. 그는 후위에 자리할 때는 아포짓 역할을 하고 전위에선 강력한 속공으로 상대 블로커를 무용지물로 만들었다. 두 역할 모두 무리 없이 수행했다. 2014/15시즌에 그는 34경기(132세트)에 출전해 1043득점으로 부문 2위, 공격성공률도 55.38퍼센트로 부문 3위에 오르는 등 제 역할을 톡톡히 했다.

2015/16시즌에도 OK저축은행은 그의 활약 덕에 당시 최태웅 감독의 '스피드 배구'와 '토털 배구'를 앞세운 현대캐피탈과의 봄배구 마지막 승부에서 다시 한 번 웃었다. 그해 정규리그에서 그는 36경기(132세트)에 나와 919득점에 공격성공률 55.68퍼센트를 기록해 각각 부문 2위에 이름을 올렸다. 시몬에 더해 괴르기 그로저까지 출전하던 당시 V리그는 외국인 선수들의 이름값으로 치면 세계 최고 리그라는 얘기도 들었다. 그로저는 그해 31경기(123세트)에만 나오고도 1073득점을 올려 부문 1위를 차지했다.

그러나 2016/17시즌을 앞두고 시몬이 떠난 OK저축은행은 전혀 다른 팀이 됐다. 김세진 감독은 자신에게 마지막이 된 2018/19시즌까지 봄배구에 나서지 못했다. 그즈음 한국배구연맹(KOVO)은 외국인 선수의 몸값을 안정화하기 위해 선발 방식에 변화를 줬다. 2017/18시즌 팀별 자유선발에서 '트라이아웃 후 드래프트'로 바뀌었다. 그러다 보니 상대적으로 유명세가 덜한 선수들이 리그에 오게 되고 결과적으로 OK저축은행은 외국인 선수 선발 방식이 바뀜에 따라 가장 큰 피해를 본 팀이 됐다. 그렇게 OK저축은행의 힘이 빠지는 사이 리그는 다시 양강 체제로 개편됐다. 삼성화재가 2015/16시즌부터 2024/25시즌까지 계속 챔피언결정전에 오르지 못하는 중에 양강 자리를 현대캐피탈과 대한항공이 차지했다.

대한항공은 2010/11시즌부터 충분히 우승을 노릴 수 있는 팀으로 거듭났다. 그 중심에는 세터 한선수가 있었다. 한선수는 김호철, 신영철, 최태웅의 뒤를 이어 한국 남자배구 명세터 계보를 잇는 선수로 성장했다. 프로 데뷔 초기엔 동갑내기이자 신인 드래프트 동기인 세터 유광우보다 한 수 아래라는 평가를 받았다(2019/20시즌 유광우가 대한항공으로 이적해 한솥밥을 먹게 됐다). 심지어 대한항공은 한선수를 트레이드 카드로 활용하려고 했다. 그러나 신영철 감독이 팀 지휘봉을 잡은 뒤부터 그는 본격적으로 주전 세터로 기용되기 시작하고 성장을 거듭해 대표팀에서도 주축 선수로 자리 잡았다.

한선수는 2007/08시즌부터 2024/25시즌까지 505경기에 출전하는 동안 1만 9661세트를 기록했다. 2025/26시즌에 개인 통산 2만 세트를 돌파할 가능성이 높다. 현재 세트 부문 개인 통산 1위이니 그렇게 되면 리그 최초로 2만 세트를 기록한 주인공이 되는 셈이다. 한선수의 뒤를 이어 유광우가 506경기에 1만 5108세트를 기록하고 있다. 리그 통산 1만 세트 이상을 달성한 선수는 두 선수 외에도 권영민(1만 3031개)과 최태웅(1만 743개), 황택의(1만 56개) 등 세 명이 더 있다. OK저축은행의 이민규(9968세트)도 2025/26시즌에 1만 세트 돌파가 유력하다.

    대한항공에선 한선수와 함께 리베로 최부식도 우승에 밑거름을 뿌린 선수 중 한 명으로 꼽힌다. 최부식은 같은 자리에서 너무나 강력한 '원톱' 여오현에게 밀려 오랫동안 '2인자'로 지냈다. 2005시즌부터 2015/16시즌까지 366경기(1328세트)에 나와 개인 통산 리시브효율 65.984퍼센트에 4610디그(세트당 평균 2.930디그)라는 성적을 냈다. 여오현이 없었다면 그가 리그 최고의 리베로로 꼽혔을 것이다. 2008/09시즌엔 리베로가 아니라 아웃사이드 히터로 코트에 나와 2차례 공격을 시도한 적도 있다. 또 그는 지금까지도 리그 선수들 중 유일하게 소설 속 주요 등장인물로 나온 적이 있다. 2017년 출간된 청소년 성장 소설 〈디그요정〉에 나오는 이야기인데 책 제목이 그의 현역 선수 시절 별명이기도 하다.

    최부식은 필자와 가진 인터뷰에서 선수 시절을 이렇게 되돌아봤다. "(여)오현이를 솔직히 원망한 적이 있다. 그래도 같은 포지션에 오현이라는 선수가 있었기에 내겐 늘 자극제가 됐다. 흐트러질 때마다 오현이를 생각하며 각오와 마음을 다진 적이 많았다." 여오현 또한 "(최)부식이는 나와 비교해 전혀 뒤지지 않는 실력을 갖췄다. 내가 가장 존경하는 리베로인 브라질의 세르지우를 제외하면 해외 선수까지 범위를 넓혀도 나와 부식이가 톱클래스에 속하는 건 맞다"며 웃었다. 최부식은 여오현보다 먼저 선수 은퇴해 지도자 생활을 시작했다. 그리고 선수로서 이루지 못한 꿈을 팀의 수석코치로 함께했다.

대한항공은 2017/18시즌 리그 출범 후 처음으로 챔피언결정전 우승을 차지하고 2020/21시즌부터 2023/24시즌까지 4시즌 연속으로 정규리그 1위와 챔피언결정전 정상에 모두 오르는 통합우승을 달성했다.

앞서 언급한 대로 '최태웅호'로 닻을 바꿔 단 현대캐피탈도 2016/17시즌과 2018/19시즌 두 차례 최고의 자리로 올라섰다. 이 시기 팀의 주축 선수들은 문성민과 '이적생' 미들 블로커 신영석, 아웃사이드 히터 전광인이었다. 신영석은 데뷔 초기부터 입단 동기 박상하와 함께 우리캐피탈과 드림식스의 높이를 책임졌다. 그는 말도 많고 탈도 많던 현금 트레이드를 통해 현대캐피탈에 이적한 뒤에도 꾸준히 제 몫을 하며 국내 미들 블로커를 대표하는 선수가 됐다. 이선규와 윤봉우, 하경민이 현대캐피탈을 떠난 뒤엔 후배 최민호와 함께 높이를 든든히 책임졌다. 그러다 2020/21시즌 도중 트레이드를 통해 한국전력으로 팀을 옮겼다.

신영석은 2024/25시즌까지 472경기(1805세트)에 출전해 블로킹 1321개를 잡았다. 세트당 평균 0.732개로 해당 부문 역대 1위다. 2위는 이선규(1056개, 세트당 평균 0.650개), 4위는 윤봉우(907개, 세트당 평균 0.623개)다. 3위는 하현용으로 577경기(2044세트)에 나와 블로킹 1018개를 기록하는데 세트당 평균(0.498개)은 윤봉우보다 낮지만 블로킹 성공 개수에서 앞선다. 꾸준함의 대명사인 하현용은 리그에서 3명뿐인, 1천 블로킹을 넘어선 미들 블로커다. 한편 신영석은 시즌 개막을 맞이할 때마다 등번호를 바꾸는 선수로도 유명하다. 우리캐피탈과 드림식스, 현대캐피탈에서 뛸 때는 18번을 계속 사용하다가 한국전력으로 온 뒤엔 20번을 시작으로 22번, 23번, 24번으로 매 시즌 교체하고 있다. 1986년생인 그는 "오는 2029/30시즌까지 현역 선수로 뛰는 게 목표"라며 "등번호 30을 꼭 달아보고 싶다"고 얘기했다.

전광인은 성균관대 재학 시절부터 학교 선배이기도 한 신진식에 빗대는 '제2의 신진식'이라는 평가를 받았다. 준수한 공격력을 갖췄을 뿐 아니라 후위에 자리할 때 수비가 일품이라는 얘기를 들었다. 한국전력과 현대캐피탈에서 각각 그를 지켜본 신영철 감독과 최태웅 감독은 입을 모아 "광인이가 갖고 있는 최고의 장점은 후방 수비에 있다. 지금까지 리그에서 뛴 전·현직 아웃사이드 히터 중 가장 뛰어나다"고 말했다.

전광인은 2024/25시즌이 끝난 뒤 선수 인생에서 전환점을 맞게 됐다. FA 자격을 얻어 현대캐피탈과 재계약한 다음 트레이드를 통해 OK저축은행으로 이적했다. 그는 그곳에서 한국전력 시절 이후 7년 만에 신영철 감독과 다시 만났다. 그의 개인 통산 성적은 348경기(1309세트) 출전, 4754득점, 공격성공률 53.15퍼센트, 블로킹 468개, 리시브효율 44.612퍼센트, 디그 2194개다. 눈에 띄는 기록이 블로킹인데 그는 역대 개인 통산 블로킹 부문 20걸 중 18위에 올라 있다. 해당 부문에서 미들 블로커가 아닌 포지션의 선수는 모두 5명으로 전광인과 박철우, 정지석, 한선수, 서재덕이다.

케이타와
경쟁자들

외국인 선수 선발 방식이 팀별 자유선발에서 '트라이아웃 후 드래프트'로 바뀐 2016/17시즌부터 2024/25시즌까지 가장 강렬한 인상을 남긴 선수는 노우모리 케이타다. 2020/21시즌 KB손해보험의 유니폼을 입을 때 2001년생인 그의 나이는 19세였다. 그러나 나이는 숫자에 불과했다.

2020/21시즌 그는 33경기(134세트)에 출전해 1147득점에 공격성공률 52.74퍼센트를 기록했다. 득점 부문 1위, 공격종합 부문 5위에 당당히 이름을 올리며 KB손해보험을 전신인 LG화재와 LIG손해보험 시절을 포함해 오랜만에 봄배구로 인도했다(2010/11시즌 이후 10년 만의 포스트시즌 진출로 두 번 다 준플레이오프였다). 깜짝 활약이라는 평가도 있었지만 2021/22시즌 재계약한 케이타는 변함없는

모습을 보였다. 아니, 오히려 더 펄펄 날았다. 36경기(142세트)에 모두 나와 1285득점에 공격성공률 55.51퍼센트를 기록하며 해당 부문에서 모두 1위에 오르는 기염을 토했다. 포스트시즌에서도 KB손해보험을 팀 창단 처음으로 챔피언결정전으로 이끌었다. 하지만 대한항공을 넘어서지 못하고 준우승에 그쳐 완벽한 피날레를 장식하지는 못했다. 케이타는 2023/24시즌부터 이탈리아리그에서 베로나의 유니폼을 입고 뛰고 있다. V리그에 이어 그곳에서도 성공적인 커리어를 보내고 있다.

대한항공은 '4시즌 연속 통합우승'이라는 성과를 냈다. 그런 결과를 이끌어낸 주역이 두 아웃사이드 히터 정지석과 곽승석이었다. 정지석은 리그 출범 후 신인 드래프트에서 처음 나온 고졸 출신 지명자(2013/14시즌)였다. 기대주로 꼽힌 만큼 프로 3년차인 2015/16시즌부터 팀에서 주전 멤버로 자리 잡고 공격과 수비 모두에서 리그 정상급 선수가 됐다. 프로 데뷔 후 2024/25시즌까지 개인 통산 성적은 382경기(1364세트) 출전, 4285득점, 공격성공률 53.11퍼센트다. 2024/25시즌 초반에는 리베로로 나온 적도 있는데 다시 원래 자리로 돌아간 뒤 그해 35경기(140세트)에서 440득점에 공격성공률 51.19퍼센트를 기록했다. 그해 챔피언결정전에서 대한항공이 현대캐피탈에 밀려 '5시즌 연속 우승'에 실패하는 중에도 그는 공격과 수비 세부 지표에서 좋은 기록을 냈다. 오픈공격 3위, 퀵오픈 8위에 자리하고 리시브효율 45.37퍼센트로 해당 부문 1위에 올랐다. 디그도 267개에 세트당 평균 1.907개를 기록해 해당 부문 3위에 오르고 수비도 리베로나 수비형 아웃사이드 히터가 아닌데도 1위를 차지해 자신의 기량을 증명했다.

곽승석은 석진욱이 삼성화재 시절에 한 역할을 대한항공에서 수행했다. 수비에 좀 더 초점을 맞춰 플레이하지만 그렇다고 공격력이 떨어지는 선수가 아니었다. 필요한 순간마다 퀵오픈과 오픈공격, 후위공격 등 다양한 공격 옵션을 활용해 힘을 보탰다. 2010/11시즌에 프로에 데뷔한 뒤 2024/25시즌까지 개인 통산 성적은 472경기(1670세트) 출전, 1670득점, 공격성공률 48.64퍼센트, 리시브효율 51.012퍼센트, 디그 2867개(세트당 평균 1.717개)다. 그런데 그는 2024/25시즌 활약도가 떨어졌다. 부상을 당한 탓도 있지만 코트에 나온 횟수가 줄어든 중에 공격과 수비 지표 모두 떨어졌다. 즉 20경기(62세트)에서 62득점에 공격성공률 42.48퍼센트를 기록하고 리시브효율이 35.50퍼센트로 떨어졌다. 바야흐로 세대교체 과제를 마주한 대한항공은 베테랑 센터 한선수와 유광우뿐 아니라 곽승석의 자리를 대체할 자원을 찾아내 키워야 한다.

현대캐피탈은 최태웅 감독이 지휘봉을 잡고 있던 동안 리빌딩에 따른 성적 하락을 경험하지만 세대교체라는 측면에서 보면 대한항공보다 나은 상황이다. 그 중심에는 허수봉이 있다. 그는 정지석에 이어 리그에서 성공적인 커리어를 보내고 있는 두 번째 고졸 출신 지명자다. 특히 그는 고졸 선수로선 처음으로 신인 드래프트 1라운드(2016/17시즌 1라운드 3순위)에 뽑힌 사례다. 상무에서 전역한 뒤 소속 팀으로 돌아온 2020/21시즌부터 팀 내 공격 비중이 늘어났다.

그의 장점은 멀티 포지션 소화 능력이다. 아포짓과 아웃사이드 히터 모두 소화하는데 공격력에서 편차가 크지 않다. 2016/17시즌과 2018/19시즌 두 차례 현대캐피탈이 챔피언결정전 우승을 차지할 때 그는 백업 멤버에 머물지만 2024/25시즌엔 달랐다. 외국인 선수 레오와 함께 쌍포로 팀의 통산 다섯 번째 챔피언결정전 우승을 이끌었다. 그해 그는 35경기(126세트)에 출전해 574득점에 공격성공률 54.13퍼센트를 기록했다. 프로 데뷔 후 2024/25시즌까지 개인 통산 성적은 224경기(757세트) 출전, 2839득점, 공격성공률 52.17퍼센트다.

리그를 주도하는 선수들은 계속 바뀐다. 시간이 지남에 따라 자연스럽게 세대교체가 된다는 의미다. 이미 소속 팀에서 확고한 자리를 잡고 있는 선수로는 KB손해보험의 세터 황택의가 꼽힌다. 그는 케이타와 함께 2022/23시즌 챔피언결정전까지 올라간 경험을 갖고 있다. 또 2024/25시즌엔 팀이 정규리그 2위를 차지하는 데 핵심적인 역할을 했다. 그런 기대가 FA 재계약으로 이어졌다. 그는 2024/25시즌이 끝난 뒤 원 소속 팀과 재계약할 때 연봉 9억 원에 옵션 3억 원 등 총액 12억 원에 사인해 한선수에 이어 연봉 총액 10억 원을 넘긴 두 번째 선수가 됐다(한선수는 연봉 7억 5천만 원에 옵션 3억 3천만 원 등 총액 10억 8천만 원에 계약함).

황택의는 2016/17시즌 데뷔해 프로 8년차 시즌을 보낼 때까지 259경기(989세트)에 출전해 1만 56세트에 세트당 평균 10.168개를 기록했다. 수치만 놓고 봐도 최태웅과 권영민, 한선수, 유광우 등 명

세터 계보를 이미 이어가고 있다. 그에게 필요한 건 우승 트로피다. 앞선 명세터 넷은 모두 리그에서 소속 팀을 우승으로 이끈 공통점을 갖고 있다.

2024/25시즌 챔피언결정전이 끝난 뒤 열린 리그 시상식에서 영플레이어상을 받은 우리카드의 세터 한태준도 기대되는 선수 중 한 명이다. 프로 2년차인 2023/24시즌부터 주전 세터로 기용돼 그해 세트 1624개(세트당 평균 11.600개), 2024/25시즌에 세트 1675개(세트당 평균 11.242개)를 기록했다.

한편 한국배구연맹은 2014/15시즌이 끝난 뒤 V리그 출범 10주년 기념 베스트7을, 2024/25시즌이 끝난 뒤엔 20주년 기념 베스트7을 선정했다. 10주년 때는 팬들과 감독, 전문위원회, 심판진, 언론, 중계방송사 등의 투표를 통해, 20주년 때는 팬들과 역대 감독 포함 선수단, 언론, 중계방송사, 연맹의 경기운영 본부, 각 구단 사무국 등의 투표를 통해 결정했다. 10주년 기념 베스트7은 최태웅(세터), 신진식과 문성민(아웃사이드 히터), 김세진(아포짓), 이선규와 신영석(미들 블로커), 여오현(리베로)이었다. 20주년 기념 베스트7은 10주년 때와 비교해 조금 변화가 있었다. 한선수(세터), 레오와 곽승석(아웃사이드 히터), 박철우(아포짓), 이선규와 신영석(미들 블로커), 여오현(리베로). 이선규와 신영석, 여오현은 10주년에 이어 20주년에도 포지션별 베스트에 이름을 올렸다.

현대캐피탈 레오는 2024/25시즌 소속 팀의 우승을 이끈 주역이다.
그는 삼성화재(2012/13~2014/15시즌)와 OK저축은행(2021/22~2023/24시즌)에서도 뛰었다.
그러면서 삼성화재 시절 챔피언결정전 우승을 두 차례 차지했다.

현대캐피탈 레오가 2024/25시즌 대한항공과의 챔피언결정전 1차전에서 공격에 성공한 뒤 환호하고 있다.

여오현은 삼성화재와 현대캐피탈에서 뛰는 동안 국내 최고의 리베로로 꼽혔다.

현대캐피탈의 리베로 여오현이 2023/24시즌 정규리그에서 팀의 승리를 확정한 뒤 홈팬들을 향해 세리머니하고 있다.

현대캐피탈 문성민이 2024/25시즌 정규리그 대한항공과의 원정 경기 도중 서브를 넣기 위해 토스를 올리고 있다.

현대캐피탈 문성민은 2010/11시즌 리그에 데뷔해 2024/25시즌을 끝으로 선수 은퇴했다.

대한항공 정지석이 2024/25시즌 현대캐피탈과의 챔피언결정전 3차전 도중 서브를 넣기 위해 준비하고 있다.

대한항공 정지석이 2024/25시즌 현대캐피탈과의 챔피언결정전 3차전 도중 오픈공격을 시도하고 있다.

대한항공의 세터 한선수가 2024/25시즌 한국전력과의 원정 경기 도중 팀 동료들에게 사인을 보내고 있다.

대한항공의 세터 한선수가 2024/25시즌 우리카드와의 홈경기 도중 토스를 보내고 있다.

삼성화재와 현대캐피탈에서 뛴 세터 최태웅은 김호철, 신영철 감독의 뒤를 이어 명세터 계보를 이었다.

현대캐피탈의 세터 최태웅은 2014/15시즌을 마치고 선수 은퇴했다. 그는 김호철 감독의 뒤를 이어 2015/16시즌부터 팀 지휘봉을 잡았다. 2015/16시즌 원정 경기 도중 벤치로 들어오는 리베로 여오현을 격려하는 최태웅 감독.

KB손해보험에서 2021/22, 2022/23시즌을 뛴 케이타는 '트라이아웃 후 드래프트'로 선발 방식이 바뀐 2016/17시즌을 기준으로 최고의 외국인 선수로 첫손가락에 꼽힌다.

KB손해보험 케이타가 2022/23시즌 대한항공과의 챔피언결정전에서 스파이크를 시도하고 있다.

2015/16시즌 OK저축은행에서 뛴 시몬은 2014/15시즌에 이어 당시 소속 팀의 챔피언결정전 우승을 이끈 주역이다.

2015/16시즌 OK저축은행에서 뛴 시몬이 당시 삼성화재와의 플레이오프 도중 서브를 넣고 있다.

가빈은 삼성화재에서 2009/10시즌부터 2011/12시즌까지 뛰며 당시 최고의 외국인 선수로 평가됐다. 2019/20시즌에는 한국전력의 유니폼을 입고 리그로 복귀했다.

2019/20시즌 한국전력에서 뛴 가빈이 당시 KB손해보험과의 원정 경기 도중 스파이크를 시도하고 있다.

한국전력 신영석이 2024/25시즌 우리카드와의 홈경기 도중 블로킹에 성공한 뒤 환호하고 있다.

한국전력 신영석이 2024/25시즌 우리카드와의 홈경기 도중 속공을 시도하고 있다.

2016/17시즌 KB손해보험에서 뛴 김요한이 공격에 성공한 뒤 세리머니하고 있다.

2007/08시즌 신인 드래프트에서 LIG손해보험에 전체 1순위로 지명된 김요한은 당시 한국 남자배구를 이끌 차세대 공격수 중 첫손가락에 꼽혔다.

리그를 대표하는 토종 아포짓 박철우는 2023/24시즌을 끝으로 은퇴했다. 2023/24시즌 한국전력 소속으로 KB손해보험과의 홈경기 도중 상대 블로킹 사이로 공격을 시도하고 있다.

한국전력 박철우가 2023/24시즌 삼성화재와의 홈경기 도중 서브를 넣고 있다.

삼성화재 석진욱이 2006/07시즌 현대캐피탈과의 챔피언결정전 도중 공격에 성공한 뒤 환호하고 있다.

삼성화재 석진욱이 2005시즌 LG화재와의 플레이오프 도중 팀 동료들을 격려하고 있다.

대한항공의 리베로 최부식이 2015/16시즌 올스타전 도중 당시 OK저축은행 소속의 시몬과 사인을 교환하고 있다.

대한항공의 리베로 최부식은 2015/16시즌을 마친 뒤 선수 은퇴했다.
그는 2016/17시즌부터 2024/25시즌까지 수석코치로 활동하는데 그 기간에 대한항공은 챔피언결정전 우승을 5차례나 차지했다.

클럽히스토리

'Tradition'
한국전력

한국전력은 한국배구연맹이 주관하는 V리그와 실업배구연맹이 맡고 있는 실업배구를 통틀어 국내에서 가장 오래된 역사와 연혁을 자랑하는 팀이다. 팀의 전신인 남선전기는 1945년 11월 28일 창단됐다. 1961년 6월 '남선전기'와 경성전기, 조선전업이 합병돼 한국전력주식회사가 설립될 때 그해 7월 1일 남선전기 배구팀도 한국전력으로 간판을 바꿔 달았다.

그런 한국전력의 초대 사령탑으로 부임한 이가 안종호다. 그는 일제강점기인 1930년 경성제일고보(현 경기고)에서 선수 생활을 시작해 조선총독부 철도국과 보성전문학교에서 뛰었다. 해방 후 남선전기 배구단 창단 멤버로 합류해 팀의 주축 선수로 뛰었다. 1955년 선수 은퇴한 뒤에도 코치와 감독으로 계속 활동했다. 1958년엔 팀을 이끌고 도쿄에서 열린 아시안게임에 참가해 은메달을 목에 걸었다. 당시 남자 대표팀은 남선전기로만 이뤄졌다.

안종호는 한국전력 초대 감독을 맡아 1965년까지 팀을 지휘했다. 이후 1970년 한국도로공사 여자배구팀이 창단될 때 다시 초대 사령탑에 선임돼 그곳에서 1973년까지 지휘봉을 잡았다.

한국전력은 1960년대부터 1970년대 초반까지 국내 최강 팀으로 자리 잡았다. 제1회 전국남녀실업배구연맹전을 시작으로 제3회 박계조배 전국남녀배구대회, 1964년 동계 실업연맹전, 제51회 전국체육대회(1970년 서울시 개최) 등 여러 대회에서 우승을 차지했다.

그러나 1970년대에 걸쳐 금성사와 고려증권 등 다른 실업팀이 창단되고 현대자동차써비스가 실업배구에 참여한 뒤로 팀 전력이 약해졌다. 공기업이라는 팀 사정상 다른 실업팀들에 비해 선수 영입에서 밀릴 수밖에 없었다. 아무래도 스카우트 비용이 상대적으로 적다 보니 대학의 우수 선수를 영입하기가 쉽지 않았다. 그래도 한국전력은 1985년 제23회 박계조배 전국남녀배구대회와 1990년 제44회 전국남녀종별배구선수권대회에서 정상을 차지하는 등 만만찮은 전력을 유지했다.

공기업이다 보니 한국전력은 대한배구협회와도 오랜 인연이 있다. 1989년부터 2005년까지 '한국전력' 사장이 대한배구협회 회장직을 맡았다. 국내를 대표하는 선수들도 여럿 한국전력을 거쳐 갔다. 신영철 감독은 선수 시절 김호철 감독의 뒤를 이어 국내 최고 세터라는 평가를 받았다. 그러던 중 1988년 경기대 졸업반 당시 실업배구 진출을 앞두고 스카우트 파동을 겪게 됐다. 현대자동차써비스와 금성사, 고려증권 등 어느 팀으로도 가지 못하는 상황에서 그는 결국 한국전력의 유니폼을 입었다.

신감독이 1996년 삼성화재로 팀을 옮긴 뒤에는 김철수와 심연섭, 차승훈 등이 팀의 주축 선수로 자리 잡았다. 1998년 고려증권 배구단이 모기업의 부도로 인해 해체될 때는 드래프트를 통해 이수동과 이병희 등 고려증권 멤버들이 한국전력의 유니폼을 입었다. 김철수와 차승훈은 선수 은퇴한 뒤 한국전력에 남아 코치와 감독대행, 감독을 역임했다. 그 기간 한국전력은 실업팀에 스카우트되지 못한 정평호와 김상기를 영입하는데 두 선수는 주전 멤버로 발돋움했다. 하지만 둘은 V리그가 출범한 뒤에도 뛰다가 역대 최악의 사건으로 꼽히는 2011/12시즌 승부 조작에 연루돼 영구 제명됐다.

한국전력은 2005시즌부터 2008/09시즌까지 리그 초창기엔 아마추어 초청팀으로 뛰었다. 공기업이라는 이유로 프로팀으로 전환하지 않은 것. 그러다 2008/09시즌 한국배구연맹 준회원 자격을 부여받고 준프로팀을 선언했다. 그러면서 구단 이름을 연고지 수원을 넣은 '수원 KEPCO 45'로 변경했다. 'KEPCO'는 한국전력의 영문 약자이고 '45'는 남선전기 창단 연도인 1945년을 의미했다. 2011/12시즌이 끝난 뒤 '수원 KEPCO 빅스톰'으로 이름을 다시 한 번 바꿨다가 2012/13시즌을 마친 뒤 현재의 '수원 한국전력 빅스톰'으로 정했다.

연고지는 초기에 마산에 머물다가 2006/07시즌 개막을 앞두고 수원으로 이동해 오늘에 이르고 있다. 연고지 이전 문제는 중간에도 제기됐다. 2015년 '한국전력' 본사가 2015년 광주전남공동혁신도시가 자리한 전남 나주로 이전하자 구단도 따라 광주로 옮겨야 한다는 주장이 나왔다. '한국전력'이 운영하고 있던 럭비단과 육상단도 그때 전남 지역으로 연고지를 옮겼다. 그러나 한국전력 배구단은 당시 수원시와 연고지 계약 기간이 남아 있었다. 2019년 연고지 계약이 만료되지만 구단은 선수단 클럽하우스 준공 등을 이유로 수원시와의 재계약에 무게를 실었다. 구단은 협의를 통해 수원시와의 재계약을 결정하고 연고지를 옮기는 안은 없던 일로 했다 (광주는 2021년 4월 창단된 여자부 페퍼저축은행의 연고지가 됨).

한국전력은 V리그 출범 원년부터 2008/09시즌까지는 외국인 선수를 영입하지 않았다. 2005시즌부터 2007/08시즌까지는 아마추어 초청팀 신분이라 외국인 선수를 선발할 수 없었고 준프로팀이던 2008/09시즌도 마찬가지였다. 신인 드래프트의 경우는 조금 달랐다. 2008/09시즌을 앞두고 열린 드래프트부터 참가했다. 구단 역사상 처음 지명한 리그 신인 선수가 문성민이다.

실업 시절까지 포함해 가장 오랜 기간 재임한 사령탑은 공정배 감독이다. 그는 1998년부터 2009년 2월까지 팀의 지휘봉을 잡았다. 2008/09시즌 때 개막 후 25연패를 당한 뒤 그 여파로 도중에 감독직을 내려놨다. 당시 차승훈 코치가 감독대행을 맡아 해당 시즌을 마치고 공감독은 이후 배구단 단장을 거쳐 정년퇴임했다.

2009/10시즌부터 2010/11시즌까지는 강만수 감독이 팀을 이끌

었다. 2011/12시즌 신춘삼 감독이 강감독의 뒤를 이어 지휘봉을 잡았다. 그 무렵 신감독이 한국배구연맹 경기운영위원회 위원장과 경기운영팀 팀장을, 강감독이 유소년발전위원장을 맡는 등 둘은 행정직을 지낸 공통점도 갖고 있다. 앞서 언급한 2011/12시즌 승부 조작 사태의 여파로 팀 전력에 큰 손실이 생기는데 결국 신감독은 이를 넘지 못하고 2012/13시즌 중간에 팀을 떠났다. 이재구 코치가 감독대행을 맡아 2012/13시즌을 마무리했다.

그리고 구단은 공석 중인 사령탑 자리를 신영철 감독에게 맡겼다. 그렇게 신감독이 2013/14시즌부터 2016/17시즌까지 팀을 이끄는 동안 두 차례 플레이오프에 나서며 봄배구를 치렀다(프로 출범 후 첫 봄배구 진출은 2011/12시즌 때였다).

2016/17시즌이 끝난 뒤 구단은 계약 기간이 만료된 신영철 감독과 재계약하지 않았다. 그때부터 내부 승격을 통해 사령탑을 선임하는 전통이 세워졌다. 김철수 수석코치가 감독으로 승격돼 2017/18시즌부터 2018/19시즌까지 팀을 이끌고, 다시 장병철 수석코치가 감독으로 승격돼 2019/20시즌부터 2021/22시즌까지 팀을 이끌었다. 2022/23시즌부터는 권영민 코치가 감독으로 승격돼 선수단을 이끌고 있다.

신영철 감독이 재임 중이던 2014/15시즌엔 한국배구연맹 규정을 두고 논란에 휩싸였다. 2014년 12월 29일 한국전력은 왼손잡이 아포짓 겸 아웃사이드 히터 서재덕을 현대캐피탈로 보내고 대신 센터 권영민과 아웃사이드 히터 박주형을 영입하는 트레이드를 합의했다. 그런데 완전 이적이 아니라 임대 트레이드, 즉 세 선수는 해당 시즌이 끝난 뒤 다시 원 소속 팀으로 돌아간다는 내용이었다. 당시 연맹은 그 임대 트레이드를 승인하는데 곧바로 규정을 위반한 처사라는 비판이 나왔다. 연맹의 선수등록규정 제12호 2항에 따르면 '국내 구단 간 선수 임대차 및 원 소속 구단 복귀는 정규리그(포스트시즌 포함) 기간 중에는 할 수 없다'고 돼 있다. 그런데 한국전력과 현대캐피탈은 정규리그 기간에 임대 트레이드를 단행한 것. 다른 구단들이 이에 이의를 제기한 끝에 트레이드는 보류됐다. 유권해석에 따라 결국 트레이드는 없던 일이 되고 12월 31일 세 선수는 다시 원 소속 팀으로 복귀했다.

팀 마스코트는 '빛돌이'다. 배구단이 따로 제작한 건 아니고 아마추어 초청팀 시절부터 '한국전력' 본사의 마스코트인 '에너지 보이'를 활용해 만든 캐릭터다. 빛돌이는 같은 수원체육관을 홈코트로 쓰고 있는 여자부 현대건설의 마스코트 '힐리'와 '테리'보다 인기 면에서는 더 앞선다는 얘기를 듣고 있다.

한국전력 선수단은 2024/25시즌이 끝난 뒤 새로운 클럽하우스로 이사했다. 그동안엔 경기 의왕 '한국전력 의왕자재센터' 안에 있는 의왕체육관을 연습체육관으로 사용해왔다. 또 체육관 근처에 있는 안양 범계동의 아파트를 임대해 선수단 숙소로 활용했다. 2019년부터 의왕체육관 옆에 임시 클럽하우스를 지어 준비해오던 중 마침내 경기도 오산에 새 클럽하우스를 완공해 선수단은 새로운 환경에서 시즌을 준비할 수 있게 됐다.

'Dynasty Take-off'
대한항공

대한항공은 한국전력에 이어 두 번째로 오래된 팀 역사를 갖고 있다. 1969년 10월 1일 창단됐다. 당시 대한배구협회 회장을 맡고 있던 이낙선 국세청장이 조양호 '대한항공' 회장에게 남자팀 창단을 요청했다(당시 국세청이 운영하던 여자부 실업팀이 이후 대농과 미도파가 된다). 그해 조회장이 대한항공공사를 인수해 '대한항공'으로 사명을 바꾼 시점에 남자팀도 대한항공이라는 간판을 달고 출발했다. 당시 남녀 실업팀 중에서 공기업이 아니라 민간 기업이 팀을 운영한 첫 사례였다.

창단 사령탑은 '페루 배구의 대부'라고 불리던 박만복 감독이 맡았다(그는 2016년 한국인 최초로 배구 '명예의 전당'에 헌액되고 2019년 페루 리마에서 세상을 떠났다). 창단 멤버는 당시 군팀이던 해군 배구팀에서 전역한 선수들이 주축을 이뤘다. 그런데 선수단이 함께한 시간은 짧았다.

1973년 제1차 석유 파동(오일 쇼크)가 세계 경제를 강타한 중에 모기업 '대한항공'의 경영 상태가 어려워지면서 그 여파를 배구단이 고스란히 맞았다. 결국 그해 팀이 해체됐다. 한참 뒤인 1986년에야 팀이 재창단되고 그때는 사령탑에 유석철 당시 인하대 배구부 감독이 선임됐다.

당시 유감독이 인하대의 지휘봉도 동시에 잡고 있었기에 대한항공은 선수들을 대부분 그곳 출신으로 데려왔다. 인하대를 비롯해 인하사대부고, 인하사대부중 모두 배구부를 운영하고 그 학교들이 같은 재단의 산하에 있었기에 가능한 일이었다. 예컨대 최천식과 김명진, 이성용, 최기정, 한장석, 박희상, 장관균, 김종민 등이 인하대와 대한항공을 거친 선수들이다. 그리고 실업 시절인 대통령배(백구의 대제전)와 슈퍼리그에 걸쳐 각 팀들은 신인 선수를 자유롭게 선발했기에(드래프트 제도는 2000년에 도입) 대한항공의 경우 굳이 인하대가 아닌 다른 학교에서 선수를 스카우트할 필요가 없었다. 물론 예외는 있었다. 이상왕과 유영도는 경기대 출신, 윤종욱은 한양대 출신으로 대한항공의 유니폼을 입었다. 또 이성희도 1998년 고려증권이 해체된 뒤 독일 분데스리가 부퍼탈에서 뛰다 2000년 대한항공의 유니폼을 입고 복귀해 선수 생활의 마지막을 보냈다.

대한항공은 슈퍼리그와 세미프로인 V투어에 걸쳐 만년 3위 팀이라는 평가를 받았다. 고려증권과 현대자동차써비스, LG화재 등 기존 팀뿐 아니라 1995년 창단된 삼성화재에도 늘 밀렸다. 그래도 대한항공이 주목을 받은 때가 있었다. 1996년 대한항공은 당시 플레잉 코치로 뛰고 있던 34세의 한장석을 유석철 감독의 후임으로 승격하는 파격적인 결정을 내렸다. 국내 감독 기준 역대 최연소 사령탑으로, 프로가 출범한 뒤에도 그 기록은 깨지지 않고 있다. 그리고 1999년 최천식과 박희상, 김석호, 김종민 등이 주축을 이뤄 슈퍼리그 결승까지 올라갔다. 한감독이 이끄는 대한항공은 결승에서 삼성화재에 패해 준우승에 그치지만 팀 창단 후 가장 좋은 성적을 냈다. 하지만 한감독은 대한항공에서 프로 출범 때까지 있지 못했다. 2001년 선수단 회식 자리에서 발생한 불미스러운 일에 연루돼 결국 팀을 떠났다.

한동안 사령탑이 비어 있다가 2002년 여자부 한일합섬과 카타르리그에서 지도자 생활을 한 차주현 감독이 선임됐다. 그는 프로 출범 원년인 2005시즌까지 팀을 이끌었다. 2005시즌 대한항공은 프로 4개 팀 중 최하위에 머물렀다. 차감독이 성적에 대한 책임을 지고 물러난 뒤 문용관 감독이 새로운 사령탑으로 선임됐다. 그러나 2005/06시즌에도 4위로 떨어져 봄배구와 인연이 닿지 않았다.

2006/07시즌 이후 대한항공은 봄배구의 단골손님이 됐다. 현대캐피탈과 삼성화재를 견제할 수 있는 팀으로 평가받았다. 2007/08시즌엔 현대캐피탈과의 플레이오프에서 1차전을 따낸 기세를 이어가지 못하고 2, 3차전을 내리 내주고 탈락했다. 봄배구에서 첫 역스윕을 당한 사례였다. 문감독은 그때 책임을 지고 지휘봉

을 내려놨다.

2008/09시즌은 고려증권을 이끈 진준택 감독과 함께 시작했다. 10년 만에 코트에 복귀한 그도 대한항공에서 보낸 시간이 길지 않았다. 2009/10시즌 도중 사임했을 때 직전 시즌 세터 인스트럭터로 영입된 신영철 전 LG화재 감독이 대행을 맡아 해당 시즌을 마무리했다.

대한항공 선수단은 진감독이 지휘봉을 잡을 당시 전용 숙소와 체육관을 마련했다. 선수들은 인하대 체육관을 대학 선수들과 함께 사용하고 인하대 근처에 있는 아파트를 임대해 숙소로 썼다(팀 창단 초기에는 김포공항 근처에 숙소와 체육관이 있었다). 그러다 2008년 경기 용인 하갈동에 있는 '대한항공 신갈연수원'으로 이사했다. 구단은 그곳에 선수단 숙소를 비롯해 전용 체육관, 웨이트트레이닝룸을 만들었다. 진감독에게는 연수원이 낯설지 않았다. 원래 '고려증권 연수원'이 있던 곳이기 때문이다. '고려증권'이 부도가 난 뒤 '대한항공'에서 이를 매입해 건물을 신축하고 시설을 늘렸다.

신영철 감독이 '대행'을 떼고 정식으로 사령탑에 부임한 2010/11시즌 대한항공은 마침내 정규리그 1위에 오르는 성과를 내고 프로 출범 후 처음으로 챔피언결정전에 올라갔다. 2011/12시즌에도 정규리그 2위로 플레이오프에서 현대캐피탈을 꺾고 두 시즌 연속으로 챔피언결정전에 진출했다. 하지만 그토록 바라던 우승은 차지하지 못했다. 두 차례 모두 삼성화재를 넘어서지 못하고 준우승에 만족해야 했다.

2011/12시즌 개막을 앞두고 대한항공은 리그 역사상 처음으로 임대 트레이드를 성사시켰다. 미들 블로커 쪽 전력을 보강하기 위해 한국전력에서 뛰고 있던 베테랑 하경민을 데려오고 대신 미들 블로커 신경수와 살림꾼 노릇을 하던 아웃사이드 히터 장광균을 보냈다. 세 선수는 2011/12시즌이 끝난 뒤 다시 원 소속 팀으로 복귀했다.

신영철 감독은 2012/13시즌을 완주하지 못했다. 반환점을 앞두고 4연패 부진에 빠져 4위에서 좀처럼 헤어나지 못하던 시점에 구단은 신영철 감독을 총감독으로 옮기는 강수를 뒀다. 일선에서 후퇴시키는 모양새이지만 사실상 경질이나 마찬가지였다. 신영철 감독이 사임할 때 서남원 코치도 함께 팀을 떠났다.

이후 김종민 코치가 감독대행을 맡고 전력분석원으로 활동하고 있던 문성준이 코치로 자리를 옮겼다. 또 2011/12시즌을 마치고 선수 은퇴한 김형우가 트레이너를 맡았다. 시즌 막판에 그는 선수로 복귀해 코트에 나서기도 했다. 김종민 대행이 어수선한 분위기를 잘 추스른 끝에 대한항공은 후반기 반전에 성공해 3위를 차지했다. 그리고 플레이오프에서 현대캐피탈을 다시 한 번 물리치고 챔피언결정전에 올라갔다. 이번에도 삼성화재가 앞길을 막아섰다.

정식 사령탑으로 승격한 김종민 감독 체제에서 대한항공은 과도기를 겪었다. 김학민과 한선수 등 주축 선수들이 병역을 해결하기 위해 군에 입대했다. 2013/14시즌 도중 김감독은 센터진 전력을 보강하기 위해 삼성화재와 트레이드를 단행했다. 센터 황동일과 아웃사이드 히터 류윤식이 삼성화재로 가고 세터 강민웅과 미들 블로커 전진용이 대한항공으로 왔다. 이때 트레이드는 결과적으로 성공한 케이스였다. 중위권 순위 경쟁에서 우리카드를 제치고 3위로 올라서며 다시 봄배구에 나섰다. 그러나 이번에는 플레이오프에서 현대캐피탈에 덜미를 잡혀 '4시즌 연속 챔피언결정전 진출'에는 실패했다.

2013/14시즌부터 홈코트가 도원체육관에서 계양체육관으로 바뀌었다. 계양체육관은 2014년 아시안게임 개최를 앞두고 인천광역시가 배드민턴 종목 경기를 치르기 위해 만든 곳으로 2020/21시즌까지 여자부 흥국생명과 함께 사용하다가 2021/22시즌 흥국생명이 삼산체육관으로 옮긴 이후 단독으로 사용하고 있다.

2014/15시즌엔 뒷심이 달렸다. 5라운드에 1승 5패라는 부진한 성적을 내며 중위권 순위 경쟁에서 밀리더니 결국 2005/06시즌 이후 9시즌 만에 봄배구 진출에 실패했다.

2015/16시즌을 앞두고 대한항공은 기대가 컸다. 외국인 선수 마이클 산체스가 3시즌째 동행하는 한편 김학민과 한선수 등 입대한 선수들이 전역하고 돌아와서다. 그런데 직전 시즌과 마찬가지로 5라운드에 들어 팀이 흔들렸다. 5라운드에 1승 5패를 기록해 앞서 벌어놓은 승점을 까먹었다. 구단이 기다려주지 않는 상황에서 2016년 2월 11일 김종민 감독은 성적 부진에 대한 책임을 지고 중도 사퇴했다. 그리고 2013년 컵대회가 끝난 뒤 선수 은퇴해 코치로 있던 장광균이 감독대행을 맡아 남은 시즌을 마무리했다. 그해 대

한항공은 봄배구에 진출하지만 단판 승부로 치른 삼성화재와의 준플레이오프에서 고개를 숙이고 포스트시즌을 일찍 마무리했다.

대한항공은 새로운 사령탑으로 LIG손해보험과 남자 대표팀의 지휘봉을 잡은 바 있는 박기원 감독을 선임했다. 장광균 대행은 다시 코치로 돌아가고 선수 은퇴한 베테랑 리베로 최부식도 코치로 합류했다.

박기원 감독 체제에서 대한항공은 오랜 숙원을 풀었다. 2016/17, 2017/18, 2018/19시즌 연달아 챔피언결정전에 진출하며 다시 강팀으로 자리매김했다. 2017/18시즌엔 챔피언결정전에서 현대캐피탈을 꺾고 프로 출범 후 그토록 바라던 첫 우승을 차지했다. 직전 시즌 챔피언결정전에서 현대캐피탈에 패해 준우승에 그친 선수단과 박감독은 이번엔 기쁨의 눈물을 흘렸다. 이 기간이 대한항공엔 '왕조'의 초석을 단단히 다진 시간이었다.

2019/20시즌엔 코로나19 대유행에 휩쓸려 시즌이 조기 종료되고 봄배구도 열리지 않았다. 오프시즌에 들어 대한항공은 변화를 선택했다. 남자부에서 처음으로 외국인 사령탑을 선임한 것. 2020/21시즌 이탈리아 출신 로베르토 산틸리 감독은 대한항공을 정규리그 1위와 챔피언결정전 우승으로 이끌었다. 구단 역사상 첫 통합우승이었다.

2021/22시즌을 앞두고 다시 한 번 파격적인 결정을 내리는데 우승 감독인 산틸리와 재계약하지 않고 핀란드 출신 토미 틸리카이넨을 새로 영입했다. 1987년생인 틸리카이넨 감독의 당시 나이가

1996년 최연소로 지휘봉을 잡은 한장석 감독과 마찬가지로 34세였다. 틸리카이넨 체제에서 대한항공은 왕조 구축에 성공했다. 2021/22, 2022/23, 2023/24시즌 모두 정규리그 1위와 챔피언결정전 우승을 함께 차지했다. 그렇게 두 외국인 감독의 지휘에 걸쳐 '4시즌 연속 통합우승'을 달성했다. 2024/25시즌엔 정규리그 3위로 처지지만 저력을 보이며 플레이오프를 통과한 뒤 챔피언결정전에서 준우승했다.

그해 챔피언결정전이 끝난 뒤 대한항공은 다시 한 번 외국인 사령탑에게 지휘봉을 맡겼다. 틸리카이넨 감독과 재계약하지 않고 브라질 남자 대표팀을 이끈 바 있는 헤난 달 조토 감독을 신임 사령탑으로 선임한 것. 그는 지도자 경력만을 놓고 본다면 리그 역사상 가장 화려한 이력을 가진 외국인 감독이다.

한편 대한항공은 프로 출범 후 가장 먼저 마스코트를 도입한 팀이기도 하다. 여객기 '보잉 747' 모델에서 착안해 디자인한 독수리 캐릭터 '쩜보'다. 팀의 정식 명칭인 대한항공 쩜보스에 맞췄다. 2013년엔 팬 공모를 통해 새로운 마스코트도 도입했다.

'Challenger'
KB손해보험

　KB손해보험은 실업 시절부터 운영 주체와 팀 명칭이 자주 바뀌었다. 팀의 전신인 금성통신 배구단은 1976년 6월 24일 창단됐다. 새로운 팀을 만든 건 아니다. 럭키금성그룹이 철도국과 체신부(현 과학기술정보통신부)를 거친 배구단을 모체로 삼아 재창단했다.

　초대 사령탑인 조배호 감독은 1985년까지 지휘봉을 잡았다. 1984년 로스앤젤레스 올림픽에서 당시 조감독이 이끈 한국 남자 대표팀이 5위를 차지하는데 이는 대표팀이 역대 올림픽에서 거둔 최고 성적이다.

　금성통신은 조감독의 지휘 아래 종합선수권대회와 실업연맹전 등에서 여러 차례 우승하며 강팀으로 자리했다. 그 동안 강만수와 김호철, 후국기 등 여러 스타플레이어들이 초창기에 유니폼을 입었다. 이후엔 김찬호와 강두태, 서남원, 이상렬, 최영준 등이 팀의 간판스타로 활약했다.

강팀으로 군림하던 시기는 길지 않았다. 세터 김호철이 이탈리아로 진출하고 고려증권과 현대자동차써비스 등 실업팀들이 창단돼 경쟁 구도가 만들어지면서 금성통신은 우승과는 점점 거리가 멀어졌다. 그 사이 팀은 한 가지 이정표를 세우기도 했다. 1983년 당시 경북사대부고 졸업반으로 아포짓과 미들 블로커를 겸한 김찬호를 전격 영입했다. 국내 남자배구 사상 첫 '고졸 직행 선수'였다(두 번째 케이스가 2004년 현대캐피탈에 입단한 왼손잡이 아포짓 박철우다).

1985년 조감독이 카타르 대표팀의 사령탑으로 부임하며 팀을 떠난 뒤 임태호 감독이 지휘봉을 잡았다. 이후 김충한, 김용기, 김갑제 감독이 각각 3~4년씩 지휘봉을 잡았다. 김찬호는 코치 시절이던 1998년 감독대행을 맡은 뒤 다음 해부터 2001년까지 감독으로 있었다.

감독이 바뀌는 동안 팀 명칭도 운영 주체와 연고지 이전 등에 따라 여러 차례 바뀌었다. 1982년 금성사로, 1992년 럭키화재로, 1995년 LG화재로, 2005/06시즌 구미 LG화재 그레이터스로, 2006/07시즌 LIG손해보험으로, 2015/06시즌 구미 KB손해보험 스타즈로, 2017/18시즌 의정부 KB손해보험 스타즈로 바뀌었다.

김찬호 감독이 모교인 경희대의 배구부 사령탑으로 자리를 옮긴 뒤에는 노진수 감독이 맡았다. 노 감독이 2004년까지 팀을 이끌고, 삼성화재 코치로 있던 신영철 감독이 그 뒤를 이어 V투어와 프로 출범을 함께했다.

프로 출범 이전에 팀은 선수 영입 경쟁에서 자주 고배를 마셨다. 1991년 대통령배 대회에서 서남원과 이상렬, 최영준, 김찬호 등이 주축이 되어 결승에 올랐다. 그러나 한양대에 덜미를 잡혀 준우승에 그쳤다. 당시 대학팀으로는 처음으로 대통령배에서 쟁쟁한 실업팀을 제치고 정상이 오른 한양대의 주력 멤버는 하종화와 강성형, 윤종일, 문양훈, 강호인 등이었다. 이후 LG화재도 당연히 한양대 우승 멤버 영입전에 나서지만 강호인만 붙잡는 데 그쳤다. 하종화와 강성형, 윤종일, 문양훈은 모두 현대자동차써비스의 유니폼을 입었다.

LG화재는 그때부터 선수 수급 방법에 변화를 줬다. 대학 졸업반 선수가 아니라 고교 우수 선수를 지원하는 데 힘썼다. 그 대상이 김세진과 김기중, 권순찬이었다. 1993~1995년 무렵 LG화재는 명지대 출신 아웃사이드 히터 김성채와 홍익대 출신 미들 블로커 구준회, 경기대 주력 멤버 중 한 명이던 장신 아웃사이드 히터 구본왕을 스카우트하며 전력을 보강했다. 여기에 그동안 주목해온, 이제 대학부에서 알려진 세 선수까지 데려온다면 금상첨화였다. 하지만 그 바람은 이뤄지지 않았다. 1995년 11월 새로 창단한 실업팀 삼성화재가 공교롭게도 세 선수 모두를 데려갔다(삼성화재는 당시 창단 멤버로 구준회와 구본왕까지 노리지만 LG화재의 반발로 무산되고 결국 김세진만 이름을 올렸다. 권순찬과 김기중은 1997년 삼성화재에 입단했다).

2001년 '이경수 스카우트 파동' 때도 LG화재는 논란의 한복판에 있었다. 실업배구가 2000년부터 자유선발이 아니라 드래프트제를 도입하기로 한 가운데 한양대 시절부터 차세대 거포로 평가받은 이경수가 '최대어'로 꼽혔다. 당시 대한항공이 드래프트를 통해 그를 전체 1순위로 지명할 확률이 거의 100퍼센트에 가까웠다. 그런데 그와 경희대 출신의 세터 황원식이 함께 드래프트를 거부했다. 두 선수가 드래프트가 열리기 전 LG화재와 계약한 것. 그러자 대한배구협회와 다른 팀들이 반발했다. LG화재는 또 그에 맞서 2002/03시즌 슈퍼리그에 불참하겠다는 초강수를 뒀다.

당시 그 결정은 배구계 안팎에서 많은 비난을 샀다. 팀은 삼성화재의 창단 전후 일어난 선수 스카우트에 반발해 1999/2000시즌 슈퍼리그에도 참가하지 않은 전례가 있어서였다. 이경수와 황원식은 스카우트 파동으로 인해 무적 선수로 남게 되고 문제는 2003년 들어서야 간신히 해결됐다. 두 선수의 LG화재 입단을 인정하는 대신 프로 출범 후 첫 번째 드래프트(2005시즌 신인 드래프트)에서 LG화재가 갖고 있는 1라운드 지명권을 대한항공에 넘기기로 합의한 것이다. 어쨌든 LG화재는 두 차례나 리그에 불참함으로써 팀 전력 불균형이라는 문제를 오랜 기간 안게 된다. 일테면 프로 출범 초창기인 2005, 2005/06시즌엔 이경수를 주축으로 연달아 봄배구에 나섰다. 하지만 2006/07시즌에 봄배구에 진출하지 못하고 신영철 감독이 지휘봉을 내려놓은 다음부터는 상당히 오랜 기간 봄배구와 인연이 닿지 않았다.

2007/08시즌 신감독의 후임으로 지휘봉을 잡은 박기원 감독은

신인 드래프트에서 이경수 이후 최대어로 꼽히던 김요한을 전체 1순위로 뽑고 외국인 선수도 당시 전성기 기량을 갖췄다는 평가를 받던 기예르모 팔라스카를 영입했다. 하지만 계속해 봄배구에 나서지 못한 끝에 2009/10시즌 도중 박감독이 지휘봉을 내려놓고 김상우 코치가 감독대행을 맡아 시즌을 마무리했다.

2010/11시즌 승격된 김상우 감독은 당시 38세로 리그 남녀부를 통틀어 최연소 사령탑이었다. 그리고 팀은 준플레이오프에 진출하며 5시즌 만에 다시 봄배구로 향했다. 플레이오프에 진출하지 못하고 일찍 마치지만 당시 챔피언결정전 우승을 차지한 삼성화재에 봄배구에서 유일한 패배를 안긴 팀이 LIG손해보험이었다.

그런데 2011/12시즌 개막을 한 달여 앞두고 구단은 이경석 당시 경기대 감독을 신임 사령탑으로 선임했다. 2011년 컵대회 우승을 기대하다가 팀이 조별리그에서 탈락하자 전격적으로 감독 교체 카드를 꺼낸 것. 이때부터 LIG손해보험은 다시 봄배구와 멀어지고 감독 교체가 잦은 팀이 된다. 2012/13시즌 후반 이감독도 성적 부진에 따라 지휘봉을 내려놓았다. 그때 김동찬 수석코치마저 함께 팀을 떠나는 바람에 트레이너를 맡고 있던 브라질 출신 조제 하이문두 레이치가 감독대행을 맡았다. 그렇게 조제는 리그 남녀부를 통틀어 두 번째로 팀을 맡은 외국인 스태프가 됐다(리그 최초의 외국인 사령탑은 여자부 흥국생명에서 감독대행을 맡은 뒤 정식 감독으로 승격된 일본 출신 반데이라 마모루). 조제는 그해 시즌이 끝난 뒤 현대캐피탈 트레이너로 자리를 옮겼다.

곧바로 구단은 문용관 전 대한항공 감독을 영입하는데 문감독 역시 2014/15시즌 도중 사임했다. 이후 강성형 수석코치가 대행을 거쳐 2015/16시즌부터 감독을 맡았다. 강감독도 2016/17시즌이 끝난 뒤 사임하고 권순찬 코치가 감독으로 승격돼 2017/18시즌부터 2019/20시즌까지 지휘봉을 잡았다.

이 무렵 프로 출범 때부터 연고지를 둔 경북 구미를 떠나 2017년 경기 의정부로 옮긴다. 이에 따라 홈코트도 구미 박정희체육관에서 의정부체육관으로 바뀌었다. 2019/20시즌이 끝난 뒤 구단은 LG화재 시절 스타플레이어로 활약하고 코치 생활을 한 이상렬 경기대 감독을 선임하는데 그 역시 2020/21시즌 도중 사임했다. 팀 역사상 실업배구와 프로 시기를 통틀어 가장 짧은 기간 재임한 감독이다. 후인정 코치가 대행을 맡아 남은 시즌 선수단을 이끌고 2021/22시즌 감독으로 승격됐다. 그렇게 2011/12시즌부터 2020/21시즌까지 팀은 봄배구에 단 한 번도 나서지 못하는 암흑기를 거쳤다.

그런데 이상렬 감독이 외국인 선수 드래프트에서 1순위로 선발한 노우모리 케이타가 구단 최고 전성기를 맞이하는 결정적인 계기가 된다. 2021/22시즌 KB손해보험은 케이타와 세터 황택의를 앞세워 돌풍을 일으켜 정규리그 2위로 플레이오프에 직행했다. 11시즌 만의 봄배구 진출이었다. 이후 준플레이오프에서 우리카드를 꺾고 플레이오프에서 한국전력과의 단판 승부까지 이겨 처음으로 챔피언결정전에도 진출했다.

코로나19로 일정을 줄여 3전 2승제로 치른 그해 챔피언결정전에서 KB손해보험은 너무나 아쉬운 결과와 마주했다. 1승 1패로 팽팽하게 맞서던 3차전, 5세트 12-9로 앞서고 있었다. 첫 우승까지 남은 점수는 단 3점. 그러나 KB손해보험은 챔피언십 포인트에 도달하지 못하고 대한항공에 추격을 허용한 끝에 결국 21-23으로 져 준우승에 그치고 말았다.

그해 시즌이 끝나고 케이타가 이탈리아리그 베로나와 계약해 떠나면서 팀은 다시 하위권으로 내려갔다. 후감독은 2023/24시즌 후반이던 2024년 2월 성적 부진으로 사퇴하고 김학민 코치가 대행을 맡아 시즌을 마무리했다.

2024/25시즌 KB손해보험은 스페인 출신 미겔 리베라 감독에게 지휘봉을 맡겼다. 그러나 리베라 감독이 그해 컵대회를 마친 뒤 건강상 이유로 사임하는 바람에 마틴 블랑코 코치가 대행을 맡아 시즌을 맞이했다. 이때 사령탑 선임을 두고 논란이 일었다. 한국 남자 대표팀 사령탑을 맡고 있는 브라질 출신 이사나예 라미레스 감독을 선임했다가 겸임에 대한 여론이 좋지 않자 이를 철회하고 같은 브라질 출신인 레오나르두 아폰소 감독에게 지휘봉을 맡겼다. KB손해보험은 시즌 초반 어수선한 분위기를 잘 헤쳐나갔다. 외국인 선수 비예나와 나경복의 공격 조합과 황택의의 경기 운영, 정민수의 단단한 수비를 바탕으로 분위기 반전에 성공한 끝에 팀 사상 최다인 9연승으로 내달리며 정규리그를 2위로 마쳤다. 케이타와 함께한 2021/22시즌 이후 최고 성적이었다. 그러나 플레이오프에서 대한항공에 덜미를 잡혀 챔피언결정전에는 오르지 못했다.

팀 마스코트인 '키키'와 '아거'는 별을 형상화했다. 팀 명칭인 '스타즈'와도 통한다. 배구단뿐 아니라 모그룹 캐릭터 중 하나로 여자 프로농구팀을 비롯한 다른 계열사에서도 활용되고 있다. LIG손해보험 시절에는 '라이거'라는 이름의 호랑이였다. 당시 홈코트인 구미 박정희체육관에선 주황색과 하늘색, 연두색 삼색의 라이거가 팬들과 응원을 함께했다. 선수단 숙소와 전용 체육관은 용인 양지에 있는 LG인화원을 오래 사용하다가 프로 출범 후 수원에 있는 LIG인재니움(현 'KB손해보험')으로 옮겼다.

'New dynasty'
현대캐피탈

　슈퍼리그와 V투어 그리고 프로 출범 후 V리그에 이르기까지 삼성화재와 현대캐피탈은 오랫동안 라이벌 관계를 형성해왔다. 그래도 남자부뿐 아니라 프로배구 전체의 인기를 주도한 구단을 꼽으라면 역시 현대캐피탈이라 할 수 있다.

　전신인 현대자동차써비스는 1983년 2월 창단됐다. 당시 구단주는 정몽구 현대자동차그룹 회장, 초대 사령탑은 송만기 감독이었다. 플레잉 코치 이인과 트레이너 및 선수를 겸한 강만수를 주축으로 차주현, 문용관, 김성일, 강호용, 정인칠, 박관덕 등이 창단 멤버였다. 창단 초기에는 같은 해 실업 무대에 나란히 데뷔한 고려증권(3월)에 밀리는 편이었다. 당시 고려증권은 장윤창과 류중탁, 이경석, 정의탁 등 대표팀의 주전 멤버들을 고스란히 영입한 상태였다.

1984년 이탈리아리그에서 뛰다 복귀한 센터 김호철을 '친정 팀'인 금성통신에 앞서 영입한 것을 기점으로 현대자동차써비스는 전력을 본격적으로 끌어올리기 시작했다. 이세호 전 KBSN 스포츠 해설위원이 김호철의 입단 동기다. 이후 이종경(1985년), 이재구와 양진웅(1986년), 노진수(1987년), 한양대 트리오인 김동천, 지창영, 이상훈과 남선(1988년), 마낙길과 안성재(1990년) 등 대학 무대에서 스타플레이어로 꼽히던 선수들을 매년 영입하며 전력을 보강했다. 1991년에는 한양대의 대통령배 우승 주역인 하종화와 윤종일, 문양훈, 장재원, 경기대 출신들인 제희경과 윤성환 등을 더하며 스카우트에 정점을 찍었다.

삼성화재가 창단되기 전까지는 고려증권과 라이벌 관계를 유지했다. 1986년과 1987년 2년 연속으로 대통령배 우승을 차지하며 최강팀 자리에 올랐다. 그 사이 구단은 선수 수급뿐 아니라 시설에도 적극적인 투자를 하고 당시 실업팀 최초로 연습 체육관에 전용 코트 바닥재인 타라프레스를 깔았다. 1990년 이인 코치가 송만기 감독에 이어 팀의 지휘봉을 잡고 1993년에는 강만수가 사령탑에 오른다. 강감독은 2001년까지 지휘봉을 잡았다.

팀은 적극적인 우수 선수 영입 덕분에 1994년과 1995년에도 슈퍼리그 정상에 올랐다. 당시 영입한 선수들은 강성형과 박종찬(1992년), 임도헌과 진창욱, 김성현(1993년), 강민식과 김병선(1994년), 이호와 신억삼(1995년) 등이 대표적이다.

그러나 1996년 고려증권이 투혼을 발휘해 슈퍼리그 우승을 차지하고 1995년 11월 창단한 삼성화재가 김세진과 신진식, 석진욱, 최태웅 등 대학 최고의 선수들을 모두 영입하면서 현대자동차써비스는 '만년 준우승팀'이라는 달갑지 않은 호칭을 얻기도 했다. 당시 선수 수급이 좋지 않은 것도 아니었다. 후인정과 한희석(1996년), 이인구와 방신봉, 김성우(1997년) 등이 입단하지만 마지막 고비에서 삼성화재를 넘어서지 못했다.

1999년 모기업인 '현대자동차써비스'가 현대자동차그룹에 합병됨에 따라 팀 명칭이 현대자동차로 바뀌었다. 그리고 2001년 7월 구단 운영 주체가 '현대자동차'에서 '현대캐피탈'로 바뀜에 따라 다시 명칭이 현재의 현대캐피탈로 변경됐다. 현대캐피탈로 팀명이 바뀌기 전인 그해 3월 팀은 실업배구 사상 처음으로 외국인 선수도 영입했다. 1996년 애틀랜타 올림픽에 브라질 대표팀 일원으로 참가하고 일본리그 산토리에서 뛴 신장 193센티미터의 지우송 베르나르두였다. 하지만 기대한 '지우송 효과'는 없었다. 삼성화재에 또다시 가로막히자 구단은 감독 교체 카드를 꺼냈다.

한양대 배구부 감독으로 오랫동안 활동한 송만덕 감독이 강감독에 이어 지휘봉을 잡는데 결과적으로 역효과가 났다. 2003년 항명 사건이 일어나 선수단 내 갈등이 외부로 드러난 끝에 송감독이 사임한 것. 구단은 뒤숭숭한 분위기를 수습하기 위해 당시 선수 은퇴한 뒤 코치와 감독으로 한창 주가를 올리고 있던 김호철을 새로운 사령탑으로 선임했다.

현대캐피탈은 김감독 체제에서 프로 출범을 맞이한다. 2005시즌엔 삼성화재에 가로막혀 다시 한 번 준우승에 그치지만 2005/06시즌 마침내 삼성화재의 연속 우승을 저지했다. 1995년 슈퍼리그에서 우승하고 10년 만에 오른 정상이었다. 2006/07시즌에도 마지막 승부에서 삼성화재를 꺾고 리그 출범 후 남자부 처음으로 챔피언결정전 연속 우승을 차지했다.

그때만 해도 현대캐피탈 왕조가 펼쳐지리라는 예상이 많았다. 베테랑 후인정을 중심으로 이선규와 윤봉우, 하경민 등 대표팀 미들 블로커 삼인방에 명세터 계보를 이었다는 평가를 얻은 권영민이 버티고 있었다. 여기에 장영기와 송인석 등 아웃사이드 히터진, 이호의 뒤를 이은 리베로 오정록, 외국인 선수 숀 루니까지 더해져 시너지 효과를 냈다. 하지만 예상대로 흘러가지 않았다. 삼성화재가 2007/08시즌부터 2013/14시즌까지 '7시즌 연속'으로 우승하며 실업 시절에 이어 다시 한 번 왕조를 구축하는 동안 현대캐피탈은 2007/08시즌부터 2009/10시즌까지 '3시즌 연속'으로 준우승에 만족해야 했다.

2010/11시즌엔 당시 최고의 선수로 꼽힌 문성민을 한국전력과의 트레이드를 통해 데려와 FA 자격을 얻어 라이벌인 삼성화재로 이적한 박철우의 공백을 메우며 우승을 향한 기대치를 끌어올렸다. 그러나 플레이오프에서 삼성화재에 덜미를 잡혀 챔피언결정전 진출에 실패하고 만다. 이후 구단은 김호철 감독을 총감독으로 돌리고 당시 진주동명고 배구부를 이끌고 있던 하종화 감독을 새로운 사령탑으로 선임했다.

하감독 체제는 오래가지 않았다. 2012/13시즌이 끝난 뒤 구단은 김호철 감독에게 다시 러브콜을 보냈다. 2013/14시즌 김호철 감독과 현대캐피탈은 챔피언결정전에 올라가지만 이번에도 삼성화재에 막혀 주저앉았다. 2014/15시즌은 김감독이 현대캐피탈의 지휘봉을 잡은 마지막 시즌이 됐다. 그해 팀은 승률 5할 아래(15승 21패)로 떨어진 성적표를 처음 받고 5위에 머물러 마찬가지로 리그 출범 후 처음으로 봄배구에 나서지 못했다.

후임 사령탑 선임은 파격적이었다. 2014/15시즌을 마친 뒤 선수 은퇴한 베테랑 세터 최태웅에게 지휘봉을 맡겼다. '코치를 거치지 않고 바로 감독이 된' 최태웅의 부임 이후 해당 트렌드가 리그를 휩쓸게 된다.

2015/16시즌 현대캐피탈은 직전 시즌과 전혀 다른 팀이 됐다. 정규리그 1위를 차지했다. 챔피언결정전에서 OK저축은행에 패해 고배를 마시지만 정규리그에서 16연승으로 내달려 최감독은 '스피드 배구'와 '토털 배구'라는 모토 아래 주가를 높였다. 이후 2016/17시즌과 2018/19시즌 챔피언결정전에서 우승하는 성과를 냈다. 그는 2023/24시즌이던 2023년 12월 말 경질될 때까지 9시즌에 걸쳐 지휘봉을 잡아 리그 역사상 가장 오랜 시간 한 팀을 이끈 지도자로 남았다. 그해 현대캐피탈은 진순기 코치가 대행을 맡아 남은 시즌을 마쳤다.

최감독이 지휘봉을 잡은 기간 마냥 꽃길만 걸은 건 아니다. 2020/21시즌 리빌딩에 방점을 찍고 팀의 핵심 전력인 신영석을 한국전력과의 트레이드로 내보내는 등 선수단에 큰 변화를 줬다. 그러나 대가는 컸다. 2020/21시즌 6위로 성적이 떨어지고 2021/22시즌엔 구단 역사상 처음으로 정규리그 최하위(7위)까지 내려갔다. 그 무렵 구단 운영 주체가 현대캐피탈에서 현재자동차그룹으로 다시 바뀌고 그런 사정 속에서 최감독이 현대캐피탈을 떠나게 됐다.

구단은 오프시즌 들어 국내 지도자가 아니라 외국인 사령탑에게 지휘봉을 맡겼다. 프랑스 출신으로 일본 남자배구 대표팀을 이끌고 발리볼네이션스리그(VNL)와 월드컵에서 좋은 성적을 낸 필립 블랑 감독을 선임했다. 2024/2025시즌 현대캐피탈은 블랑 감독 체제에서 목표한 바를 이뤘다. 컵대회 우승을 시작으로 2017/18시즌 이후 7시즌 만에 정규리그 1위에 올랐다. 정규리그에선 다시 한 번 16연승으로 내달리며 신바람을 냈다. 주축 선수들인 허수봉과 레오의 활약이 컸다. 챔피언결정전에선 다시 만난 대한항공을 시리즈 전적 3승으로 물리치고 정상에 올라 2005/06시즌 이후 19시즌 만에 통합우승을 차지했다. 그렇게 컵대회 우승과 정규리그 1위까지 더해 트레블도 달성했다.

성적과 별개로 현대캐피탈은 리그에서 남녀부를 통틀어 가장 적극적이고 친화적인 팬서비스를 하는 팀으로 유명하다. 프로 출범에 맞춰 천안에 연고지를 둘 때도 가장 정착을 잘한 구단으로 꼽힌다. 리그 출범 후 용인 포곡에 있는 대웅제약개발원의 숙소와 체육관을 사용하다가 2013년 선수단 전용 클럽하우스인 '캐슬 오브 스카이워커스'를 연고지인 천안 직산에 마련해 이사를 갔다. 리그 남자부 팀들 중 연고지에 선수단 숙소와 전용 체육관 등 클럽하우스를 둔 유일한 팀이다.

여자부를 제외하면 리그 흥행을 주도하는 팀도 현대캐피탈이다. 홈코트인 천안 유관순체육관은 2005시즌부터 7시즌 연속으로 관중 수 집계 1위에 올랐다. 2011년 12월 문화체육관광부로부터 제7회 한국스포츠산업대상 마케팅우수프로경기단상을 리그 남녀부 팀들 중 최초로 수상하기도 했다. 그리고 전력분석 개념과 전문 전력분석관을 리그에 처음 도입한 팀이기도 하다. 김호철 감독이 재임하던 2005/06시즌 이탈리아 출신 도미니코 나사로 분석관을 영입하고 같은 국가 출신인 안드레아 도토를 피지컬 코치로 따로 뒀다.

한편 구단 마스코트도 프로 출범과 함께 만들었다. 배구공과 천안의 명물 중 하나인 호두과자에서 모티브를 얻은 '몰리'가 주인공이다.

'Strong Again'
삼성화재

1995년 7월 배구계에선 신생 팀이 창단한다는 얘기가 돌았다. 1983년 현대자동차써비스와 고려증권이 창단하고 오랜만에 남자부에 새로운 팀이 출현한다는 것. 그해 9월 1일 삼성화재는 신치용 한국전력 코치를 첫 사령탑으로 선임한 뒤 11월 7일 팀 창단을 공식 발표했다.

당시 대학 무대에서 최대어로 꼽히던 김세진과 김규선, 김태종, 장동우, 오세종, 김태종(이상 한양대), 김상우, 장민호(이상 성균관대), 최근배, 장경훈(이상 홍익대), 김재만(충남대) 등이 창단 멤버로 합류했다. 삼성화재는 그때부터 기존 팀들의 견제를 받았다. 김세진 영입에 공을 들인 LG화재뿐 아니라 현대자동차써비스와 대한항공도 삼성화재의 공격적인 선수 영입을 경계했다. 그리고 창단 멤버로

10명만 선발한 것을 두고 논란이 일었다. 경기 출전 엔트리 12명이 안 되어 삼성화재는 1995/96시즌 슈퍼리그에 불참했다.

1996년 팀은 선수 영입에 박차를 가해 또 다른 최대어 신진식과 방지섭, 강근수, 김명철(이상 성균관대), 신정섭(한양대), 차상현, 김구철(이상 경기대), 허규호(경희대), 하종민, 윤종권(이상 홍익대), 이재현(명지대) 등을 영입했다. 이후에도 1997년엔 권순찬(성균관대)과 김기중(경기대)이, 1999년엔 석진욱, 최태웅(이상 한양대), 장병철, 노경택, 신선호(이상 성균관대), 명중재(경희대) 등이 삼성화재의 유니폼을 입었다. LG화재가 이에 반발해 1999/2000시즌 슈퍼리그에 불참하겠다고 선언하면서 실업배구는 파행을 겪는다.

1996년에는 한국전력에서 세터로 뛴 신영철을 코치로 영입하는데 플레잉 코치로 등록해 코트에 나올 수 있게 조치한 부분에서도 다른 팀들의 반발이 심했다. 신영철은 결국 1년 자격정지라는 징계처분을 받았다. 이런 과정을 거치는 사이 삼성화재는 단숨에 실업배구의 일인자 자리에 올라갔다. 1996년 5월 제51회 종별선수권대회를 통해 공식 대회에 첫선을 보이고 그해 10월 한국배구대제전 2차 대회에서 첫 우승을 차지했다.

1997년 슈퍼리그에 처음 참가해서는 바로 정상에 올랐다. 이후 프로 출범 직전까지 '8회 연속'으로 슈퍼리그 우승을 차지하며 절대 1강 체제를 굳혔다. 또한 해당 기간에 공식 대회 77연승 기록도 달성했다.

아마추어에서 프로로 바뀐 2005시즌의 우승도 삼성화재가 차지했다. 정규리그 1위에 오른 뒤 챔피언결정전에서 '영원한 라이벌'로 꼽히던 현대캐피탈을 꺾고 우승 트로피를 들어 올렸다. 연속 우승은 2005/06시즌 현대캐피탈에 의해 제동이 걸린다. 외국인 선수를 처음 도입한 그해 삼성화재는 상대적으로 효과를 못 봤다. 2006/07시즌에도 현대캐피탈에 가로막혀 챔피언결정전 준우승에 그쳤다.

이후 훌륭한 외국인 선수들을 선발한 덕에 삼성화재는 전성기를 맞이했다. 김세진과 김상우, 신진식 등이 차례로 선수 은퇴해 팀 전력이 약해졌다는 평가를 받던 중에 안젤코와 가빈 슈미트, 레오 등이 순차적으로 등장해 2007/08시즌부터 2013/14시즌까지 '7시즌 연속 챔피언결정전 우승'을 차지했다. 그때 최태웅과 유광우가 세터 자리를 안정적으로 지키고 최고의 리베로로 꼽히는 여오현이 수비와 리시브를 든든히 책임졌다. 석진욱과 손재홍이 버티는 아웃사이드 히터진도 단단했다.

2010/11시즌엔 위기도 있었다. 석진욱이 대표팀 일원으로 2010년 광저우 아시안게임에 참가했다가 일본과의 준결승전에서 무릎 부상을 당해 시즌 아웃되고 손재홍도 컨디션이 뚝 떨어진 것. 삼성화재는 2~3라운드에 최하위로 떨어졌다. 그런 중에도 가빈을 앞세워 반격에 나서 승수를 차곡차곡 쌓은 끝에 순위를 3위까지 끌어올렸다. 더 나아가 LIG손해보험과의 준플레이오프(해당 시즌부터 적용)를 통과한 뒤 플레이오프에서 현대캐피탈을 꺾고 챔피언결정전까지 올라가는 기염을 토했다. 그리고 결국 챔피언결정전에서 대한항공엔 열세라는 예상

이 무색할 정도로 압도적인 경기력을 보이며 우승 트로피를 품에 안았다.

실업 시절 선수 스카우트 논란에 휩싸이던 삼성화재는 프로 출범 후엔 외국인 선수 계약과 관련해 과도한 몸값을 지출한다는 견제를 받았다. 그런데 알려진 바와 다르게 삼성화재는 안젤코와 가빈, 레오의 계약에 관한 한 어느 경우에도 100만 달러 넘는 비용을 지불하지 않았다.

안젤코는 2007년 영입할 당시 몸값이 10만 달러였다. 해당 에이전트가 자신이 관리하는 선수인 줄도 잘 몰랐을 정도로 당시엔 무명에 가까웠다. 가빈의 경우 현대캐피탈에서 먼저 입단 테스트를 진행하고 LIG손해보험이 먼저 계약을 검토하기도 했다. 2008/09시즌이 끝난 뒤 안젤코는 45만 달러를 받는 조건으로 일본 도요타와 사인했다. 안젤코를 대신할 선수를 찾던 삼성화재는 신치용 감독이 팬암대회가 열린 멕시코 현지에서 가빈을 콕 찍은 뒤 계약을 진행했다.

삼성화재에서 세 시즌을 뛴 뒤 가빈은 일본 산토리를 비롯해 러시아리그와 튀르키예리그 팀들로부터 러브콜을 받았다. 몸값이 65만 달러 이상까지 올라가는 상황이 되자 삼성화재는 가빈을 붙잡지 않았다. 결국 그는 러시아리그의 이스크라 오딘초보와 계약했다. 당시 새로운 얼굴을 찾고 있던 신치용 감독은 일본리그에서 뛰고 있던 케냐 출신 선수를 영입할 계획이었다. 그러다 상대적으로 이름이 덜 알려지고 러시아리그에서 출전 기회를 거의 잡지 못하고 있던 레오로 방향을 틀었다.

　신치용 감독의 선택은 적중했다. 레오는 안젤코와 가빈을 뛰어넘어 리그 최고의 외국인 선수로 자리매김했다. 마지막이 된 2014/15시즌을 제외하고 그는 두 차례 챔피언결정전 우승과 한 차례 준우승을 이끌었다. 따져보면 안젤코와 가빈, 레오가 삼성화재에서 뛴 시기에 오히려 다른 팀들이 외국인 선수 계약에서 몸값 상승을 주도한 부분이 분명히 있다. 결국 한국배구연맹은 외국인 선수 선발 방식을 팀별 자유선발이 아니라 '트라이아웃 후 드래프트'로 변경하고 2016/17시즌부터 이를 적용했다.

　2014/15시즌에야 삼성화재의 챔피언결정전 연속 우승이 가까스로 멈췄다. 챔피언결정전에서 OK저축은행에 3연패로 밀려 우승을 놓쳤다. 이변의 주인공들은 다름 아닌, 삼성화재 왕조의 주역이다가 각각 OK저축은행의 감독과 코치로 변신한 김세진과 석진욱이었다. 외국인 선수 시몬도 같은 쿠바 출신인 레오를 압도하는 활약을 보이며 우승의 주역이 됐다.

　삼성화재는 시즌을 마친 뒤 변화와 마주했다. 2015년 구단의 운영 주체가 '삼성화재'에서 제일기획으로 바뀐 와중에 신치용 감독이 지휘봉을 내려놓고 배구단 단장 겸 스포츠단 부사장으로 자리를 옮겼다. 그리고 2006년 삼성화재로 와 신치용 감독을 9년 동안 보좌한 임도헌 수석코치가 내부 승격돼 팀의 2대 사령탑이 됐다. 임 감독은 레오와 작별하고 새로운 외국인 선수와 인연을 맺었다. 문성민이 2008/09시즌 독일 분데스리가 프리드리히스하펜에서 뛰던 시절 한솥밥을 먹은 괴르기 그로저였다. 자유선발 방식이 마지막으로 적용된 그해 그렇게 삼성화재는 구단 역사상 가장 이름값이 높은 외국인 선수와 함께했다. 그로저는 독일 대표팀 일정(2016년 리우데자네이루 올림픽 예선전)을 소화하느라 해당 시즌 전 경기에 출장하지는 못하지만 강력한 서브와 공격력으로 상대의 리시브 라인과 수비를 흔들었다.

그러나 2015/16시즌 봄배구에서 삼성화재는 낯선 경험을 했다. 플레이오프에서 만난 OK저축은행에 덜미를 잡혀 리그 출범 후 처음으로 챔피언결정전에 오르지 못했다. 2016/17시즌엔 그로저가 떠난 자리를 타이스가 어느 정도는 메우지만 정규리그에서 순위 경쟁을 하는 내내 힘에 부쳤다. 18승 18패로 승률 5할을 간신히 맞추고 4위로 시즌을 마쳐 삼성화재는 리그 출범 후 처음으로 봄배구에도 나서지 못했다. 임도헌 감독이 그해 시즌을 끝으로 사임하고 신진식 코치가 감독으로 승격됐다. 신진식 감독은 삼성화재에서 선수와 코치를 거쳐 지휘봉을 잡은 최초의 사례였다.

2017/18시즌 삼성화재는 정규리그 2위에 올라 다시 봄배구에 나갔다. 그러나 플레이오프에서 대한항공에 패해 챔피언결정전 진출이 좌절됐다. 그렇게 해당 시즌을 마지막으로 2024/25시즌까지 '7시즌 연속'으로 봄배구에 나서지 못하는 암흑기에 접어들었다.

2018/19시즌 정규리그에선 19승 17패를 거둬 4위에 그쳤다. 2019/20시즌엔 코로나19로 인해 시즌이 조기 종료되면서 봄배구 자체가 열리지 않은 중에 삼성화재는 13승 19패를 거둬 5위로 시

즌을 마쳤다. 리그 출범 후 가장 좋지 않은 성적이었다. 결국 구단은 신진식 감독과의 계약을 연장하지 않고 새로운 사령탑을 맞이했다. 고희진 코치가 내부 승격해 팀의 4대 사령탑에 올랐다.

고감독은 세대교체에 초점을 맞추는데 쉬운 일이 아니었다. 2020/21시즌 6승 30패를 기록해 초보 사령탑으로 호된 신고식을 치렀다. 팀도 실업 시절과 V리그를 통틀어 처음으로 최하위(7위)라는 성적표를 받았다. 2021/22시즌에는 직전 시즌에 비해 8승을 더 올리지만 14승 22패로 6위에 만족해야 했다. 결국 구단은 고감독과 재계약하지 않고 다시 새로운 감독을 찾았다. 이후 김상우 전 LIG손해보험·우리카드 감독이 친정 팀의 지휘봉을 잡아 2007년 컵대회를 마치고 선수 은퇴한 뒤 15년 만에 다시 돌아오게 됐다.

상황은 녹록지 않았다. 신진식 감독과 고희진 감독을 거치는 동안 계속된 트레이드 등으로 선수단 로스터가 변화 폭이 컸다. 여기에 운도 따르지 않았다. 외국인 선수 드래프트 추첨에서도 기대한 순번이 나온 적이 별로 없었다.

2022/23시즌 11승 25패로 다시 최하위로 떨어졌다. 2023/24시즌엔 그나마 희망을 봤다. 6위에 머문 가운데 최근 다섯 시즌 중 가장 좋은 성적인 19승 17패를 기록했다. 김상우 감독은 시즌을 마치고 일단 신임을 받았다. 구단은 새로운 감독을 선임하지 않고 재계약에 방점을 찍었다. 2024/25시즌 순위는 5위로 올라가지만 승수는 오히려 줄어 13승 23패로 마쳤다. 오프시즌 들어 구단은 새로운 단장으로 임도헌 전 감독을 선임했다.

한편 삼성화재는 프로 출범 이래 줄곧 대전을 연고지로 삼고 대전 충무체육관을 홈코트로 사용하고 있다. 선수단은 팀 창단 초기에 서울 서초동에 있는 삼성레포츠센터를 숙소로 사용하다 농구단과 육상부 등이 함께 운동하던 죽전체육관으로 이동했다. 그리고 2007년 6월 용인 보정동에 있는 삼성 트레이닝센터(삼성생명 휴먼센터)로 숙소와 전용 체육관을 모두 이전했다.

팀 마스코트는 '루팡'과 '루루'다. '루팡'은 빙하기에 살았던 고양이과 동물 검치호랑이를 모티브 삼아 만들었다. '루루'는 배구공을 모델로 삼았다. '루팡'은 'V-클래식 매치'를 통해 상대 마스코트 '몰리'와 함께 팬들로부터 많은 인기를 받았다. 삼성화재와 현대캐피탈은 2016/17시즌부터 정규리그 맞대결을 'V-클래식 매치'라는 시리즈로 만들어 운영해오고 있다. 실업 시절부터 라이벌전을 치러온 두 팀이 V리그가 출범한 뒤에도 전통을 이어가는 셈이다. 팬들뿐 아니라 구단 사무국까지 신경전이 치열했던 예전과 달리 이제는 홈·어웨이 여부와 상관없이 함께 응원전을 펼치고 관련 행사를 진행하고 있다. 2024/25시즌 기준 두 팀 간 정규리그 상대 전적은 현대캐피탈이 63승 62패로 삼성화재에 아슬아슬한 우위를 점하고 있다.

'Clear Goal'
우리카드

우리카드는 리그가 출범한 뒤 첫 번째로 생긴 신생 팀이다. 한국전력과 상무가 아마추어 초청팀으로 참가하고 있던 2007/08시즌부터 신생 팀 이야기가 나왔다. 당시 이동호 한국배구연맹 총재가 취임하기 전 남자부 신생 팀을 만들겠다고 공약하는데 그 약속을 지킨 것. 대우자동차판매의 자회사 중 하나인 '우리캐피탈'을 모기업으로 둔 신생 팀으로 남자부 일곱 번째 구단(2012/13시즌부터 상무가 참가하지 않아 6구단 체제가 됐다가 2013/14시즌 OK저축은행이 창단해 참가하면서 다시 7구단 체제가 됨)이자 당시 프로팀 기준 다섯 번째 구단이 2008년 9월 25일 창단됐다.

팀 명칭은 우리캐피탈 드림식스로 정했다. 연고지는 서울에 두고 홈코트는 장충체육관을 쓰게 됐다. 창단 사령탑에는 김남성 전

성균관대·명지대 감독이 선임되고 박희상, 권순찬 코치가 합류했다.

팀 창단 초기엔 리그에 언제 참여할지를 두고 기존 팀들과 의견이 엇갈렸다. 애초에 구단은 그해 신인 드래프트에서 최대어로 꼽히던 문성민을 염두에 두고 2008/09시즌에 바로 참가하겠다고 선언하는데 지명권 문제를 두고 마찰이 있었다. 한국배구연맹은 준프로팀으로 전환한 한국전력에 1라운드 1순위, 2라운드 1~3순위 지명권을 주고 우리캐피탈에 1라운드 2~5순위 지명권을 주는 것으로 정리했다. 여기에 더해 신생 팀 지원 정책의 일환으로 2009년 신인 드래프트에서도 우리캐피탈이 1라운드 1~4순위 지명권을 행사하게 했다. 그리고 한국전력을 제외한 기존 4개 프로팀으로부터 9인 보호선수 외 선수를 영입할 수 있게 했다. 그런 조건하에서 우리캐피탈은 2008/09시즌엔 정규리그에 참여하지 않는 대신 기존 팀들과 시범경기를 치르기로 하고 2009/10시즌부터 '막내 팀'으로 리그에 참여했다.

2009/10시즌을 마친 뒤 김남성 감독이 지휘봉을 내려놓고 박희상 수석코치가 대행을 맡아 2010/11시즌을 준비했다. 그런데 위기는 외부에서 왔다. 대우자동차판매가 부도가 나면서 구단의 모기업인 '우리캐피탈'의 미래가 불투명해진 것. 어수선한 상황 중에도 젊은 선수들이 주축이 된 팀은 그해 인기를 얻었다. 서울을 연고지로 둔 덕도 봤다.

그런데 '우리캐피탈'이 전북은행에 인수되는 과정에서 전북은행이 배구단 운영을 하지 않겠다고 발표해 문제가 발생했다. 구단의 운영 주체가 없어지는 상황을 맞아 한국배구연맹은 팀을 관리 구단으로 지정하고 임시로 운영 자금을 지원한 뒤 매각을 추진하기로 결정했다. 그런 연유로 팀 명칭이 '우리캐피탈'이 빠지고 '서울 드림식스'만 남은 상태로 2011/12시즌을 치렀다. 그 와중에도 박희상 감독과 권순찬 코치를 비롯한 코칭스태프와 선수들은 힘을 냈다. 정규리그에서도 직전 시즌보다 한 계단 오른 5위로 마쳤다.

그러나 인수를 원하는 기업이 나타나지 않고 매각 협상이 잘 풀리지 않으면서 팀은 해체 위기에 처했다. 2012년 컵대회에선 선수들과 코칭스태프 사이의 불협화음이 공개적으로 드러나는 일도 있었다. 결국 박희상 감독이 지휘봉을 내려놓는 등 우여곡절을 겪었다. 그렇게 팀이 없어질지도 모를 상황에서 '러시앤캐시'가 네이밍 스폰서로 참가하겠다는 의사를 밝혔다. 팀 해체를 막아야 하는 연맹의 입장에선 이를 받아들일 수밖에 없었다. 계약 기간 1년에 팀 명칭도 러시앤캐시 드림식스로 변경하는 식으로 당장 급한 불을 끄게 됐다.

2012/13시즌을 앞두고 연고지도 임시 이전했다. 장충체육관의 리모델링 공사 때문에 팀은 충남 아산에 있는 이순신체육관을 임시 홈코트로 사용하기로 했다. 그리고 박희상 감독 사퇴로 비어 있던 자리에 김호철 전 현대캐피탈 감독을 선임했다. 양진웅 수석코치도 함께 합류했다. 공교롭게도 아산과 인접한 천안을 연고지로 둔 현대캐피탈에서 감독과 코치를 지낸 이들이었다.

그해 시즌 팀은 선전했다. 4~5라운드에 걸쳐 5연패만 당하지 않았다면 충분히 봄배구에 진출할 수도 있었다. 16승 14패를 기록해 팀 창단 후 처음으로 승률 5할을 넘기고 순위도 4위로 끌어올렸다.

2013/14시즌을 앞두고 팀은 다시 한 번 변화와 마주했다. '러시앤캐시'가 팀을 완전 인수하는 방안을 추진하지만 이는 성사되지 않았다. 2013년 3월 15일 우리금융지주가 팀을 인수하기로 공식 발표하면서 운영 주체가 우리금융지주 계열사 중 하나인 '우리카드'가 됐다. 그런데 같은 해 6월 우리금융지주 사장이 교체된 뒤 배구단 운영을 전면 재검토하겠다는 보도가 나왔다. 이후 배구계 안팎에서 반발이 이어진 끝에 결국 없던 일이 됐다. 그리고 사령탑이 교체됐다. 김호철 감독이 다시 현대캐피탈의 지휘봉을 잡게 돼 팀을 떠나고 강만수 전 한국전력 감독이 새로 사령탑을 맡았다.

팀은 2013년 컵대회에 우리카드 드림식스라는 이름으로 참가한 뒤 시즌 개막을 앞두고 우리카드 한새로 명칭을 다시 바꿨다. 우리금융지주 내 다른 스포츠단은 여자 프로농구와 사격단이 사용하던 명칭인 '한새'로 통일했다.

2013/14시즌에도 봄배구에 나서지 못하지만 15승 15패로 승률 5할을 맞추고 4위로 마쳤다. 2014/15시즌엔 3승 33패를 거둬 최하위로 떨어졌다. 7구단 체제에서 최하위가 된 첫 시즌이었다. 시즌 도중 성적 부진에 대한 책임을 지고 강만수 감독이 사퇴할 때 양진웅 코치가 대행을 맡고 이호 코치가 수석코치로 자리를 옮겨 마무리했다.

그리고 오프시즌 들어 팀은 크게 흔들렸다. '우리카드'가 배구단 운영을 포기하겠다는 의사를 한국배구연맹 이사회에서 밝히는 바람에 또 한 번 논란이 됐다. 결국 '우리카드'는 포기 의사를 철회하고 팀 운영을 계속하겠다고 발표하는데 그 과정에서 직전 시즌 운영비를 마련하려고 팀의 간판스타 중 한 명인 주전 미들 블로커 신영석을 현대캐피탈로 현금 트레이드하기로 한 사실(당시 상무 소속으로 군 복무 중이던 신영석이 전역 후 현대캐피탈로 옮기는 내용)이 밝혀졌다. 논란 끝에 법원의 유권해석에 따라 해당 트레이드는 승인됐다.

2015/16시즌 개막을 앞두고 우리카드는 다시 서울로 돌아갔다. 장충체육관 리모델링 공사가 마무리돼 3년간의 아산 생활에 마침표를 찍은 것. 그리고 김상우 감독이 새로운 사령탑으로 선임됐다. 선수단도 인천 청라에 숙소를 마련하고 2014년 인천 아시안게임 때 남녀 배구 경기가 열린 송림체육관을 선수단 전용 체육관으로 사용하기로 했다(드림식스 시절에는 대한항공 선수단이 하갈연수원으로 숙소와 전용 체육관을 이전하기 전까지 사용한 인하대 앞 아파트와 인하대 체육관을 썼다. 아산에 임시 연고지를 뒀을 때는 이순신체육관 근처 아파트를 임대해 숙소로 활용하고 연습체육관도 그대로 이순신체육관을 사용했다).

2015/16시즌에 다시 한 번 최하위에 머무르지만 2016/17시즌엔 직전 시즌보다 10승을 더 올리며 17승 19패를 거둬 꼴지에서 벗어났다. 그렇게 첫 봄배구 진출에 대한 기대를 조금씩 끌어올렸다. 그러나 김상우 감독이 이끈 세 시즌 동안 팀은 늘 뒷심 부족에 시달리며 순위 경쟁에서 밀려났다. 2016/17시즌에는 팀명이 우리카

드 위비로 다시 변경했다(2021년 모기업의 CI 교체에 따라 우리카드 우리 WON으로 바뀌었다).

2017/18시즌을 마친 뒤 구단은 신영철 전 한국전력 감독을 새로운 사령탑으로 선임했다. 팀은 그때부터 봄배구에 꾸준히 진출하는 '단골손님'이 됐다. '6시즌 연속 포스트시즌 진출'의 첫걸음이었다.

2018/19시즌에 20승 16패를 거둬 3위로 정규리그를 마친 뒤 마침내 팀 창단 10년 만에 처음으로 봄배구에 나섰다. 그리고 2019/20시즌에는 정규리그 1위에 올랐다. 그러나 코로나19 여파로 시즌이 조기 종료되고 포스트시즌 자체가 열리지 않아 1위 팀으로서 아쉬움을 삼켜야 했다.

2020/21시즌 우리카드는 정규리그 2위를 차지한 뒤 처음으로 챔피언결정전에 올라가 대한항공과 맞대결을 펼쳤다. 시리즈 전적 2승 1패로 앞서며 첫 우승을 눈앞에 두지만 결국 대한항공에 밀리고 만다. 2021/22~2023/24시즌에도 연달아 봄배구에 나가지만 챔피언결정전엔 다시 오르지 못했다. 2023/24시즌엔 정규리그 마지막 경기에서 삼성화재에 덜미를 잡혀 1위 등극에 실패하고 2위로 마치는데 이번에도 플레이오프 문턱을 넘지 못했다.

신영철 감독은 그해를 끝으로 지휘봉을 내려놨다. 이후 브라질 출신으로 이란 남자배구 대표팀을 맡은 바 있는 마우리시우 파에스 감독이 지휘봉을 잡았다. 그러나 2024/25시즌 결과는 좋지 않았다. 18승 18패를 거둬 4위에 그치면서 6시즌 연속으로 이어진 봄배구 진출이 중단됐다.

한편 우리캐피탈 드림식스 시절에는 마스코트를 따로 두지 않았다. 우리카드 한새 시절은 황새에서 모티브를 딴 마스코트를 사용하고 위비 시절에는 '우리카드'에서 캐릭터 상품으로 제작한 꿀벌 '위비'를 그대로 사용했다. 귀엽고 통통한 이미지로 장충체육관을 찾은 어린이 팬들에게 많은 인기를 얻었다. '위비'가 공연할 때 춤을 추기 쉽지 않다는 의견이 있어서 몸집을 줄인 날씬한 캐릭터가 따로 등장하기도 했다. 우리WON으로 명칭을 바꾼 뒤인 2022/23시즌에는 이를 형상화한 '위너'가 공식 마스코트가 됐다. '우리카드'에서 운영하는 여자프로농구단의 마스코트인 '위나'를 참조한 캐릭터다.

'Glory Story'
OK저축은행

네이밍 스폰서에서 '직접 운영'으로. OK저축은행은 구단주인 최윤 OK금융그룹 회장의 의지가 크게 작용해 만들어진 팀이다. 최 회장은 2012/13시즌 드림식스의 네이밍 스폰서로 참여하며 리그와 첫 인연을 맺었다. 그는 그룹의 경쟁사이기도 한 웰컴저축은행이 핸드볼 팀인 'HC 코로사'를 인수하는 것을 보고 같은 실내 스포츠인 배구에 주목하게 됐다고 한다. OK금융그룹도 앞서 KBO리그(프로야구)에 스폰서 중 하나로 참여하고 K리그(프로축구) 컵대회를 후원하는 등 스포츠 종목에 관심을 갖고 있었다. 그런 중에 드림식스가 2012/13시즌 개막을 앞두고 인수 기업을 찾지 못해 위기에 처했을 때 최회장이 회사의 제2 금융권 진출을 위한 발판으로 네이밍 스폰서 참가를 결정했다.

그동안 '러시앤캐시'나 웰컴론(웰컴저축은행 전신) 등 대부업체의 리그 참여를 제한해온 한국배구연맹은 당시 팀 해체를 막기 위해 진입 징벽을 낮췄다. 그 덕분에 2012/13시즌 드림식스는 러시앤캐시 드림식스라는 명칭을 달고 정상적으로 참여할 수 있었다. 시즌이 끝난 뒤 '러시앤캐시'는 드림식스를 완전 인수하고 싶다는 의사를 연맹에 전달하지만 성사되지 않았다. 그러자 최회장은 신생 팀 창단 쪽으로 방향을 돌렸다.

2013년 4월 26일 창단된 러시앤캐시 베스피드 배구단은 곧바로 2013/14시즌부터 리그에 참가했다. 그로써 남자부는 7개 구단 체제가 됐다. 팀은 창단 사령탑과 코칭스태프 인선에서 당시로선 파격적인 선택을 했다. 2005/06시즌을 마치고 선수 은퇴한 뒤 방송 활동에 주력하던 김세진 당시 KBSN 스포츠 해설위원에게 지휘봉을 맡기고 2012/13시즌이 끝난 뒤 삼성화재에서 선수 은퇴한 석진욱에게 수석코치를 맡긴 것. 둘 다 팀에 오기 전까지 단 한 번도 코치나 감독을 맡은 적이 없었다.

선수단 구성을 위해 우선 기존 구단에서 1명씩 데려왔다. 신인 드래프트에선 1라운드 1순위(한국전력)를 제외하고 1라운드 2~7순위, 2라운드 1~2순위에 대한 지명권을 연달아 행사했다. 연고지는 드림식스가 자리를 잡은 아산에 두려다가 결국 이동했다. 아산시에서 난색을 표하고 '우리카드'가 인수한 드림식스가 장충체육관 리모델링 공사가 마무리될 때까지 그대로 아산에 연고지를 두기로 결정하면서, 신생 팀은 경기 안산을 연고지로 확정했다. 홈구장은 안산 상록수체육관으로 정해졌다. 선수단 숙소는 창단 초기에는 정하지 않다가 현대캐피탈이 천안에 클럽하우스 '캐슬 오브 스카이워커스'를 세워 옮긴 뒤 이전에 사용하던 용인 대웅경영개발원 내의 체육관과 숙소를 그대로 이어받았다.

2013/14시즌에 팀은 개막 후 8연패를 당해 리그 신고식을 제대로 치렀다. 기다리던 프로 첫 승은 2013년 12월 5일 안산에서 열린 LIG손해보험과의 홈경기(3-0 승)에서 나왔다. 김세진 감독은 첫 시즌을 앞두고 기존 팀들에 모두 한 번씩 승리를 거두고 두 자릿수 승수를 거두는 것을 목표로 삼는데 한 가지는 이뤘다. 현대캐피탈과 대한항공, 두 팀엔 시즌 전패를 당하지만 정규리그에 11승 19패로 6위를 차지하며 최하위를 면했다.

2014/15시즌을 앞두고 팀 명칭을 OK저축은행 러시앤캐시 배구단으로 바꿨다. '러시앤캐시'가 다른 저축은행사를 인수·합병한 뒤 'OK저축은행'으로 사명을 변경해서였다. 그리고 그해 팀은 돌풍을 일으켰다. 외국인 선수로 영입한 시몬의 효과가 엄청났다. 이민규와 송명근, 송희채, 김규민, 정성현 등 패기 넘치는 젊은 선수들 사이에 월드 클래스급 기량을 갖춘 시몬이 합류하자 제대로 시너지 효과가 났다. 직전 시즌과는 전혀 다른 모습을 보이며 리그에 참가한 지 두 시즌 만에 봄배구에 진출하는 기염을 토했다.

여기가 끝이 아니었다. 플레이오프에서 만난 한국전력을 1, 2차전 모두 풀세트까지 가는 접전 끝에 물리치고 챔피언결정전에 올라갔다. 상대는 김세진 감독과 석진욱 코치의 친정 팀인 삼성화재.

신치용 감독이 여전히 팀의 지휘봉을 잡고 있고 당시 리그 최고의 외국인 선수로 꼽히던 레오가 버티고 있었다. 챔피언결정전 승부를 앞두고 대부분 이들이 삼성화재의 우세를 점쳤다. 그러나 막상 뚜껑을 열자 시몬이 뛰고 있는 OK저축은행이 삼성화재를 앞서는 모습이 튀어나왔다. 그렇게 팀은 챔피언결정전 우승 트로피를 들어 올려 삼성화재의 '8시즌 연속 챔피언결정전 우승' 도전에 제동을 걸었다.

2015/16시즌에도 OK저축은행은 챔피언결정전에 진출해 다시 한 번 우승에 도전했다. 직전 시즌과 마찬가지로 정규리그를 2위로 마친 뒤 플레이오프에서 삼성화재를 상대로 승리를 거뒀다. 이번엔 마지막 승부에서 현대캐피탈을 만나 우승에 성공했다. 그해에도 시몬의 위력은 여전했다.

리그를 대표하는 강팀인 삼성화재와 현대캐피탈을 모두 꺾은 OK저축은행의 앞길은 밝아만 보였다. 하지만 시몬이 떠난 뒤 성적이 곤두박질을 쳤다. 2016/17시즌 7승 29패, 2017/18시즌 10승 26패를 거둬 두 시즌 연속으로 최하위로 떨어졌다. 2018/19시즌에 17승 19패로 성적을 끌어올리지만 정규리그 5위에 그쳐 봄배구에 진출하지 못했다. 그때를 끝으로 팀의 지휘봉을 내려놓은 김세진 감독은 배구해설위원으로 돌아가 다시 마이크를 잡고 2023년엔 한국배구연맹 경기운영본부장으로 선임됐다.

이후 석진욱 수석코치가 내부 승격돼 팀의 2대 감독이 됐다. 2019/20시즌엔 코로나19로 인해 정규리그가 조기 종료된 중에

16승 16패를 기록해 4위에 올랐다. 2016/17시즌 이후 내리막을 걷던 중에 거둔 가장 좋은 성적이었다.

아니나 다를까 2020/21시즌 19승 17패라는 성적을 내 5시즌 만에 다시 봄배구 진출에 성공했다. 그리고 그때 팀 명칭을 OK금융그룹 읏맨으로 다시 변경했다. 'OK저축은행'이 아니라 구단 모기업인 'OK금융그룹'을 따라 명칭을 통일했다.

그러나 석진욱 감독 체제에서 팀은 뒷심 부족에 시달렸다. 라운드마다 기복 있는 성적을 보이던 중에 2021/22시즌과 2022/23시즌 모두 5위에 그쳐 다시 봄배구와 거리가 멀어졌다. 2023년 6월 결국 구단은 석진욱 감독과 재계약하지 않고 일본 출신 오기노 마사지 감독을 새로운 사령탑으로 선임했다.

2023/24시즌 라운드 전패와 전승을 거듭하며 롤러코스터를 타는 중에도 20승 16패로 정규리그 3위를 차지해 세 시즌 만에 다시 봄배구에 나섰다. 플레이오프를 거쳐 챔피언결정전까지 올라가 세 번째 우승에 도전하지만 대한항공의 기세를 꺾지 못하고 준우승에 만족해야 했다.

2024/25시즌을 앞두고 팀 명칭이 다시 OK저축은행 읏맨으로 돌아갔다. 시즌 개막을 앞두고 기대를 모으지만 뚜껑을 열자 패배가 더 익숙한 팀이 돼 있었다. 2021/22~2023/24시즌까지 공격을 책임져온 레오와 재계약하지 않은 자리가 너무 커 보였다. 결국 7승 29패로 성적이 떨어져 2017/18시즌 이후 다시 한 번 최하위가 됐다. 2025년 3월 20일 정규리그 마지막 경기인 현대캐피탈전(0-3 패)

을 마친 뒤 오기노 감독은 직접 사의를 밝혔다. 나흘 뒤인 3월 24일 구단은 후임 사령탑으로 신영철 전 우리카드 감독을 선임했다.

팀 마스코트는 팀명 변경에 따라 변화가 있었다. 창단 초기엔 팀 명인 베스피드에서 따온 '말벌'이었다. 베스피드가 말벌속인 '베스파'에서 유래한 데서 창안한 것인데 창단 멤버인 미들 블로커 한상길이 제안했다고 알려졌다. 벌을 마스코트로 사용한 두 번째 사례로, 예전에 실업팀 고려증권의 마스코트가 여왕벌이었다(고려증권은 이후 돌고래를 마스코트로 삼았다). '러시앤캐시'의 공식 캐릭터인 '무과장'을 마스코트로 사용한 적도 있는데 OK저축은행으로 팀 명칭이 바뀐 뒤에는 '웃맨'이 공식 마스코트가 됐다. 최윤 구단주가 직접 디자인에 참여한 것으로 알려진 캐릭터로 머리에 당근이 달린 의상을 입은 히어로의 모습이다.

한편 OK저축은행은 유니폼 디자인도 자주 바꾸는 팀이다. 2014/15시즌 선수단이 입은 'We! Ansan' 유니폼은 2014년 4월 16일 발생한 세월호 참사의 유가족과 연고지 안산의 시민들을 위해 제작한 것인데, 배구 팬들에게도 좋은 반응을 얻었다. 그런데 2024/25시즌을 앞두고 선수단이 입게 되는 새로운 유니폼과 관련해 문제가 있었다. 고교 배구를 소재로 한 일본 만화이자 애니메이션인 '하이큐'의 저작권을 침해했다는 논란이 일어난 것. 구단은 문제가 없다는 입장을 밝히지만 결국 '하이큐' 제작사인 일본 슈에이샤와 국내 라이선스 사용권과 사업권 계약을 맺은 SMG홀딩스의 허락을 받지 않고 구단이 무단으로 사용한 점이 드러났다. 결국 구단은 홈구장을 찾는 팬들을 대상으로 배포할 예정이던 해당 캐릭터를 전량 회수하고 상록수체육관에 설치한 랩핑도 제거했다. 그리고 선수단이 입는 유니폼의 디자인도 교체했다.

'Remember 1992'
상무

상무(국군체육부대) 배구단은 전신은 육군 특무부대 배구단이다. 특무부대 배구단은 1951년 창단됐다. 특무부대가 1960년 방첩부대로 바뀌고 1968년 육군보안사령부(보안사)로 개편되자 배구단도 자연스럽게 사령부 예하에 있게 됐다. 그리고 당시에는 수도경비사령부(수경사)에도 군 배구단이 하나 더 있었다. 수경사 배구단은 보안사 배구단과 라이벌을 이뤘다. 당시 국내 남자배구 선수들은 군 복무를 대부분 이 두 곳에서 했다. 수경사 배구단 출신으로는 박기원 감독을 비롯해 이인, 이선구, 강만수 전 감독, 이춘표 전 대한배구협회 전무이사 등이 있다.

수경사 배구단은 1973년 4월 일어난 윤필용 사건으로 인해 해체됐다. 윤필용 사건은 당시 수경사 사령관이던 윤필용 장군을 비롯한 육군 장교 13명이 쿠데타 모의 혐의로 구속돼 수사를 받은 일이다. 그때 수경사 배구단 소속 선수들은 보안사 배구단으로 소속이 변경됐다. 보안사 배구단에서 군 복무를 한 배구인은 김형실, 신치용, 김호철 감독 등이 대표적이다. 보안사와 수경사 모두 명칭이 바뀌는데 보안사는 1977년 국군보안사령부로, 1991년 국군기무사령부(기무사)로 바뀌고, 수경사는 1984년 수도방위사령부(수방사)로 바뀌었다. 기무사는 2018년 해체된 뒤 군사안보지원사령부로 개편됐다가 2022년 국군방첩사령부로 다시 변경됐다.

보안사 배구단은 사령부 명칭 변경과 별개로 1977년 원호관리단 소속으로 이관되고 1978년에는 육군통신학교 소속으로 있었다. 1982년엔 각 군의 체육팀을 통합한다는 결정에 따라 육군체육지도대로 소속이 바뀌었다. 육군체육지도대는 1984년 출범한 국군체육부대에 통합 흡수됐다.

1968년 보안사 배구단 시절부터 1984년 상무가 출범하기 전까지 엄병덕 감독이 지휘봉을 잡고 이후 심재호 감독이 1989년까지 이끌었다. 심감독에 이어 최삼환 감독이 2012년 6월까지 배구단을 맡았다. 최감독은 배구단 전성기와 최악의 시기를 모두 경험한 셈이다.

1992년 상무는 당시 국내 최상위 리그이던 슈퍼리그에서 LG화재와 현대자동차써비스, 고려증권 같은 쟁쟁한 팀들을 제치고 정상에 올랐다. 당시 팀의 주요 멤버는 세터 신영철과 김동천, 노진수, 유병종, 이재필, 오욱환 등이었다. 당시 아시아배구연맹(AVC)이 주최한 피스컵에서도 우승을 차지했다. 그해 아시아 대표로 국제배구연맹(FIVB)이 주최한 클럽월드챔피언십에도 나서 이탈리아 트레비소에서 열린 대회에서 8개 팀 중 상파울루(브라질)와 함께 공동 5위에 자리했다. 참고로, 피스컵은 아시아배구연맹 주최하는 클럽챔피언십의 전신으로 지난 2019년 인도네시아에서 열린 아시아피스컵과는 전혀 다른 대회다.

상무는 V리그 출범도 함께했다. 한국전력과 함께 아마추어 초청팀 자격으로 리그에서 뛰었다. 2008년에 신용협동조합중앙회(신협)로부터 타이틀 스폰서를 받아 신협 상무 배구단으로 명칭을 바꾸고 2010년엔 상무 신협으로 다시 바꿨다. 리그에서 뛰던 시절 연고지는 당시 국군체육부대가 자리한 성남이었다.

그런데 2011/12시즌 당시 리그를 강타한 승부 조작 사건에 소속 선수들이 대거 연루된 게 수사 결과 드러났다. 상무는 그 여파로 2012년 2월 11일 당시 남은 리그 5, 6라운드 경기에 불참하겠다고 선언했다. 해당 10경기는 모두 0-3 몰수패로 처리됐다. 최감독도 정년퇴임을 1년 남겨두고 자격정지 징계(1년)를 받아 불명예스럽게 배구단을 떠났다.

당시 김관진 국방부 장관은 '배구단 해체를 검토하라'라는 지시까지 내리는데 체육계 전체에서 해체에 따른 반발과 문제점을 거론한 끝에 팀은 없어지지 않고 유지됐다. 하지만 이후 리그로 돌아오지 않았다.

2012년 8월 공석 중인 사령탑에 여자부 GS칼텍스와 KGC인삼

공사에서 지휘봉을 잡은 바 있는 박삼용 감독이 선임됐다. 2013년 국군체육부대가 성남에서 경북 문경으로 이전하면서 상무는 문경 시대를 맞이했다. 그러면서 같은 해 실업배구로 돌아가 2010년 출범한 한국실업배구연맹이 주관하는 대회에 출전하기 시작했다.

2015년 7월 KOVO컵 대회에 초청팀 자격으로 참가해 2011/12시즌 이후 3년 만에 다시 리그 소속 팀들과 경기를 치렀다. 그해 상무는 문경에서 열린 세계군인선수권대회에서 3위를 차지하고 아시아남자배구선수권대회에도 대표팀 자격으로 참가해 6위에 올랐다. 상무는 단일팀으로 아시아선수권에 한 차례 더 나간 적이 있다. 2021년에 출전해 당시 참가 16개 팀 중 8위를 차지했다.

2019년부터는 컵대회에 빠지지 않고 참가하고 있다. 2021년 컵 대회에선 조별리그에서 처음으로 2승을 거두고 2024년 컵대회에선 사상 처음으로 4강 진출에도 성공했다. 2024/25시즌 기준 선수단은 다음과 같다: 박삼용 감독과 윤동환 코치가 코칭스태프로 있고 김명관, 신승훈(이상 세터), 홍상혁, 홍동선, 정성규(이상 아웃사이드 히터), 임동혁(아포짓), 박진웅, 양희준(이상 미들 블로커), 장지원(리베로) 등이 뛰고 있다.

신치용 감독은 한국전력 코치로 지도자 생활을 시작해 삼성화재 사령탑을 거쳐 그곳 단장까지 역임했다. 삼성화재 단장 시절이던 2015년 컵대회에서 경기를 지켜보고 있는 신치용 감독.

신치용 전 삼성화재 감독 및 단장이 2024/25시즌 사위 박철우의 은퇴식을 찾아 포옹하고 있다.

2025년 3월 김호철 감독(왼쪽)이 현대캐피탈 문성민의 은퇴식 현장을 찾았다. 문성민이 은퇴식을 찾은 최태웅 전 현대캐피탈 감독에게 인사하고 있다.

2013/14시즌 현대캐피탈 시절의 김호철 감독. **사진** 발리볼코리아닷컴

신영철 감독이 우리카드 지휘봉을 잡고 있던 2023/24시즌 홈경기 도중 코트 안 선수들을 격려하고 있다.

핀란드 출신의 토미 틸리카이넨 감독은 리그에서 가장 성공적인 커리어를 보낸 외국인 지도자다. 2021/22시즌부터 2024/25시즌까지 대한항공의 사령탑으로 3시즌 연속 통합우승과 한 차례 챔피언결정전 준우승을 이끌었다.

현대캐피탈 선수들이 2024/25시즌 정규리그 한국전력과의 원정 경기 도중 공격에 성공한 뒤 함께 기뻐하고 있다.

대한항공 선수들이 2024/25시즌 현대캐피탈과의 챔피언결정전 3차전 도중 공격 득점을 올린 뒤 환호하고 있다.

KB손해보험 선수들이 2024/25시즌 우리카드와의 원정 경기에서 승리를 거둔 뒤 서로를 격려하고 있다.

우리카드 선수들이 2024/25시즌 대한항공과의 원정 경기 도중 공격 득점을 올린 뒤 환호하고 있다.

한국전력 선수들이 2024/25시즌 우리카드와의 홈경기 도중 공격 득점에 성공한 뒤 환호하고 있다.

삼성화재 선수들이 2024/25시즌 우리카드와의 원정 경기 도중 공격 득점을 올린 뒤 환호하고 있다.

OK저축은행 선수들이 2024/25시즌 현대캐피탈과의 홈경기 도중 공격 득점을 올린 뒤 환호하고 있다.

KB손해보험 센터 황택의는 대한항공 한선수와 유광우의 뒤를 이어 리그 최고 세터로 평가되고 있다.

임성진은 2024/25시즌이 끝난 뒤 자신의 첫 번째 FA 자격을 얻어 한국전력에서 KB손해보험으로 이적했다. 2024/25시즌 한국전력 시절 우리카드와의 원정 경기 도중 공격에 성공한 뒤 환호하고 있다.

현대캐피탈 허수봉이 2024/25시즌 대한항공과의 챔피언결정전 3차전 도중 스파이크를 시도하고 있다.

우리카드 세터 한태준은 2024/25시즌이 끝난 뒤 영플레이어로 선정됐다.
그는 한국 남자배구의 차세대 세터로 각광받고 있다.

대한항공 곽승석은 소속 팀과 리그를 대표하는 수비형 아웃사이드 히터로 꼽힌다.
2024/25시즌 우리카드와의 원정 경기 도중 서브 리시브를 시도하고 있는 곽승석.

시즌스케치

| V-LEAGUE |
| 2005 시즌 |

닻을 올리다

    2005년 2월 배구는 야구(1982년), 축구(1983년), 농구(1997년)에 이어 국내 네 번째 프로스포츠로 새롭게 태어났다. 그런데 사실 배구가 농구에 앞서 프로화가 추진됐다. 1990년대 초반 대한배구협회(KVA)를 위시한 배구계가 프로화 논의를 시작했다. 당시 배구계 최상위 리그라고 할 수 있는 대통령배 전국남녀배구대회(대통령배)에 참가하고 있던 실업팀들 사이에서 움직임이 생겼다. 물론 프로화가 시기상조라는 의견도 있었다. 찬반이 엇갈린 중에 1993년 문화체육관광부가 '배구 프로화 추진 5개년 계획'을 발표했다(당시 농구도 안건에 함께 포함됐다). 1994년 대통령배가 슈퍼리그로 명칭이 바뀌고, 1995년 새로운 남자 실업팀으로 삼성화재가 창단됐다.

    하지만 프로화 과정은 순탄치 않았다. 1997년 IMF 외환위기가 찾아왔을 때 배구는 그 직격탄을 그대로 맞았다. 남녀 실업팀 다수가 해체되는 상황이 벌어졌다. 남자부에선 고려증권이 외환위기의 여파를 견디지 못한 나머지 팀이 없어지고 소속 선수들이 뿔뿔이 흩어졌다. 농구는 위기를 잘 헤쳐 나가며 프로 출범에 성공한 반면 배구는 그러지 못했다. 남자프로농구(KBL)는 1997년에, 여자프로농구(WKBL)는 1998년에 출범했다.

배구 프로화는 2004년 4월 다시 논의됐다. 프로화출범준비위원회에 이어 같은 해 8월에는 한국배구연맹 창립추진위원회가 구성됐다. 10월 18일 한국배구연맹이 창립총회를 열어 김혁규 의원을 초대 총재로 선임했다. 그해 슈퍼리그는 프로화를 바로 앞두고 세미프로 형식인 V투어라는 이름으로 치러졌다.

신인 선수 드래프트는 11월 19일 여자부에서 먼저 열렸다. 남자부는 해가 바뀐 2005년 2월 18일 진행됐다. 프로팀으로 전환하겠다고 선언한 삼성화재와 현대캐피탈, 대한항공, LG화재 4개 팀이 수련선수 1명을 포함해 총 13명을 지명했다. 프로 출범 첫 신인 드래프트의 주인공은 다음과 같다: 김정훈, 전수민, 박순우(이상 삼성화재), 주상용, 하경민, 김영석(이상 현대캐피탈), 신영수, 김형우, 구상윤, 이용희(이상 대한항공), 곽동혁, 하현용, 곽승철(이상 LG화재).

프로 출범

2005년 2월 한국배구연맹은 V리그를 출범하기 위해 바쁘게 움직였다. 1월 25일부터 30일까지 남녀부 시범경기를 개최하고 2월

3일에는 리그의 첫 로컬 룰인 여자부 후위공격 2점제를 확정했다. 같은 달 18일에는 남자부 신인 드래프트가 진행되고 2월 20일 서울 올림픽공원 제2체육관(현 SK핸드볼경기장)에서 시즌 개막전이 열려 프로 출범을 알렸다. 개막 경기는 슈퍼리그 시절부터 라이벌로 꼽힌 두 팀, 삼성화재와 현대캐피탈의 맞대결이었다. 여자부에선 현대건설과 한국도로공사가 만났다. 두 경기 모두 풀세트까지 가는 접전이 펼쳐졌다. 리그 첫 승을 올린 팀은 '현대 남매'로, 현대캐피탈과 현대건설 모두 각각 3-2로 상대를 이겼다.

개막전에서 덜미를 잡히지만 슈퍼리그 시절 1997년부터 2004년까지 8회 연속으로 정상에 오른 삼성화재는 리그에서도 여전한 전력을 자랑했다. 삼성화재는 그해 4월 24일까지 짧게 치른 원년 2005시즌에 현대캐피탈에 1위를 내준 뒤 플레이오프에서 LG화재에 2연승으로 승리를 거두고 챔피언결정전에 올라갔다. 챔피언결정전에서 웃은 팀은 삼성화재였다. 시리즈 전적 3승 1패로 현대캐피탈을 물리치고 초대 리그 챔피언 자리에 올랐다.

한편 남자부는 4개 프로팀 외에 아마추어 초청팀 자격으로 한국전력과 상무(국군체육부대)가 리그에 참가해 총 6개 팀으로 정규리그가 진행됐다.

첫 경기에선 예상대로 접전이 펼쳐졌다. 현대캐피탈이 삼성화재를 누르고 개막전 승리를 가져갔다. 리그 역사에 남을 첫 서브는 현대캐피탈의 미들 블로커 윤봉우가, 첫 리시브는 삼성화재의 아웃사이드 히터 신진식이 기록했다. 첫 세트는 삼성화재의 세터 최태웅이, 첫 득점은 최태웅이 연결한 공을 속공으로 터뜨린 삼성화재의 미들 블로커 김상우가 기록했다. 속공을 제외한 첫 공격 득점은 현대캐피탈의 아웃사이드 히터 장영기가 시간차공격으로 기록했다. 삼성화재의 아포짓 장병철은 리그 첫 백어택(후위공격) 득점의 주인공이 됐다. 첫 블로킹 득점은 윤봉우가 신진식이 시도한 오픈공격을 가로막아 올렸다. 또 첫 서브 에이스는 장병철이 기록했다.

그날 삼성화재의 선발 라인업은 최태웅(세터), 이형두와 신진식(아웃사이드 히터), 장병철(아포짓), 김상우와 신선호(미들 블로커), 여오현(리베로)이었다. 교체로는 김세진, 박재한, 유부재, 방지섭 등이 코트를 밟았다. 현대캐피탈은 권영민(세터), 장영기와 송인석(아웃사이드 히터), 후인정(아포짓), 신경수와 윤봉우(미들 블로커), 오정록(리베로)이 선발 라인업에 들고 이호와 박철우가 교체 멤버로 투입됐다. 김호철 현대캐피탈 감독이 개막전 승리를, 신치용 삼성화재 감독이 패배를 안아 사령탑들 사이에 희비가 교차했다.

삼성화재는 이틀 뒤인 2월 22일 대전 충무체육관에서 열린 한국전력과의 맞대결에서 첫 승을 신고했다. 공정배 감독이 지휘봉을 잡고 있던 한국전력이 1세트를 25-20으로 따내며 기선 제압했다. 그러나 삼성화재가 2세트에 듀스 접전 끝에 26-24로 이겨 세트 승부를 원점으로 돌린 다음 3세트와 4세트를 내리 가져오며 경기를 마쳤다. 한국전력의 리그 첫 선발 라인업은 김상기(세터), 심연섭과 이병희(아웃사이드 히터), 정평호(아포짓), 이상현과 성동현(미들 블로커), 강석중(리베로)이었다. 용환승과 이병주 등이 교체로 코트에 나오고 강성민이 4세트에 심연섭을 대신해 선발 출전했다.

같은 날 이어 상무와 현대캐피탈의 경기가 열렸다. 최삼환 감독이 이끈 상무의 리그 첫 선발 라인업은 원영철(세터), 이영수와 이인석(아웃사이드 히터), 박석윤(아포짓), 김재헌과 조승목(미들 블로커), 최부식(리베로)이었다. 문석규와 강병화, 김장수, 정재경이 교체로 투입되고 문석규와 강병화가 4세트에 각각 선발로 출전했다. 한국전력과 마찬가지로 상무도 첫 경기에서 1세트를 먼저 가져갔다. 접전 끝에 25-23 승리. 그러나 뒷심에서 현대캐피탈에 밀렸다. 현대캐피탈이 2~4세트를 내리 가져가며 한숨을 돌리고 2승째를 올렸다.

신영철 감독과 차주현 감독이 각각 지휘봉을 잡은 LG화재와 대한항공은 2월 23일 대전에서 열린 맞대결을 통해 리그 첫 경기를 치렀다. LG화재가 3-1로 대한항공을 제쳤다. LG화재는 이동엽(세터), 이경수와 김성채(아웃사이드 히터), 홍석민(아포짓), 구준회와 김종일(미들 블로커), 박규택(리베로)이 선발 라인업에 들고, 곽동혁과 하현용, 김철홍, 이동훈 등이 교체로 코트에 나왔다. 대한항공은 김경훈(세터), 장광균과 윤관열(아웃사이드 히터), 김웅진(아포짓), 문성준과 이호남(미들 블로커), 김주완(리베로)이 선발 라인업으로, 신영수와 김영래(각각 3세트, 4세트 선발 출전), 정양훈, 이동현 등이 교체로 코트에 나왔다.

대한항공은 2월 25일 대전에서 치른 한국전력과의 맞대결에서 리그 첫 승을 신고했다. 1, 2세트 모두 듀스까지 가는 접전이 펼쳐진 끝에 대한항공이 3-1로 이겼다. 그래도 한국전력은 첫 세 경기에서 프로팀을 상대로 두 세트를 가져가는 등 선전했다. 한국전력의 리그 첫 승은 팀의 7번째 경기에서 나왔다. 3월 12일 대전에서 열린 상무와의 경기에서 3-0으로 이겼다. 심연섭이 16점을 올리며 제 몫을 하고 이병희와 정평호가 각각 15점과 13점을 기록했다. 선발 미들 블로커로 나온 김철수와 한대섭도 4블로킹에 13점을 합작하며 팀의 첫 승에 힘을 실었다.

2강 체제

2005시즌은 정규리그가 1~2라운드만 진행됐다. 라운드당 6개 팀이 각각 10경기씩 치렀다. 삼성화재와 현대캐피탈이 9승 1패로 동률을 이루는데 세트득실률에서 앞선 삼성화재가 1위로 1라운드를 마쳤다.

2월 27일 삼성화재는 대전에서 다시 만난 현대캐피탈에 3-0으로 승리를 거두며 개막전에서 당한 패배를 설욕했다. 신치용 감독은 개막전과 달리 선발 라인업에 변화를 줬다. 장병철 대신 김세진을 아포짓으로 먼저 내보낸 카드가 잘 들어맞았다. 김세진이 25점을 올리며 승리의 주역이 됐다. 이형두와 신진식, 두 아웃사이드 히터도 17점을 합작했다. 무엇보다 미들 블로커들의 활약이 눈에 띄었다. 김상우와 신선호가 5블로킹에 20점을 합작하며 윤봉우와 이선규, 신경수가 버틴 현대캐피탈과의 높이 대결에서 밀리지 않았다.

'거포' 이경수를 앞세운 LG화재는 6승 4패라는 성적으로 1라운드를 마쳤다. 반면 대한항공은 3승 7패로 처졌다. 3월 6일 구미 박정희체육관에서 열린 한국전력과의 경기에서도 2-3으로 덜미를 잡혀 LG화재와의 간격을 좁히지 못했다. 그날 한국전력이 1세트를 듀스 끝에 38-36으로 따내 기선 제압하고 2세트마저 25-11로 가져갔다. 코너에 몰린 대한항공이 3, 4세트를 연달아 만회하지만 마지막에 웃은 쪽은 한국전력이었다. 한국전력의 좌우 쌍포 심연섭과 정평호이 각각 28점과 31점을 올려 화력 대결에서 대한항공의 윤관열(22점)과 김웅진(18점)에게 밀리지 않았다. 한대섭(6블로킹 18점)과 김철수(10점)의 미들 블로커진도 제 몫을 해 1라운드에 프로팀을 상대로 첫 승을 신고했다.

이후 대한항공은 사령탑 교체라는 상황과 마주했다. 3월 8일 현대캐피탈과의 경기에서도 0-3 패배를 당하자 2002년부터 팀 지휘봉을 잡고 있던 차주현 감독이 사임했다. 프로 출범 후 나온 첫 사령탑 경질이었다. 대한항공은 총지인 코지가 감독대행을 맡아 두 경기를 치른 다음 3월 16일 삼성화재와의 경기부터 문용관 감독이 새로운 사령탑으로 지휘봉을 잡았다.

상무는 1라운드에 전패를 당했다. 그리고 2라운드에 기다리던 리그 첫 승을 신고했다. 3월 31일 천안 유관순체육관에서 열린 LG화재와의 경기에서 풀세트 승부 끝에 3-2로 이겼다. 시즌 개막 후 11연패를 끊는 값진 승리였다. 이영수가 23점, 이인석이 17점, 박석윤이 16점을 올리고 미들 블로커 조승목도 4차례 가로막기를 포함해 12점으로 쏠쏠히 활약해, 이경수(29점)와 김성채(27점), 홍석민(19점)이 버틴 LG화재를 꺾었다.

4월 3일 현대캐피탈은 천안에서 열린 삼성화재와의 맞대결에서 뒤집기 승리를 거둬 앞선 맞대결 패배를 설욕했다. 삼성화재가 1, 2세트를 따내며 먼저 유리한 고지에 오르지만 현대캐피탈은 그대로 주저앉지 않았다. 1~2세트에 교체로 나오다 3세트부터 선발 출전한 아포짓 박철우를 앞세워 추격의 발판을 마련했다. 박철우가 15점을 올리고 이선규와 송인석, 윤봉우가 힘을 보탠 끝에 3~5세트를 가져가 역스윕 승을 거뒀다. 삼성화재는 김세진이 24점을, 이형두가 13점, 신선호가 12점을 올리고 장병철이 1~5세트 모두 교체로 나와 10점을 올리며 제 몫을 하지만 상승세를 지키지 못하고 고개를 숙였다.

그러나 4월 9일 인천 도원체육관에서 열린 삼성화재와 현대캐피탈과의 마지막 맞대결에선 삼성화재가 3-1로 이겼다. 18점을 올린 신진식과 22점을 올린 김세진 좌우 쌍포가 후인정(21점)과 이선규, 장영기(각각 11점) 등 삼각 편대로 맞불을 놓은 현대캐피탈을 제쳤다. 두 팀은 정규리그 맞대결에서 2승 2패로 팽팽히 비겨 다가올 봄배구에서 접전을 예고했다.

대한항공은 2라운드에 들어 한국전력에 설욕했다. 3월 30일 천안에서 열린 한국전력과의 맞대결에서 3-2로 이겨 한숨을 돌렸다. 1, 2세트를 연달아 내주고 끌려가다 김웅진과 장광균, 정양훈을 앞세워 내리 3~5세트를 가져오며 '진땀승'을 거뒀다. 한국전력은 미들 블로커 한대섭이 22점을 올리며 분전하고 단신 아포짓 정평호도 17점으로 뒤를 받치지만 결국 뒷심에서 밀렸다.

하지만 한국전력은 4월 9일 인천에서 열린 대한항공과의 라운드 리턴매치에선 3-1로 승리를 거둬 설욕했다. 심연섭과 정평호가 각각 21점과 19점을 올리고 또 다른 아웃사이드 히터 남재원이 14점으로 뒤를 받쳐 다시 한 번 프로팀을 꺾었다. 대한항공은 엿새 뒤 다시 한 번 덜미를 잡혔다. 4월 15일 천안에서 열린 상무전에서 2-3으로 지는 바람에 봄배구에 진출할 희망이 사라졌다.

2라운드 일정이 끝난 뒤 프로 출범 첫 정규리그 순위가 확정됐다. 1위와 2위는 점수득실률과 세트득실률에서 갈렸다. 현대캐피탈과 삼성화재가 18승 2패(승점 38)로 동률을 이루는데 현대캐피탈이 점수득실률(1.173대 1.171)과 세트득실률(3.667대 3.625)에서 모두 삼성화재에 앞서 리그 초대 정규리그 1위에 오르고 챔피언결정전으로 직행했다. 삼성화재가 2위, LG화재가 9승 11패(승점 29)로 3위가 되어 플레이오프에서 만나게 됐다. 대한항공과 한국전력이 6승 14패(승점 26)으로 동률을 이루지만 대한항공(0.551)이 세트득실률에서 한국전력(0.542)에 근소하게 앞서 4위가 됐다. 상무는 최하위(6위)에 머문 중에도 2라운드에만 3승을 거둬(17패) 유종의 미를 거뒀다.

첫 봄배구

플레이오프 대진이 정해졌다. 정규리그에서의 상대 전적은 4승을 거둔 삼성화재가 절대 우위를 점했다. 그러나 3위 LG화재도 이경수와 베테랑 김성채가 버티고 있어 화력 대결에서 밀리지 않으리라는 평가를 받았다. 4월 28일 구미에서 열린 플레이오프 1차전에서 기선을 제압한 쪽은 삼성화재였다. 3-0으로 마감된 그날 경기의 승부처는 2세트였다.

2세트에 먼저 유리한 고지에 오른 쪽은 LG화재였다. 미들 블로커 하현용이 시도한 속공이 통해 LG화재가 23-22 리드를 잡았다. 곧바로 삼성화재가 상대 이경수의 범실로 23-23 균형을 맞춘 다음 다시 한 번 상대의 범실로 24-23 리드를 잡아 세트포인트를 앞뒀다. 이번엔 위기에 몰린 LG화재가 세터 이동엽의 연결에 이어 김성채의 후위공격이 성공해 24-24 듀스를 만들었다. 다시 삼성화재가 듀스에서 LG화재를 제쳤다. 26-26 상황에서 베테랑 아포짓 김세진이 세터 최태웅이 보낸 토스를 후위공격으로 연결한 것이 통해 삼성화재가 27-26으로 앞섰다. 그리고 다음 랠리에서 LG화재의 홍석민이 때린 스파이크를 김세진이 블로킹으로 잡아내며 길었던 2세트 승부에 마침표를 찍었다.

삼성화재는 다음 세트에서 힘이 빠진 상대를 몰아붙였다. 세트 중반에 14-7까지 달아나며 승부를 일찌감치 결정지었다. 22점을 올린 김세진이 승리의 주역이었다. 아웃사이드 히터 석진욱과 리베로 여오현이 버틴 삼성화재의 리시브 라인은 수비에서도 LG화재를 제쳤다. LG화재는 이경수와 김성채가 각각 11점에 공격성공률도 각각 31.2퍼센트와 41.6퍼센트로 다소 부진한 것이 뼈아팠다.

4월 30일 삼성화재는 대전으로 이동해 2차전에서 시리즈 승부를 끝냈다. 1차전에 이어 다시 한 번 3-0 완승을 거둬 챔피언결정전 행 티켓을 손에 넣었다. 1차전 승리를 이끈 김세진이 이번에도 15점을 올리며 활약하고 신선호와 신진식이 각각 13점과 11점으로 뒤를 받쳤다. 김상우와 석진욱도 각각 7점을 기록하며 수비와 공격 모두에서 알토란 같은 활약을 보였다. 반면 LG화재는 이경수가 16점에 공격성공률 41.1퍼센트를 기록하며 1차전보다 나은 기량을 보이지만 이번에는 김성채가 9점에 공격성공률 33.3퍼센트로 주춤해 반전의 계기를 만들지 못했다. 그렇게 삼성화재가 플레이오프의 주인공이 되어 현대캐피탈을 상대로 프로 원년 마지막 승부를 치르게 됐다.

삼성화재는 상승세를 이어갔다. 5전 3승제로 열린 챔피언결정전의 1차전은 5월 4일 천안에서 열렸다. 정규리그에서 상대 전적 2승 2패로 막상막하였던 두 팀은 1세트부터 치열한 경기를 선보였다. 현대캐피탈이 28-28 듀스에서 연속 득점에 성공해 기선을 제압했다. 김세진이 시도한 후위공격을 센터 권영민이 가로막아 29-28로 앞선 다음 김상우가 때린 속공이 라인을 벗어나면서 현대캐피탈이 1세트를 가져갔다.

그러나 삼성화재는 2세트 듀스 승부에선 흔들리지 않았다. 26-26에서 김세진이 다시 한 번 힘을 냈다. 박철우의 블로킹으로 코트에 떨어지는 공을 최태웅이 잘 걷어내 기회를 살렸다. 만약 그때 박철우가 블로킹에 성공해 득점했다면 분위기는 현대캐피탈 쪽으로 기울었을 것이다. 신선호가 2단 연결한 공을 김세진이 오픈공격으로 터뜨려 삼성화재가 27-26으로 앞섰다. 다음 랠리에서도 같은 상황이 재현됐다. 박철우가 때린 오픈공격을 이번에는 석진욱이 디그로 잡아내고 최태웅이 김세진에게 2단 연결했다. 김세진은 기회를 놓치지 않고 오픈공격에 성공해 승부를 원점으로 돌렸다.

기세가 오른 삼성화재는 3세트와 4세트에서 상대의 추격을 잘 뿌리쳤다. 김세진이 30점을 올려 '월드 스타'로서 이름값을 하고 1~3세트에 교체로 나오다가 4세트에 선발 출전한 이형두가 15점, 신선호가 10점, 석진욱과 신진식도 각각 8점을 올리며 승리에 힘을 보탰다. 현대캐피탈은 윤봉우와 후인정, 송인석, 이선규, 장영기 등 다섯이 두 자릿수 득점을 올리며 고르게 활약하지만 2세트 듀스 접전에서 패한 게 아쉬운 부분이 됐다.

다음 날 같은 장소에서 2차전이 열렸다. 전날의 접전 때문인지 삼성화재 선수들의 몸이 무거워 보이는 중에 현대캐피탈이 그 틈을 놓치지 않았다. 후인정이 21점으로 제 몫을 하고 신경수와 송인석, 장영기가 각각 12점, 12점, 11점으로 뒤를 받치며 3-0 완승을 거둬 시리즈 승부를 원점으로 돌렸다. 삼성화재는 김세진이 13점, 신진식이 10점, 교체 투입된 장병철이 10점으로 분전하지만 1차전 승리의 기세를 이어가지 못했다.

5월 7일 대전에서 열린 3차전에선 2차전과 반대의 결과가 나왔다. 컨디션을 회복한 삼성화재가 현대캐피탈을 3-0으로 꺾어 2승 1패로 우위를 점하게 됐다. 승부처는 1세트였다. 삼성화재가 24-23으로 세트포인트를 앞둘 때 현대캐피탈의 윤봉우가 김세진이 때린 스파이크를 블로킹으로 잡아내 24-24 듀스를 만들었다. 그러나 삼성화재가 뒷심에서 앞섰다. 26-26에서 신선호가 송인석이 시도한 오픈공격을 가로막아 27-26으로 치고 나간 다음 송인석이 때린 스파이크가 라인을 벗어나면서 삼성화재가 1세트를 가져갔다. 2세트와 3세트는 비교적 수월하게 따냈다. 삼성화재는 베테랑 좌우 쌍포인 신진식과 김세진이 각각 20점과 14점을 올리며 제 몫을 하고 장병철도 9점을 올리며 1차전에 이어 2차전에서도 핵심 교체 카드로서 임무를 다했다.

 5월 8일 같은 장소에서 열린 4차전에서 삼성화재가 우승 트로피를 들어 올렸다. 현대캐피탈도 3차전과 달리 상대를 물고 늘어졌다. 삼성화재가 1세트를 따내고 현대캐피탈이 2세트 듀스 승부에서 웃었다. 2세트에 23-24로 끌려가는 중에 윤봉우가 장병철의 스파이크를 블로킹으로 잡아 듀스로 끌고 갔다. 이번에는 현대캐피탈이 연속 득점에 성공했다. 다음 랠리에서 장병철의 공격 범실로 25-24 리드를 잡은 다음 윤봉우가 김세진의 후위공격을 다시 한 번 블로킹으로 잡아 26-24로 세트를 만회했다.

 3세트도 접전 끝에 마지막에 가서야 승부가 결정됐다. 23-23에서 최태웅이 보낸 패스를 김세진이 이동공격으로 점수를 내 24-23 리드를 잡았다. 다음 랠리에서 박철우가 때린 공격이 라인을 벗어나면서 삼성화재가 25-23을 만들어 세트 리드를 잡았다.

 4세트도 2, 3세트와 마찬가지로 막판에 승패의 명암이 교차했다. 23-24 상황에서 박철우의 스파이크가 통해 24-24 듀스가 되지만 이번에는 삼성화재가 웃었다. 김세진이 날아올랐다. 최태웅이 보낸 패스를 그가 오픈공격으로 마무리하면서 삼성화재가 25-24 리드를 잡았다. 다음 랠리에서도 최태웅이 보낸 공을 후위공격으로 연결해 챔피언십 포인트를 달성했다.

그렇게 4차전에서 3-1로 승리함으로써 삼성화재가 시리즈 전적 3승 1패로 프로 원년 챔피언결정전의 승자가 됐다. 챔피언결정전 MVP엔 김세진이 이름을 올렸다.

정규리그 MVP는 후인정이 차지했다. 첫 신인왕은 신인 드래프트에서 3라운드 1순위로 LG화재에 지명된 하현용이 수상했다. 정규리그 첫 월간 MVP(3월)에는 이경수가, 4월에는 후인정이 뽑혔다. 개인상 주인공도 정해졌다. 득점 부문에서는 19경기(77세트)에 출전해 521점을 올린 이경수가 1위를 차지했다. 2위인 팀 동료 김성채(20경기 79세트)의 271점과는 격차가 컸다. 공격상은 공격성공률 53.99퍼센트를 기록한 후인정이, 블로킹상은 세트당 평균 0.93개를 잡아낸 이선규가 받았다. 이경수는 세트당 평균 0.27개를 기록해 서브상도 수상했다. 그는 득점 부문 1~10위 선수들 중 가장 많은 서브 에이스(21개)도 기록했다.

세터상은 권영민이, 수비상은 이영수와 여오현이 받았다. 이영수는 세트당 수비 성공 6.19개, 여오현은 6.52개를 기록했다. 한국배구연맹은 2005시즌에만 리베로 외에 다른 포지션 선수들에게도 수비상을 수여하고 2005/06시즌부터 2013/14시즌까지는 리베로에 한정해 수비상을 선정했다. 페어플레이상은 대한항공의 미들 블로커 이호남이 받았다. 신치용 감독이 감독상, 진병운 심판이 심판상을 받았다.

| V-LEAGUE 2005/06 시즌 | 첫 통합 우승 |

지난 시즌 일정을 모두 마친 뒤에도 한국배구연맹은 바쁘게 움직였다. 곧바로 다음 시즌을 준비해야 했기 때문이다. 먼저 라운드 수가 7라운드로 늘어났다. 지난 시즌엔 각 팀들이 연고지를 두긴 해도 대전-구미-대전-구미-천안-인천-천안-인천 식으로 돌아가며 경기 일정을 소화했다. 그해 시즌부터는 연고지에서 홈경기를 갖도록 조정했다. 이에 따라 삼성화재(대전 충무체육관)와 현대캐피탈(천안 유관순체육관), 대한항공(인천 도원체육관), LG화재(구미 박정희체육관)는 프로팀에 걸맞은 홈 앤드 어웨이 경기를 치를 수 있게 됐다. 아마추어 초청팀 자격인 한국전력과 상무는 마산체육관을 홈코트로 함께 사용하게 됐다.

그리고 그해 시즌부터 2008/09시즌까지는 시즌 중 한 라운드 전체 일정을 중립경기로 치르기로 했다. 당시 서울 공동화 정책에 따라 연고 구단이 없는 서울시의 올림픽공원 제2체육관에서 중립경기가 열렸다.

가장 큰 변화는 외국인 선수 제도 도입이다(여자부는 2006/07시즌부터 적용). 그리고 지난 시즌엔 열리지 않은 올스타전도 개최하기로 하고 개막에 앞서 다시 한 번 시범경기 무대도 마련했다. 각 팀들은 2005년 10월 29일부터 11월 8일까지 인천과 천안, 구미, 마산에서 프리시즌 매치를 갖고 개막을 준비했다.

첫 외국인 선수 영입은 삼성화재가 테이프를 끊었다. 브라질 출신 카를루스 다 시우바(등록명 아쉐)가 주인공이다. 그 뒤를 이어 현대캐피탈이 미국 페퍼다인대를 졸업한 숀 루니와, LG화재가 브라질 출신 지우마르 테이셰이라(키드)와 계약했다. 대한항공은 외국인 선수 영입에 애를 먹다 시즌 개막을 코앞에 두고 11월 중순 브라질 출신 알렉스 스트라글리오투를 데려왔다.

11월 4일 신인 드래프트에선 대한항공이 전체 1순위로 일찌감치 최대어로 꼽힌 아웃사이드 히터 강동진을 뽑았다. 최종적으로 대한항공은 강동진과 이성우, LG화재는 임동규와 김달호, 현대캐피탈은 송병일과 김도형, 김정래, 삼성화재는 권강민과 이강주를 지명했다. 2024/25시즌 기준 신인 드래프트 사상 이때가 가장 적은 선수가 참가하고(16명) 지명된(9명) 시즌이었다.

외국인 선수, 희비 교차

12월 3일 개막전으로 세 경기가 열렸다. LG화재는 상무와의 홈 경기에서 3-1로 이겼다. 토종 거포 이경수가 25점, 키드가 17점을 올리며 승리의 주역이 됐다. 베테랑 아웃사이드 히터 김성채도 10점으로 뒤를 받쳤다. 상무는 장광균과 이동훈, 정재경이 모두 각각 12점을 올리며 3세트를 따내는 등 분전하지만 역부족이었다.

현대캐피탈도 홈코트에서 한국전력을 상대로 3-1로 이겼다. 송인석과 루니가 각각 18점, 15점을 올리고 미들 블로커 이선규가 블로킹 4개에 13점을 올렸다. 김호철 현대캐피탈 감독은 선발 아포짓에 후인정을 기용하다가 3세트부터 박철우를 세트 선발로 내보내는데 결과가 좋았다. 박철우가 13점을 올리며 제 몫을 했다. 공정배 감독이 지휘봉을 잡은 한국전력은 1세트를 듀스 접전 끝에 28-26으로 따내며 기염을 토했다. 7블로킹과 29점을 합작한 미들 블로커진 한대선과 이상현의 활약이 돋보였다. 정평호와 이인석, 강성민이 각각 10점, 9점, 9점을 올리지만 현대캐피탈의 뒷심을 당하지 못했다.

개막전 마지막 경기는 앞선 두 경기에 비해 1시간 30분 늦게 시작된 삼성화재와 대한항공의 맞대결이었다. 많은 관심이 모인 것에 비해 결과는 다소 싱거웠다. 홈팀 삼성화재가 3-0 완승을 거뒀다. 삼성화재는 이형두가 19점, 김세진을 대신해 선발 아포짓으로 나온 장병철이 17점을 올리며 좌우 쌍포 노릇을 톡톡히 했다. 미들 블로커 신선호는 상대 공격을 5차례나 가로막으며 13점을 기록했다. 대한항공은 강동진이 12점으로 1순위 지명 신인다운 활약을 보이고 정양훈이 10점을 올리지만 다른 선수들의 활약도가 떨어졌다. 문용관 대한항공 감독도 김영래와 베테랑 김경훈을 번갈아 선발 세터로 내보내며 분위기 반전을 노리지만 활로를 찾지 못했다. 그러나 승패 결과를 떠나 두 팀 모두 고민거리를 안고 시즌을 시작했다. 삼성화재는 아셰의 기량에 물음표를 품고, 대한항공은 알렉스가 부상과 컨디션 난조에서 빠져나오기를 좀 더 기다려야 했다.

알렉스는 다음 날인 12월 4일 인천에서 열린 LG화재와의 홈경기에 처음 투입됐다. 그러나 2세트에 윤관열을 대신해 교체로 잠깐 코트에 나온 게 전부였다. 반면 LG화재는 이경수와 김성채가 각각 22점과 11점을 올리며 3-0 승리에 힘을 실었다. 키드가 5점에 공격성공률 27.27퍼센트로 부진한 게 옥에 티였지만 미들 블로커 신구 조합인 하현용과 방신봉이 8블로킹에 18점을 합작한 덕에 원정길에서 시즌 첫 승을 신고했다.

삼성화재는 같은 날 마산체육관에서 열린 한국전력과의 원정 경기에서 3-1로 이겨 2연승으로 내달렸다. 장병철이 18점을 올리며 김세진이 빠진 자리를 역시나 잘 메웠다. 석진욱도 11점을 올리며 수비뿐 아니라 공격에서도 힘을 보탰다. 아셰는 장병철의 휴식 시간에 출전해 6점에 그쳤다.

현대캐피탈도 같은 날 한국전력-삼성화재에 이어 열린 상무와의 원정 경기에서 3-0으로 이겨 역시 2연승으로 신바람을 냈다. 루니와 후인정 쌍포가 각각 13점, 9점을 올렸다. 그렇게 루니는 그해 시즌 가장 어린 외국인 선수인데도 팀 내 해결사로 자리잡아갔다.

반면 대한항공은 12월 6일 한국전력과의 홈경기에서 풀세트 접전 끝에 2-3으로 덜미를 잡혔다. 알렉스가 뛰지 않은 중에 김웅진이 23점, 이동현과 강동진이 각각 16점을 올리지만 시즌 첫 승을 신고하지 못했다. 정평호(22점)를 비롯해 이상현과 한대섭, 강성민, 남재원 등이 두 자릿수 점수를 낸 한국전력이 시즌 개막 두 경기 만에 첫 승을 거뒀다.

아쉐도 신치용 삼성화재 감독의 기대에 모자랐다. 그러다 보니 삼성화재는 12월 10일 구미에서 열린 LG화재와의 원정 경기에서 고개를 숙였다. 이경수가 21점, 키드가 12점, 하현용이 11점을 올린 LG화재가 3-0으로 이겼다. 아쉐는 1세트에 선발 라인업에 들고 2, 3세트엔 장병철에 대한 교체 멤버로 투입돼 11점을 올렸다. 결국 그날이 한국에서 그의 마지막 경기가 됐다. 12월 12일 구단은 아쉐와의 계약을 해지하고 새로운 외국인 선수 찾기에 나섰다.

문용관 감독과 대한항공도 알렉스 때문에 고민이 깊었다. 활약도가 낮아서였다. 12월 11일 대한항공은 상무와의 홈경기에서 3-0으로 이겨 라운드 전패는 면했다. 그날 알렉스는 3세트에 윤관열을 대신해 교체 투입돼 블로킹 3개를 잡아내며 5점에 그쳤다.

1위 경쟁

아쉐와 결별한 삼성화재에 희소식이 있었다. 부상과 컨디션 난조로 1라운드에 주춤하던 베테랑 좌우 쌍포 신진식과 김세진이 조금씩 컨디션을 끌어올렸다. 12월 17일 대한항공과의 원정 경기에 김세진이 선발 아포짓으로 나와 10점을, 12월 18일 한국전력과의 홈경기에 신진식이 선발 아웃사이드 히터로 출전해 14점을 올린 덕에 삼성화재는 두 경기 모두 이겼다.

루니를 앞세운 현대캐피탈도 상승세를 이어갔다. 현대캐피탈은 2라운드에 전승을 거두며 삼성화재와 1위 자리를 두고 경쟁했다. 12월 25일 안방에서 열린 삼성화재와의 맞대결에선 3-1로 이겨 1라운드에 당한 패배를 설욕했다. 루니와 후인정이 각각 18점, 14점을 올리며 공격을 이끌고 미들 블로커진 이선규와 윤봉우가 17점을 합작한 중에 장영기도 9점으로 뒤를 잘 받쳤다.

반면 대한항공은 12월 25일 마산체육관에서 만난 상무에 2-3으로 덜미를 잡히는 등 좀처럼 반등할 계기를 잡지 못했다. 상무에선 장광균이 친정 팀을 상대로 15점을 올리고 박준영과 정재경이 각각 16점, 12점으로 제 몫을 했다. 또 김형찬이 10점, 주상용과 이병주가 각각 8점을 올리는 등 선수들 대부분이 고른 활약을 펼쳤다.

대한항공은 12월 28일 같은 장소에서 열린 한국전력과의 경기에서도 풀세트까지 가는 접전을 펼치는데 이번에는 3-2로 이겨 라운드 전패를 간신히 면했다. 강동진이 22점, 정양훈이 17점, 신영수가 12점을 올리며 승리의 주역이 됐다. 문용관 감독은 선발 아포짓으로 기용한 알렉스가 2점에 그치자 2세트부터는 코트에 내보내지 않았다. 그 자리를 구상윤이 메우는데 11점을 올리며 조커 노릇을 톡톡히 했다. 미들 블로커진 문성준과 이영택도 4블로킹에 12점을 합작하며 연패 탈출에 힘을 보탰다. 한국전력은 그날 밀리는 중에도 마지막까지 물고 늘어졌다. 정평호가 29점, 강성민이 21점, 이인석이 18점을 올리는 등 선발 라인업에 이름을 올린 6명 중 세터 김상기를 제외한 5명이 두 자릿수 득점을 기록했다.

LG화재는 2005년 마지막 날 3라운드 첫 상대인 삼성화재와의 원정 경기에서 짜릿한 3-1 역전승을 거뒀다. 김세진이 22점을 올리며 오랜만에 활약한 삼성화재를 이경수와 키드 쌍포를 앞세워 경기를 뒤집었다. 이경수와 키드가 각각 27점, 17점을 올려 역전승의 주역이 됐다. 2006년 1월 3일 대한항공과의 원정 경기에서도 둘은 힘을 냈다. 각각 24점, 16점을 올리며 3-0 승리를 이끌었다. 그러나 LG화재는 3라운드 후반에 뼈아픈 2연패를 당했다. 1월 8일과 10일 각각 상무와 한국전력에 덜미를 잡히면서 상승세에 제동이 걸렸다. 당시 상무는 장광균과 주상용 쌍포가 각각 24점, 17점을 올리며 풀세트 접전 끝에 웃고, 한국전력은 정평호와 강성민이 각각 22점, 15점을 올리며 원정길에 3-1 승리를 이끌었다.

현대캐피탈은 3라운드에도 패배를 잊었다. 가장 큰 고비였던 1월 8일 대전 원정길에 만난 삼성화재와의 맞대결에서 3-0으로 이겼다. 현대캐피탈은 루니와 후인정 쌍포가 각각 23점, 16점을 올리며 변함없는 활약을 보였다. 삼성화재는 김세진이 17점으로 힘을 내지만 화력 대결에서 라이벌 팀에 밀렸다.

현대캐피탈은 4라운드에도 전승을 노리는데 이번에는 달성하지 못했다. 그 앞길을 막은 건 역시나 삼성화재였다. 1월 22일 천안에서 열린 맞대결에서 삼성화재가 3-1로 현대캐피탈을 꺾었다. 현대캐피탈은 윤봉우가 블로킹 8개에 16점으로 만점 활약하지만 1세트를 먼저 따낸 기세를 이어가지 못했다. 루니와 후인정이 각각 13점, 14점을 올리는 중에도 모두 공격성공률이 30퍼센트대로 떨어지면서 경기를 어렵게 풀어갔다. 삼성화재도 미들 블로커의 활약이 돋보였다. 고희진이 상대 공격을 6차례 가로막는 등 16점을 올렸다. 또 이형두와 석진욱 두 아웃사이드 히터가 각각 16점, 12점으로 힘을 싣고 1세트와 3세트에 교체로, 4세트엔 선발로 출전한 장병철도 12점으로 제 몫을 했다.

그렇게 4라운드 전승을 거두며 선두 경쟁을 이어가는 삼성화재에 마침내 빈자리를 메울 외국인 선수가 합류했다. 당시 미국 대표팀 멤버이던 윌리엄 프리디가 삼성화재의 유니폼을 입었다.

프리디는 1월 28일 올림픽공원 제2체육관에서 열린 팀의 5라운드 첫 경기 LG화재전에서 5세트에 석진욱과 교체돼 처음 투입됐다. 그날 풀세트 접전 끝에 삼성화재가 3-2로 이겼다. LG화재는 1, 2세트를 연달아 내준 뒤 3, 4세트를 가져오며 상대를 괴롭히지만 뒷심에서 밀렸다. 삼성화재는 장병철이 21점으로 해결사 역할을 하고 고희진이 6블로킹에 15점을 올리며 높이에서 밀리지 않았다. 김세진과 신진식, 석진욱도 모두 각각 13점을 올리며 힘을 보탰다. LG화재는 키드와 이경수가 각각 23점을 올려 제 몫을 한 게 그나마 위안이 됐다.

현대캐피탈은 1월 30일 같은 장소(5라운드 경기는 모두 올림픽공원 제2체육관에서 열림)에서 열린 삼성화재와의 맞대결에서 3-2로 이겨 3라운드에 당한 패배를 설욕했다. 루니와 후인정이 각각 25점,

17점을 올리며 제 기량을 보였다. 삼성화재는 신진식이 오랜만에 25점을 올리며 제 몫을 하지만 당시 세트 스코어 2-0 리드를 지키지 못하고 역전패한 게 뼈아팠다. 그날의 승부는 정규리그 1위 결정에 영향을 줬다.

중위권 경쟁도 치열했다. 대한항공은 알렉스가 사실상 전력 외로 분류된 중에 국내 선수들이 분전한 덕에 승수를 챙겼다. 1월 29일 LG화재와의 경기에서 3-0으로 승리하고 앞선 라운드에 덜미를 잡힌 적이 있는 한국전력과 상무에도 각각 3-0, 3-1로 이겼다.

LG화재는 6라운드 첫 경기인 2월 18일 상무전에서 0-3으로 져 주춤했다. 상무는 장광균이 23점을 올리며 펄펄 날았다. 반면 LG화재는 이경수와 키드가 부진한 중에 김성채와 홍성민이 각각 10점, 9점을 올리며 분전하지만 승수를 더하지 못했다.

하지만 LG화재는 다음 날 열린 대한항공과의 홈경기에서 3-1로 이겨 분위기 반전에 성공했다. 키드의 컨디션 저하가 신영철 감독에겐 걱정거리였지만 이경수가 28점으로 활약하고 김성채도 21점으로 힘을 내 귀중한 승수 하나를 챙겼다. 대한항공은 윤관열과 강동진이 각각 23점, 20점을 기록하지만 듀스 접전 끝에 1세트를 따낸 기세를 이어가지 못하고 역전패를 당했다.

삼성화재는 6라운드에 전승을 달성했다. 2월 26일 현대캐피탈과의 원정 경기에서 3-2로 이겨 고비를 넘겼다. 그날 김세진이 23점, 신진식이 19점, 프리디가 12점을 올리며 신치용 감독을 흡족하게 했다. 반면 현대캐피탈은 루니 혼자 26점을 올리며 제 몫을 하는 동안 국내 선수들의 활약이 아쉬웠다.

두 팀의 선두 경쟁은 마지막 7라운드까지 이어졌다. 그 시점에선 선두 경쟁보다 플레이오프에 나갈 한 팀을 가리는 중위권 경쟁이 더 치열했다. 삼성화재는 라운드 전승을 올리고도 현대캐피탈에 한 경기 차로 밀려 2위에 자리했다. 결과적으로 2, 4라운드 현대캐피탈과의 맞대결에서 밀린 게 원인이 됐다. 현대캐피탈은 3월 12일 대전에서 열린 정규리그 최종전에서 2-3으로 지지만 1위를 지켰다. 그날 경기에선 루니와 후인정을 기용하지 않고 쉬게 함으로써 챔피언결정전 준비에 들어갔다.

대한항공은 3월 5일 안방에서 만난 LG화재를 3-1로 꺾어 봄배구 진출에 대한 희망을 이어갔다. 그날 알렉스가 15점을 올리며 기대에 부응하고 윤관열이 18점, 신영수가 16점, 정양훈이 14점을 보태며 고르게 활약했다. LG화재는 이경수가 27점을 올리며 분전하지만 9점에 그친 키드가 아쉬웠다. 하지만 3위 자리는 LG화재가 차지했다. 3월 12일 대한항공이 상무에 3-1로 이길 때 같은 날 LG화재도 한국전력에 3-0으로 승리했다. 그날 하루 희비가 교차하며 3위, 4위가 결정됐다.

결국 현대캐피탈이 31승 4패를 기록해 2시즌 연속으로 정규리그 1위에 올랐다. 삼성화재가 30승 5패로 2위에 오르고 LG화재가 16승 19패로 3위가 돼 두 팀이 플레이오프에서 만나게 됐다. 15승 20패를 기록한 대한항공은 아깝게도 4위에 만족해야 했다. 그리고 상무의 선전도 눈에 띄었다. 상무는 10승 25패를 기록하며 두 자릿수 승수를 올리는 기염을 토했다. 반면 한국전력은 3승 32패로 최하위(6위)로 처졌다. 2005시즌 20경기를 치르며 올린 6승보다 오히려 승수를 쌓지 못했다.

연속 우승은 없다

플레이오프는 2시즌 연속으로 같은 대진이 성사됐다. 3월 18일 대전에서 열린 플레이오프 1차전에서 삼성화재가 3-1로 LG화재를 꺾고 기선을 제압했다. 1세트 듀스 상황에선 LG화재가 먼저 웃었다. 26-26 상황에서 삼성화재의 서브 범실로 리드를 잡고 다음 랠리에서 방신봉이 장병철이 시도한 오픈공격을 가로막아 28-26으로 이겼다. 승부처는 2세트였다. 22-24로 끌려가던 LG화재가 하현용의 블로킹과 오픈공격으로 다시 한 번 24-24 듀스를 만들었다. 그러나 이번에는 삼성화재가 25-25에서 연속 득점하며 세트 균형을 맞췄다. 미들 블로커 김상우가 홍석민이 시도한 스파이크를 블로킹해 리드를 잡고 다음 랠리에서 석진욱이 오픈공격에 성공해 세트를 가져온 것. 4세트에 LG화재가 24-23으로 먼저 세트포인트를 앞둔 순간에도 삼성화재의 석진욱이 해결사로 나섰다. 그가 연속 득점에 성공해 다시 듀스가 됐다. 결국 25-25 상황에서 고희진이 블로킹하고 신진식이 공격에 성공해 매치포인트를 만들면서 삼성화재가 1차전을 가져갔다. 그날 신진식이 22점, 고희진이 8블로킹에 15점, 석진욱과 프리디가 각각 14점, 11점을 기록했다. LG화재는 이경수와 키드, 하현용이 각각 18점, 15점, 12점을 기록하지만 듀스에서 밀린 게 결정적이었다.

다음 날 구미로 옮겨 치른 2차전에선 삼성화재가 비교적 쉽게 승부에 마침표를 찍었다. 3-0 승리를 거둬 시리즈 전적 2연승으로 챔피언결정전 티켓을 손에 넣었다. 고희진은 그날도 상대 공격을 7차례나 가로막으며 제 몫을 했다.

그렇게 삼성화재와 현대캐피탈이 2시즌 연속으로 마지막 승부에서 만났다. 3월 25일 천안에서 열린 챔피언결정전 1차전에선 삼성화재가 웃었다. 풀세트까지 가는 접전 끝에 3-2로 이겼다. 5세트 14-12로 앞선 상황에서 현대캐피탈이 마침표를 찍지 못하자 삼성화재가 루니의 공격 범실로 13-14로 따라붙은 다음 프리디가 루니의 스파이크를 가로막아 14-14 듀스를 만들었다. 분위기가 순식간에 삼성화재 쪽으로 넘어갔다. 후인정이 시도한 후위공격도 라인을 벗어나면서 현대캐피탈이 14-15 리드를 내줬다. 다음 랠리에서 김세진이 후위공격에 성공하면서 삼성화재가 1차전 승리를 확정했다. 그날 김세진이 19점, 석진욱이 16점을 올리고 신진식과 프리디도 각각 13점으로 뒤를 잘 받쳤다. 현대캐피탈은 블로킹 수에서 19대 6으로 크게 앞서고 루니가 26점, 장영기가 16점으로 활약하지만 마지막 5세트 승리를 눈앞에 두고 무릎을 꿇었다.

하지만 현대캐피탈은 다음 날 치른 2차전에서 3-0 완승을 거둬 시리즈 승부에 균형을 맞췄다. 1차전 접전의 여파 때문인지 삼성화재 선수들은 코트 안에서 제대로 힘을 쓰지 못했다. 범실이 늘어나는 중에 두 자릿수 점수를 낸 선수가 단 한 명도 없었다. 현대캐피탈이 1~3세트 모두 여유 있게 가져갔다.

　3월 29일 대전에서 열린 3차전도 비슷했다. 현대캐피탈이 루니(21점)를 앞세워 3-0으로 삼성화재를 꺾었다. 우승까지 단 1승을 남겨둔 상황. 삼성화재는 3차전에서도 잦은 범실에 발목을 잡혔다. 블로킹에서도 2대 10으로 밀려 고개를 숙였다.

　그러나 삼성화재는 4월 1일 열린 4차전에서 3-1 역전승을 거둬 시리즈 승부를 최종 5차전으로 끌고 갔다. 현대캐피탈이 1세트를 가져가며 기대감을 끌어올리지만 삼성화재는 안방에서 우승 트로피를 내주지 않았다. 신진식이 18점을 올리며 힘을 내고 특히 4세트 23-22 상황에서 연속 공격에 성공해 승리의 주역이 됐다. 6블로킹에 26점을 합작한 고희진과 신선호도 높이 대결에서 현대캐피탈에 밀리지 않았다. 프리디와 석진욱이 각각 10점을 올리고 장병철도 9점으로 김세진이 부진한 자리를 잘 메웠다.

　4월 2일 천안으로 이동해 치른 5차전에서 현대캐피탈이 삼성화재를 3-0으로 꺾었다. 그렇게 지난 시즌 챔피언결정전에서 당한 패배를 되갚고 리그 출범 두 시즌 만에 첫 우승 트로피를 품에 안았다. 또 정규리그 1위에 이어 통합우승도 달성했다. 여기에 리그 출범 전 실업 시절부터 이어온 삼성화재의 9연속 우승에 제동을 걸었다(삼성화재는 1997년부터 2004년까지 대통령배 대회, 슈퍼리그, V투어까지 연달아 마지막 우승팀이 됐다).

　안방에서 차지한 우승이라 기쁨이 더욱 컸다. 우승의 주역은 5차전에 17점을 올린 루니. 반면 삼성화재는 2세트 12-15로 끌려가는 상황에서 석진욱이 부상을 당해 코트를 떠난 게 결정적이었다. 이후 좀처럼 추격 흐름을 잡지 못했다. 프리디도 14점에 공격성공률 34.29퍼센트로 부진했다. 신진식과 김세진 등 베테랑들의 활약까지 떨어진 끝에 반격의 실마리를 잡지 못하고 고개를 숙였다. 현대캐피탈은 3세트에서 이선규의 속공이 성공해 22-19로 치고 나갈 때 승기를 굳혔다.

천안 홈팬들과 현대캐피탈 선수들은 우승이 확정된 뒤 기쁨의 눈물을 흘렸다. 루니가 챔피언결정전 MVP에 이름을 올렸다. 정규리그 MVP에도 선정된 그는 리그 최고의 외국인 선수로도 거듭났다. 김호철 감독이 챔피언결정전 우승에 따른 감독상을 받았다.

한편 개인상에선 이경수가 득점(652점)과 공격(공격성공률 48.24퍼센트), 서브(세트당 0.435개) 등 세 부문을 휩쓸어 빛을 발했다. 또 그해 시즌부터 시작된 로컬 룰 중 하나인 트리플 크라운의 첫 주인공이 됐다(2005년 12월 3일 LG화재와 상무와의 경기에서 후위공격 5점, 서브에이스 4점, 블로킹 3점).

블로킹상은 이선규가 세트당 0.99개를 기록해 지난 시즌에 이어 다시 받았다. 세터, 수비, 기량발전상은 모두 삼성화재 선수들이 뽑혔다. 최태웅이 세터상, 여오현이 수비상(리베로에게 시상하는 것으로 바뀜), 고희진이 기량발전상을 받았다. 최정순 심판이 심판상을, 상무가 페어플레이상을 수상했다. 정규리그 중이던 12월, 1월, 2월, 이렇게 3차례 선정된 월간 MVP에는 각각 루니, 이경수, 장병철이 뽑혔다.

V-LEAGUE
2006/07 시즌
연속 우승

　시즌 개막에 앞서 기쁜 소식이 전해졌다. 2006년 도하(카타르) 아시안게임에서 남자배구 대표팀이 금메달을 획득한 것. 당시 한국 선수단이 대회에 참가한 구기 종목 중에서 유일하게 딴 금메달이었다. 김호철 현대캐피탈 감독이 지휘봉을 잡은 대표팀은 중국과의 결승에서 풀세트까지 가는 접전 끝에 3-2로 이겨 정상에 올랐다. 금메달 멤버는 다음과 같다: 권영민, 이선규, 윤봉우, 송병일, 후인정, 하경민(이상 현대캐피탈), 신진식, 장병철, 여오현(이상 삼성화재), 이경수(LIG손해보험), 김요한(인하대), 문성민(경기대). 이로써 한국 남자배구는 2002년 부산 대회에 이어 아시안게임 2회 연속으로 금메달을 따는 쾌거를 달성했다(2002년엔 신치용 삼성화재 감독이 대표팀 사령탑).

아시안게임 개최(2006년 12월 1일~15일)에 따라 시즌 개막 일정이 뒤로 밀렸다. 한국배구연맹은 개막을 앞두고 세 가지 행사를 진행했다. 한일 톱매치 첫 대회가 2006년 4월 22일과 23일 올림픽공원 제2체육관에서 열렸다. 한국은 지난 시즌 우승을 다툰 현대캐피탈과 삼성화재가 출전하고 일본은 오사카 블레이저스와 산토리 선버즈가 참가했다. 삼성화재가 초대 우승팀이 된 가운데 신진식이 MVP에 뽑혔다.

컵대회도 처음 시작됐다. 경남 양산에서 9월 14일부터 24일까지 개최된 가운데 현대캐피탈이 결승에서 삼성화재를 3-1로 꺾고 우승했다. 루니가 뛰지 않아 그 대신 박철우가 승리를 이끄는데 결국 그가 초대 컵대회 MVP가 됐다.

12월 12일 신인 드래프트에선 확률추첨제가 도입됐다. 수련선수 2명을 포함해 모두 12명이 지명됐다: 김학민, 김민욱(이상 대한항공), 이종화, 엄창섭, 진현우, 송문섭(이상 LIG손해보험), 조성훈, 전창희(이상 삼성화재), 이철규, 안재웅, 최성범(이상 현대캐피탈).

팀별 외국인 선수 구성에도 변화가 있었다. 지난 시즌에 뛴 외국인 선수 중에선 현대캐피탈의 루니만 다시 코트를 밟았다. 삼성화재는 레안드루 다 시우바(브라질, 등록명 레안드로), LIG손해보험은 프레디 윈터스(캐나다), 대한항공은 보비(브라질)로 교체했다. 한편 한국전력은 연고지를 마산에서 수원으로 이동해 여자부 현대건설과 함께 수원체육관을 홈코트로 사용하게 됐다. LG화재는 지난 시즌이 끝난 직후 LIG손해보험으로 팀명을 바꿨다.

대한항공 이륙하다

12월 23일 구미에서 LIG손해보험과 대한항공의 경기로 시즌 개막전이 열렸다. LIG손해보험이 기분 좋게 시즌을 시작했다. 이경수가 31점, 새 외국인 선수 윈터스가 24점을 올리며 3-1 승리를 이끌었다. 대한항공은 보비가 14점으로 다소 기대에 못 미치는 중에도 강동진이 14점, 미들 블로커 김형우가 10점, 전체 1순위로 뽑힌 신인 김학민이 10점을 올리며 쉽게 무너지지 않았다.

실질적인 개막전은 다음 날 열린 현대캐피탈과 삼성화재와의 경기였다. 당시 공사 중인 천안 유관순체육관을 피해 잠실학생체육관에서 중립경기로 치러졌다. 당시 매치는 2024/25시즌 기준으로 잠실학생체육관에서 열린 유일한 리그 경기다. 그날 경기에서 가장 주목받은 선수는 레안드로였다. 그가 올린 49점은 훗날 박철우와 가빈이 50점 고지에 오르기 전까지 리그 사상 '한 경기 최다 득점' 자리를 지켰다. 그의 득점에 힘입어 삼성화재가 3-2로 현대캐피탈을 꺾었다(레안드로는 컵대회에도 참가해 준수한 공격력을 선보였다). 1, 3, 4세트에 듀스 승부가 펼쳐지는 중에 레안드로가 1세트에 13점, 3세트에 16점을 올리며 공격을 주도했다.

그러나 삼성화재는 1라운드 전승을 달성하지 못했다. 2007년 1월 3일 인천에서 열린 대한항공과의 원정 경기에서 2-3으로 덜미를 잡혀 라운드 첫 패를 당했다. 그날도 41점을 올린 레안드로에 맞서 대한항공은 보비가 37점으로 맞불을 놓고 신영수가 17점으로 뒤를 받쳤다. 대한항공은 삼성화재전에 앞서 현대캐피탈전에서도 3-2 승리를 거둬 분위기를 끌어올렸다. 당시 경기에서도 보비가 41점, 신영수가 21점을 올려 제 몫을 했다.

2라운드에 다시 만났을 때 삼성화재와 현대캐피탈 모두 대한항공에 연달아 당하지는 않았다. 1월 13일 삼성화재는 대한항공과의 홈경기에서 3-1로 이겨 설욕했다. 그날 레안드로와 베테랑 신진식이 47점을 합작했다. 1월 14일 현대캐피탈도 루니와 송인석, 후인정을 앞세워 대한항공을 3-1로 꺾었다.

그래도 대한항공은 중위권 순위 경쟁에서 밀리지 않았다. 3라운드에 삼성화재와 현대캐피탈을 만났을 때 다시 고개를 숙이지만 1월 28일 LIG손해보험과의 홈경기에서 풀세트 접전 끝에 3-2로 이겨 순위 경쟁에서 조금씩 우위를 점해갔다. 그날 보비가 48점을 올리는 기염을 토하고 신영수와 강동진, 김학민 등 국내 공격수들도 힘을 내는 등 대한항공은 앞선 두 시즌과 달리 결정력에서 나아진 모습을 보였다.

삼성화재는 3라운드에 마침내 전승을 달성했다. 1월 28일 대전에서 현대캐피탈을 3-0으로 꺾은 홈경기가 하이라이트였다. 무엇보다 좌우 쌍포들 간의 화력 대결에서 앞섰다. 레안드로와 신진식이 47점을 합작하고 현대캐피탈의 루니와 후인정이 30점을 합작했다.

반면 지난 시즌 두 자릿수 승수(10승)를 달성한 상무는 좀처럼 힘을 내지 못하고 1~3라운드에 걸쳐 전패를 당했다. 4라운드에 들어 시즌 첫 승을 신고했다. 2월 8일 수원체육관에서 열린 한국전력과의 경기였다. 3-0으로 승리한 그날 이병주와 김형찬이 각각 13점, 이동훈과 장관균이 각각 12점을 올리며 17연패를 끊는 데 힘을 실었다. 한국전력도 양성만이 14점, 강성민이 13점을 올리는 등 선수 넷이 두 자릿수 점수를 내며 고르게 활약하지만 덜미를 잡혔다.

치열한 선두 경쟁

삼성화재는 4라운드에도 전승을 노리지만 라운드 후반 연달아 고개를 숙였다. 2월 10일 LIG손해보험과의 홈경기에서 1-3으로 졌다. 레안드로가 37점으로 변함없는 활약을 보이고 손재홍이 13점, 고희진이 12점으로 뒤를 받치지만 이경수와 윈터스 쌍포가 각각 20점, 28점을 올린 LIG손해보험에 밀렸다. 베테랑 미들 블로커 방신봉도 블로킹 4개에 10점을 기록했다. 3, 4세트 듀스 승부에서 LIG손해보험이 모두 웃는데 특히 4세트 25-25 상황에서 윈터스가 연속으로 공격 득점에 성공해 1위 삼성화재의 발목을 제대로 잡았다.

이틀 뒤에는 현대캐피탈과의 경기에서 풀세트까지 가는 접전 끝에 삼성화재가 2-3으로 무릎을 꿇었다. 그날 삼성화재는 레안드로가 29점을 올리고 손재홍과 신진식이 30점을 합작하지만 뒷심에서 밀렸다. 삼성화재가 1, 2세트를 먼저 가져가며 잘 출발했다. 그러자 3세트에 현대캐피탈이 선발 멤버로 박철우를 투입하며 반격의 발판을 놓고 이후 3~5세트를 모두 따내며 짜릿한 뒤집기 승리를 거됐다. 루니가 22점, 박철우가 15점, 송인석이 12점, 후인정이 10점을 올렸다. 미들 블로커 이선규와 하경민도 16점에 9블로킹을 합작해 역전승에 힘을 보탰다. 여세를 몰아 현대캐피탈은 서울 중립경기로 치른 5라운드에 전승을 달성했다.

2월 18일 현대캐피탈은 대한항공과의 경기에서 3-0으로 승리하며 한 고비를 넘었다. 그로써 4라운드 대한항공과의 경기에서 당한 패배를 설욕했다. 대한항공은 보비가 제 컨디션이 아니고 전날 한국전력과 접전(3-2 승)을 치른 여파까지 겹친 탓에 제대로 힘을 내지 못했다.

2월 19일 현대캐피탈은 삼성화재와의 경기에서도 3-1로 이겼다. 루니와 송인석이 각각 24점, 14점을 올렸다. 삼성화재도 레안드로가 37점, 신진식이 10점을 올리지만 현대캐피탈의 높이에 고전했다. 블로킹에서도 현대캐피탈은 이선규가 상대의 공격을 5차례나 가로막는 등 13대 6으로 앞서 라운드 최대 고비를 잘 넘어갔다.

대한항공은 중위권 순위 경쟁에서 LIG손해보험보다 유리한 고지에 올랐다. 2월 23일 맞대결에서 3-2로 이겨 격차를 벌렸다. 무엇보다 화력 대결에서 앞섰다. 보비가 26점, 신영수가 24점, 강동진이 16점을 올리는 등 삼각 편대가 제 몫을 했다. LIG손해보험도 윈터스가 32점, 이경수가 19점, 홍석민 12점을 올리며 맞불을 놓지만 2대 1 세트 리드를 지키지 못하고 4세트 후반 접전 상황에서 보비를 막지 못한 게 뼈아팠다.

6라운드 초반 현대캐피탈은 대한항공과 LIG손해보험을 연달아 꺾고 삼성화재를 따라붙었다. 라운드 전승을 거둔다면 1위로 올라설 가능성이 있었다. 그러나 3월 10일 수원체육관에서 열린 한국전력과의 원정 경기에서 1-3으로 패해 정규리그 1위 달성에 먹구름이 끼었다. 그날 한국전력은 정평호가 24점, 양성만이 23점, 이상헌이 17점을 올리며 고춧가루를 제대로 뿌렸다. 현대캐피탈은 루니가 23점, 박철우가 20점을 올리는 중에 다른 선수들이 무기력했다. 이때의 패배가 빌미가 돼 삼성화재에 정규리그 1위 자리를 내주고 만다. 한국전력은 6라운드에 LIG손해보험에도 3-0 승리를 거두는 등 3승(2패)을 올리며 선전했다.

결국 삼성화재가 25승 5패로 1위를 차지해 챔피언결정전 직행 티켓을 손에 넣었다. 현대캐피탈이 24승 6패로 2위가 됐다. 3위 자리는 지난 두 시즌과 달리 대한항공이 차지했다. 19승 11패를 거둔 대한항공이 그렇게 처음으로 봄배구 진출에 성공했다. 반면 LIG손해보험은 14승 16패로 4위에 그쳐 플레이오프 연속 진출에 실패했다. 한국전력이 6승 24패로 5위, 상무가 2승 28패로 6위에 자리했다.

최강자 현대캐피탈

정규리그 1위를 놓친 현대캐피탈은 봄배구에서 심기일전했다. 우선 대한항공과의 플레이오프에서 2연승으로 내달려 탄탄한 전력을 자랑했다. 3월 17일 플레이오프 1차전에서 3-1로 승리할 때 루니가 19점을 올리고 후인정과 박철우가 27점을 합작하며 아포짓 자리에서 힘을 냈다. 특히 3세트에 교체로, 4세트엔 선발로 투입된 박철우가 15점을 내며 쏠쏠하게 활약했다. 대한항공은 보비가 27점, 강동진이 15점, 김형우가 블로킹 6개에 12점, 신영수가 9점을 내며 분전했다.

다음 날 인천에서 열린 2차전에서 대한항공은 반격할 기회를 잡을 것 같았다. 1, 2세트를 연달아 따내며 유리한 고지에 먼저 올랐다. 그러나 현대캐피탈은 쉽게 흔들리지 않았다. 3세트 31-31 듀스 상황에서 루니가 연속 득점에 성공해 세트를 만회하며 반격의 서막을 열었다. 그즈음 분위기가 현대캐피탈 쪽으로 기울었다. 결국 4, 5세트도 가져가며 3-2 역전승으로 챔피언결정전 티켓을 손에 넣었다. 그날 루니가 28점을 올리며 해결사 노릇을 하고 이선규가 8블로킹에 16점을 올렸다. 대한항공은 보비가 35점, 신영수가 20점을 올리지만 2패를 당하고 첫 봄배구를 마감했다. 현대캐피탈은 블로킹 수에서도 높이의 위력을 발휘해 18대 6으로 크게 앞섰다.

흐름을 탄 현대캐피탈은 챔피언결정전에서도 삼성화재에 3연승으로 내달려 2시즌 연속으로 챔피언결정전 우승을 차지했다. 주포 대결에서 루니가 레안드로에게 밀리지 않고 높이에서도 우위를 점했다. 3월 24일 챔피언결정전 1차전에서 3-1로 이겨 기선을 제압했다. 그날 루니가 24점, 송인석이 15점을 올렸다. 블로킹에서 15대 3으로 앞서는데 루니가 상대 공격을 5차례나 가로막았다.

다음 날 2차전에선 3-0 완승을 거뒀다. 루니와 후인정 좌우 쌍포가 각각 20점, 12점을 올리며 힘을 냈다. 반면 삼성화재는 레안드로가 19점에 공격성공률 35.42퍼센트로 다소 부진한 중에 추격할 기회를 제대로 잡지 못하고 코너로 몰렸다.

3월 28일 안방인 천안에서 열린 3차전에서 현대캐피탈이 풀세트 접전 끝에 3-2로 이겨 우승 축포를 터뜨렸다. 루니와 후인정, 송인석 삼각 편대가 각각 30점, 16점, 13점을 올려 레안드로(26점)와 손재홍(19점)이 버틴 삼성화재를 제쳤다. 미들 블로커 간 맞대결에서도 현대캐피탈이 앞섰다. 이선규와 윤봉우가 14점에 9블로킹을 합작해 고희진과 신선호(15점 6블로킹 합작)에게 우위를 점했다.

루니가 지난 시즌에 이어 다시 챔피언결정전 MVP로 뽑혀 리그 최고의 외국인 선수로 자리매김했다. 정규리그 MVP는 레안드로가 차지하는데 그는 득점상(717점)도 받았다. 보비는 서브(세트당 0.53개)와 공격상(53.14퍼센트) 2관왕을 차지했다. 방신봉은 블로킹상(세트당 1.09개)을 받았다. 세터상과 수비상은 2시즌 연속으로 각각 최태웅과 여오현이 받았다. 이선규는 기량발전상을 받았다. 감독상은 챔피언결정전 우승을 차지한 김호철 감독이, 페어플레이상은 최태웅이 받았다. 심판상은 진병운 심판이 받았다. 신인상은 좋은 활약을 보인 김학민이 선정됐다. 월간 MVP는 보비(1월)와 강동진(2월), 박철우(3월)가 각각 이름을 올렸다.

V-LEAGUE
2007/08 시즌

정상 탈환

시즌 일정을 모두 마치고도 현대캐피탈과 삼성화재 선수단은 바로 휴식을 취하지 못했다. 2회째를 맞이한 한일 톱매치에 참가하기 위해서였다. 2회 대회는 2007년 4월 21일과 22일 이틀 동안 올림픽 제2체육관에서 열렸다. 일본을 대표해 산토리와 도레이가 참가한 중에 현대캐피탈과 삼성화재가 각각 1위, 2위를 차지했다. 톱매치 MVP에는 현대캐피탈의 세터 권영민이 선정됐다.

숀 루니와 레안드로는 톱매치를 끝으로 소속 팀을 떠났다. 루니는 현대캐피탈과의 재계약 협상에서 의견 차를 좁히지 못하고 러시아리그로 방향을 틀었다. 삼성화재는 레안드로와 재계약하지 않고 새로운 외국인 선수를 찾아 나섰다. 이후 현대캐피탈은 커트 토펠과, 삼성화재는 안젤코 추크(크로아티아)와 계약했다. 그런데 토펠이 컵대회에서 부진한 플레이를 보이자 구단 측은 그와의 계약을 해지했다. 결국 현대캐피탈은 시즌 내내 외국인 선수 자리를 두고 문제를 겪었다.

LIG손해보험은 당시 기준으로 가장 이름값 있는 아포짓인 기예르모 팔라스카(스페인)와 계약했다. 팔라스카는 자국 대표팀을 유럽선수권대회 우승으로 이끈 주역이었다. 최종적으로 대한항공만 기존의 외국인 선수(보비)와 재계약했다.

LIG손해보험은 외국인 선수 교체에 앞서 사령탑도 바꿨다. 지난 시즌 플레이오프 진출에 실패한 책임을 물어 신영철 감독과의 계약을 해지했다. 이후 이란 배구 대표팀을 이끌고 2002년 부산 아시안게임에서 은메달이라는 성과를 낸 박기원 감독에게 지휘봉을 맡겼다. 박감독은 선수 시절 이탈리아리그에 진출한 데 이어 은퇴한 뒤에도 이탈리아와 이란에서 지도자 생활을 하다 오랜만에 귀국해 프로팀을 맡게 됐다.

컵대회는 마산에서 9월 27일부터 10월 7일까지 열렸다. 우승팀은 현대캐피탈도 삼성화재도 아니었다. 결승전에서 대한항공이 LIG손해보험을 3-2로 꺾고 구단의 첫 컵대회 우승 트로피를 들어 올렸다. 대한항공은 장광균과 신영수, 김학민 토종 삼각 편대가 힘을 냈다. 결승에서 26점을 올린 장광균이 MVP로 뽑혔다. LIG손해보험은 이경수가 결장한 가운데 팔라스카가 공격을 이끌며 29점을 기록해 활약을 기대하게 했다.

그런데 시즌 개막을 앞두고 고비가 있었다. 타이틀 스폰서를 맡기로 합의했던 STX가 2007년 11월말 난데없이 계약 불가를 통보해왔다. 타이틀 스폰서 없이 리그를 치를 위기에서 한국배구연맹은 농협과 극적으로 계약을 성사시켰다. 그렇게 NH농협 V리그로 타이틀이 정해졌다.

한편 아마추어 초청팀인 한국전력과 상무가 개막을 앞두고 한국배구연맹에 요구 사항을 전달했다. 한국전력은 프로팀으로 전환하는 조건을 두고 기존 프로 4개 구단과 신인 드래프트 지명권 등을 조율했다. 그런데 학교 지원금 등 문제에서 대학배구연맹과의 사이에 이견이 발생했다. 당시 최대어로 꼽히던 인하대의 아웃사이드 히터 김요한에 대한 지명 등 여러 이유로 신인 드래프트가 무기한 연기됐다. 한국전력은 시즌 개막 후인 2008년 1월 기존 프로팀들과 합의하고 한국배구연맹이 준회원 가입을 승인함에 따라 다음 시즌부터 다섯 번째 프로팀으로 참가하기로 했다.

상무는 한국전력을 제외한 나머지 프로팀과의 경기에서 상대 외국인 선수 출전 제한을 요구하며 리그에 불참하겠다는 의사를 밝혔다. 한국전력도 상무의 뜻에 동참하면서 4개 팀만으로 정규리그를 치르게 될 위기가 찾아왔다. 그러나 프로팀들이 상무 및 한국전력과의 경기에서 외국인 선수 출전에 대해 자율적으로 결정한다는 방안을 냈다. 이후 상무와 한국전력이 리그 불참 의사를 철회한 끝에 전처럼 6개 팀 체제로 리그가 진행됐다.

신인 드래프트에선 20명이 참가한 가운데 수련선수 포함해 총 15명이 지명됐다. 김요한이 전체 1순위 지명권을 얻은 LIG손해보험의 유니폼을 입었다. 그런데 확률 추첨에서 35퍼센트를 가진 대한항공이 2순위가 아니라 3순위로 밀리고 15퍼센트의 삼성화재가 2순위 지명권을 가져가는 이변이 발생했다. 선발된 선수는 다음과 같다: 김요한, 한기호, 안의재, 이종복(이상 LIG손해보험), 유광우, 이용택, 홍정표, 강민웅(이상 삼성화재), 진상헌, 한선수, 정우성, 이상래(이상 대한항공), 임시형, 박종영, 김동근(이상 현대캐피탈).

정규리그 라운드와 경기 수도 변화가 있었다. 6라운드에서 7라운드로, 총 90경기에서 105경기로 늘어났다. 또 비디오 판독이 시작됐다. V리그가 전 세계 최초로 도입한 이 로컬 룰은 이후 국제배구연맹이 주관하는 국제 대회에서도 시행됐다. 정규리그에선 팀당 1회씩 비디오 판독을 요청할 수 있고 포스트시즌에선 팀당 2회씩으로 늘어난다. 시즌 개막을 앞두고 트레이드도 있었다. LIG손해보험에서 뛰던 미들 블로커 진현우가 한국전력으로 이적했다.

안젤코 돌풍

12월 1일 천안 유관순체육관에서 열린 개막전은 지난 챔피언결정전 두 팀의 리턴매치로 치러졌다. 외국인 선수 문제가 있는데도 디펜딩 챔피언 현대캐피탈이 삼성화재에 좀 더 앞선다는 평가가 많았다. 삼성화재로선 안젤코가 이름값과 경력 측면에서 다른 외국인 선수들보다 떨어지고 김상우와 신진식 등 그동안 팀 전력의 한 축을 맡아온 베테랑들이 은퇴를 결정하고 코트를 떠났기 때문이다. 그런데 개막전 승부에서 삼성화재가 현대캐피탈을 3-0으로 꺾고 먼저 웃었다. 안젤코가 19점, 김세진을 대신한 장병철이 17점을 올리며 승리의 주역이 됐다. 또 삼성화재는 주전 미들 블로커 고희진이 부상으로 결장한 중에도 블로킹에서 7대 8로 크게 밀리지 않았다. 현대캐피탈은 송인석이 11점, 후인정이 10점에 그쳤다.

사실 안젤코는 개막을 앞두고 주위에서 교체를 생각할 정도로 신치용 삼성화재 감독의 믿음을 사지 못했다. 하지만 시즌이 시작되자 전혀 다른 선수가 됐다. 그는 대한항공전(12월 4일)에서 35점, 한국전력전(12월 11일)에서 15점, LIG손해보험전(12월 16일)에서 24점을 올리며 주포 노릇을 했다. 삼성화재는 그런 안젤코를 앞세워 1라운드 전승으로 질주했다.

시즌 전부터 기대를 모은 LIG손해보험의 팔라스카도 제 몫을 했다. 12월 9일 현대캐피탈과의 홈경기에서 3-1로 이길 때 그는 38점을 올리는 중에 서브 에이스 3개, 블로킹 6개, 후위공격 8점을 기록해 시즌 첫 트리플 크라운의 주인공이 됐다.

보비와 한 시즌 더 함께하기로 선택한 대한항공도 순항했다. 상무에서 전역해 돌아온 장광균이 보비와 함께 쌍포로 자리 잡고 김학민이 뒤를 받쳤다. 12월 12일 현대캐피탈과의 홈경기에서 3-1로 이길 때도 보비가 22점, 장광균이 18점을 올렸다.

1라운드에 3패를 당한 현대캐피탈은 2라운드에 들어 전열을 가다듬었다. 12월 20일 LIG손해보험과의 홈경기에서 3-0, 12월 23일 대한항공전에서 3-2, 12월 30일 삼성화재전에서 3-0으로 이겨 고비를 잘 넘겼다. 후인정과 송인석, 주상용, 박철우 등 토종 스파이커들이 힘을 내는 중에 이선규와 윤봉우, 하경민이 버티는 미들 블로커진의 높이가 여전했다. 현대캐피탈은 그렇게 라운드 전승을 거둬 반전에 성공했다.

반면 LIG손해보험은 팔라스카와 이경수, 김요한 삼각 편대가 좀처럼 시너지 효과를 내지 못했다. 전체 1순위로 뽑힌 신인 김요한은 계약 문제로 합류 시점이 다소 늦어진 통에 좀처럼 컨디션을 끌어올리지 못했다. LIG손해보험은 3라운드에 들어 상무와 한국전력을 상대로 승리를 거두지만 프로팀과의 맞대결에선 모두 졌다.

대한항공은 서울 중립경기로 치른 4라운드에 LIG손해보험에 2-3으로 덜미를 잡힌 뒤 삼성화재, 현대캐피탈과의 맞대결에선 모두 웃었다. 두 경기 모두 풀세트까지 가는 접전이었는데 보비와 장광균이 제 역할을 하고 신영수와 강동진도 뒤를 잘 받쳤다. 특히 장광균은 3, 4라운드에 해당하는 1월의 월간 MVP에 선정되는 등 보비와 함께 대한항공의 공격을 잘 이끌었다.

안젤코는 최고 외국인 선수의 반열에 올랐다. 2008년 1월 20일 삼성화재가 3라운드 마지막 상대인 현대캐피탈과의 홈경기에서 3-2로 승리할 때 그 혼자 40점을 올렸다. 그러면서 월간 MVP에 12월과 2월 두 차례나 선정되는 등 활약을 인정받았다. 삼성화재가 5라운드에 전승을 올리고 선두 경쟁에서 유리한 고지에 오르는 데엔 그의 공이 컸다.

2위 경쟁은 대한항공과 현대캐피탈의 2파전으로 흘러갔다. 현대캐피탈은 4라운드 후반에 승부수를 던졌다. 2008년 2월 브라질 출신의 호드리구 호드리게스 지우(등록명 로드리고)를 영입한 것. 구단은 앞서 외국인 선수 6명을 테스트하는 등 고심한 끝에 그를 낙점했다. 그러나 로드리고 효과는 없었다. 그는 2월 24일 상무와의 경기에 첫 출전을 한 뒤 6라운드 중 3월 1일 삼성화재와의 원정 경기에서 18점을 올린 게 한 경기 개인 최다 기록이었다(그날 현대캐피탈은 1-3으로 졌다). 결국 정규리그에서 7경기(17세트)에 출전하고 64점에 그쳐 기대에 부응하지 못했다.

반면 기대하지 않은 안젤코가 31경기(112세트)에 나와 805점에 공격성공률 53.34퍼센트를 기록했다. 그는 보비(34경기 110세트 출전 676점)와 팔라스카(21경기 68세트 출전 427점)를 뛰어넘는 성적을 보여 삼성화재가 29승 6패로 정규리그 1위를 차지하는 데 가장 큰 공헌을 했다.

현대캐피탈을 넘은 대한항공

2위 경쟁에선 대한항공이 웃었다. 2월 10일 현대캐피탈과의 홈 경기에서 3-2로 승리를 거둬 순위 다툼에서 유리한 고지에 올랐다. 대한항공은 당시 1, 2세트를 듀스 접전 끝에 내줘 코너에 몰리고도 3~5세트를 내리 따내며 짜릿한 역전승을 거뒀다. 보비가 41점, 신영수가 21점을 올려 쌍포 노릇을 톡톡히 하고 장광균도 11점으로 거들었다. 미들 블로커진 김형우와 이영택은 17점에 5블로킹을 합작했다. 대한항공은 그날 블로킹 득점에서도 17대 8로 현대캐피탈에 앞섰다. 로드리고 효과를 누리지 못한 현대캐피탈은 송인석과 후인정 쌍포와 주상용, 박철우 등이 좋은 모습을 보인 게 위안거리였다.

6라운드에 들어서도 대한항공이 상승세를 유지했다. 3월 5일 삼성화재와의 맞대결에서 3-1로 이길 때 보비와 신영수, 장광균 삼각편대가 58점을 합작해 30점을 올린 안젤코를 넘어섰다. 그날 문용관 대한항공 감독은 신인 듀오를 선발 라인업에 올렸다. 세터 한선수와 미들 블로커 진상헌은 나올 때마다 활력소 노릇을 하더니 5라운드부터 출전 시간이 늘었다. 특히 한선수는 3월 MVP에 선정될 정도로 활약을 인정받았다. 그런 문감독의 선택은 한선수가 리그 최고의 세터로 인정받는 데 발판이 됐다. 이후 한선수가 김영래를 대신해 주전 세터로 나오는 횟수가 점점 더 늘어났다.

현대캐피탈도 2위 경쟁에서 쉽게 물러서지 않았다. 6라운드 마지막이던 3월 12일 대한항공과의 맞대결에서 3-2로 이겼다. 대한항공이 보비가 35점, 신영수가 14점을 올릴 때 현대캐피탈은 박철우가 16점, 로드리고가 15점을 올리며 맞불을 놨다. 여기에 윤봉우가 블로킹 5개를 포함해 13점을 내고 송인석과 임시형도 21점을 합작하며 가세해 5라운드 맞대결에서 당한 패배를 설욕했다.

그러나 대한항공은 7라운드에 현대캐피탈을 만날 때는 3-0으로 꺾어 2위 확정에 한 걸음 더 다가갔다. 그날 보비가 21점, 신영수가 17점, 장광균 10점을 냈다. 반면 현대캐피탈은 로드리고가 결장하고 두 자릿수 득점을 올린 선수가 한 명도 나오지 않은 탓에 화력대결에서 밀렸다. 결국 대한항공이 27승 8패로 2위, 현대캐피탈이

24승 11패로 3위에 자리했다.

팔라스카와 이경수, 김요한 삼각 편대로 기대를 끌어올리던 LIG손해보험은 끝내 5할 승률을 달성하지 못한 채 15승 20패로 4위에 그쳤다. 팔라스카가 2008년 베이징 올림픽 예선전에 자국 대표팀 소속으로 참가하느라 경기에 많이 출전하지 못한 것이 패인으로 지목됐다. LIG손해보험은 그 공백을 잘 메우지 못했다. 김요한의 성적도 팀 입장에선 아쉬웠다. 그는 28경기(77세트)에 나와 194점에 공격성공률 41.31퍼센트를 기록했다.

상무와 한국전력은 이번에도 프로팀과의 전력 차를 실감했다. 상무가 6승 29패로 5위가 되고, 한국전력이 7라운드에 삼성화재를 3-1로 꺾긴 하지만(안태영과 정평호, 이병주가 53점을 합작함) 4승 31패로 최하위가 됐다.

통합우승

봄배구에선 이변이 있었다. 대한항공의 우세가 예상되던 중에 4월 3일 인천에서 열린 플레이오프 1차전에서 대한항공이 현대캐피탈을 3-0으로 꺾었다. 보비와 신영수, 장광균 삼각 편대가 53점을 합작했다. 현대캐피탈은 후인정과 송인석, 로드리고가 선발 라인업에 들지만 30점 합작에 그쳐 화력 대결에서 밀렸다. 로드리고를 대신해 3세트에 선발 출전한 박철우가 8점으로 힘을 낸 게 현대캐피탈 입장에선 그나마 소득이었다.

4월 5일 천안에서 열린 2차전에선 현대캐피탈이 한숨을 돌렸다.

컨디션을 회복한 로드리고가 16점을 내고 이선규와 윤봉우 미들 블로커진이 30점에 13블로킹을 합작했다. 현대캐피탈이 장점인 높이를 살려 보비(28점)와 장광균(14점)이 버틴 대한항공을 제쳤다. 그러나 분위기는 대한항공 쪽이 더 좋았다.

4월 6일 장소를 인천으로 옮겨 치른 3차전에선 대한항공이 1세트를 먼저 따냈다. 현대캐피탈이 2세트를 만회해 세트 균형을 이루고 3세트에선 대한항공이 11-2까지 치고 나갔다. 그대로 세트를 마친다면 대한항공이 챔피언결정전에 진출할 가능성이 높았다. 그런데 후인정을 대신해 교체 투입된 박철우가 해결사로 나섰다. 현대캐피탈이 박철우를 앞세워 추격한 끝에 점수 차를 따라잡더니 결국 25-23으로 3세트를 가져갔다. 대한항공은 한번 넘어간 분위기를 다시 되돌리지 못했다. 현대캐피탈이 4세트마저 25-19로 잡아 챔피언결정전 티켓을 손에 넣었다.

당시 3차전은 지금까지도 플레이오프 역대 명승부 중 하나로 꼽힌다. 3, 4세트에 나온 박철우가 12점에 공격성공률 70.59퍼센트를 기록하며 알토란 같은 활약을 보였다. 대한항공은 삼각 편대의 활약에도 고비를 넘지 못하고 다음 시즌을 기약해야 했다. 그때 당한 패배로 결국 문감독은 지휘봉을 놓게 된다.

4월 10일 대전에서 열린 챔피언결정전 1차전은 시리즈 전체 승부를 결정하는 경기가 됐다. 삼성화재가 현대캐피탈에 3-1로 이기는데 출발은 현대캐피탈이 좋았다. 후인정과 로드리고가 힘을 내 1세트를 25-23으로 따냈다. 승부처는 2세트였다. 현대캐피탈이 세트 후반에 22-18 리드를 잡았다. 그러나 삼성화재가 안젤코를 앞세워 추격에 시동을 걸더니 고희진의 블로킹으로 22-22 동점을 만들었다. 경기 흐름을 바꿔놓는 결정적인 가로막기였다. 삼성화재가 세트를 또다시 내줄 위기를 잘 넘긴 끝에 25-23으로 가져가며 세트 동률을 이루고 3세트 듀스 접전에서도 41-39로 이겨 승기를 잡았다. 그날 안젤코가 39점으로 해결사 노릇을 하고 고희진과 신선호 미들 블로커진이 7블로킹에 25점을 합작하며 뒤를 잘 받쳤다. 시리즈를 마친 뒤 김호철 현대캐피탈 감독과 신치용 삼성화재 감독, 양 팀 선수들 대부분은 "1차전 2세트가 최대 승부처였다"고 입을 모았다.

 4월 12일 같은 장소에서 열린 2차전에서도 삼성화재가 3-1로 이겼다. 이번에도 삼성화재가 1세트를 먼저 내준 뒤 2~4세트를 연달아 따내 역전승했다. 그날 안젤코가 29점, 고희진이 4블로킹에 10점을 올렸다. 그렇게 삼성화재는 현대캐피탈에 추격할 빌미를 허용하지 않고 우승까지 1승만을 남겨뒀다.

 4월 13일 천안에서 열린 3차전에서도 3-1로 이겨 삼성화재는 지난 시즌 현대캐피탈에 당한 챔피언결정전 패배를 같은 장소에서 설욕했다. 삼성화재로선 프로 출범 후 처음 거둔 통합우승이었다. 그날 37점을 올린 안젤코가 정규리그에 이어 챔피언결정전에서도 MVP를 받았다. 삼성화재 선수들은 리그 부문별 수상자에도 여럿이 이름을 올렸다. 안젤코가 세트당 0.37개로 서브상, 최태웅이 세터상, 손재홍이 기량발전상을 받았다. 신치용 감독도 우승 감독상에 두 시즌 만에 복귀했다. 장광균이 공격성공률 54.10퍼센트로 공격상을, 이선규가 세트당 0.75개로 블로킹상을 수상했다. 임시형은 신인상을 받아 챔피언결정전 준우승에 그친 아쉬움을 달랬다. 수비상은 대한항공에서 뛰다 군에 입대해 상무의 유니폼을 입은 리베로 김주완이 받았다. 또 LIG손해보험은 페어플레이상과 NH농협 하모니상에 이름을 올렸다. 한국전력이 NH농협 붐업상을, 주성훈 심판이 심판상을 받았다.

V-LEAGUE	
2008/09 시즌	왕조의 시작

 출범하고 다섯 번째 시즌을 맞은 그해, 김혁규 초대 총재에 이어 이동호 당시 대우자동차판매 사장 겸 '우리캐피탈' 회장이 한국배구연맹의 수장이 됐다. 이총재의 공약대로 남자부에 신생 팀이 참여하기로 했다. 우리캐피탈이 프로 여섯 번째 구단으로 창단해 그동안 비어 있던 서울을 연고지로 삼았다.

 지난 시즌 중반에 다섯 번째 구단으로 승인된 한국전력도 새 프로팀 자격으로 리그에 참여하게 됐다. 당시 구단 명칭도 KEPCO45로 변경했다. 'KEPCO'는 '한국전력'의 영문 표기 약자이고 '45'는 팀의 전신인 남선전기 배구단이 창단된 1945년을 의미했다(2013/14시즌 한국전력으로 다시 바뀜). 한국전력은 신생 팀 지원 정책에 따라 그해 신인 드래프트에서 1라운드 1순위와 2라운드

1~3순위의 지명권을 행사했다.

한국전력에 뒤이어 리그에 합류한 우리캐피탈은 김남성 성균관대 감독을 초대 사령탑으로, 선수 시절 대한항공과 대표팀에서 주전 아웃사이드 히터로 뛴 박희상을 코치로 선임했다. 선수 구성을 위해 기존 팀들에서 보호선수 명단에 들지 못한 선수들을 지명하고 신인 드래프트에선 그해 1라운드 2~5순위 지명권, 다음 해 1라운드 1~4순위 지명권을 우선 확보했다. 그렇게 우리캐피탈은 다음 시즌부터 리그에 정식으로 참가하기로 했다. 그해 시즌엔 2009년 1월 서울 중립경기 기간에 기존 팀들과 6차례 시범경기를 치르기로 했다.

또 리그에서 유일한 아마추어 초청팀인 상무도 스폰서를 얻었다. 2008년 8월 27일 신협중앙회와 2년 동안 공식 스폰서십을 맺고 신협 상무라는 명칭으로 그해 시즌을 시작했다.

시즌 개막에 앞서 국제배구연맹이 경기 규칙을 개정함에 따라 V리그도 그에 따랐다. 국제배구연맹은 2008년 9월 네트터치, 센터라인, 리베로, 선수 교체 등과 관련한 규칙을 바꿨다. 네트터치의 경우 경기 도중 선수의 신체 일부가 네트에 닿으면 반칙을 선언하던 것이 네트 맨 위에 있는 흰색 밴드(폭 5센티미터)와 안테나를 제외하고 신체가 네트의 어느 부분에 닿더라도 고의가 아니라면 반칙이 선언되지 않는 것으로 바뀌었다. 센터라인 반칙의 경우 신체 일부분이 넘어가면 반칙이던 것이 발 전체가 라인을 넘어가는 경우를 제외하고 반칙이 적용되지 않는 것으로 바뀌었다. 리베로도 종전엔 팀당 1명을 지정할 수 있던 것이 2명을 지정하는 것으로 바뀌었다.

선수를 교체하려면 감독이나 코치가 직접 버저를 누르고 주심에게 교체 사인을 보내야 했는데, 시간을 줄이기 위해 교체 선수가 기록석 옆에 있으면 경기가 중단되고 농구에서처럼 동시에 교체할 수 있게 바뀌었다.

한국배구연맹은 로컬 룰도 정비했다. 지난 시즌 도입된 비디오 판독의 공정성을 높이기 위해 경기판독위원 자리를 신설해 판정에 참여하게 했다.

새로운 얼굴들

시즌 개막을 앞두고 각 팀들은 외국인 선수 영입을 마쳤다. 디펜딩 챔피언 삼성화재는 안젤코와 재계약했다. LIG손해보험은 팔라스카와의 동행에 마침표를 찍고 장신 아포짓인 카이 판데이크(네덜란드)와 계약했다. 카이는 지금까지도 외국인 선수 중 최장신(215센티미터)으로 꼽힌다. 대한항공도 두 시즌간 동행한 보비와 결별하고 아웃사이드 히터 요슬레이데르 칼라(쿠바)를 데려왔다. 가장 눈에 띄는 영입은 현대캐피탈의 선택이었다. 루니가 떠난 자리를 제대로 메우지 못해 지난 시즌 애를 먹은 현대캐피탈은 그와 비슷한 유형인 대학을 갓 졸업한 아웃사이드 히터 매튜 앤더슨(미국)을 데려왔다.

경남 양산에서 열린 컵대회에선 현대캐피탈이 정상에 올랐다. 9월 7일 삼성화재와의 결승전에서 접전 끝에 3-2로 이겼다. 앤더슨과 박철우 좌우 쌍포가 각각 28점, 24점을 올리고 미들 블로커 이선규가 블로킹 5개에 10점으로 뒤를 받쳤다. 삼성화재는 안젤코가

30점을 올리고 신선호와 고희진 두 미들 블로커가 29점을 합작하고도 준우승에 그쳤다. 이후 앤더슨은 정규리그에서도 기대만큼 좋은 모습을 보인다. 현대캐피탈은 그런 그와 박철우를 앞세워 순위 경쟁을 이어갔다.

문성민 파동

그해 신인 드래프트는 열리기 전부터 많은 관심을 모았다. 대학 무대에서 지난 시즌 전체 1순위로 LIG손해보험에 지명된 김요한과 함께 최고의 스파이커로 꼽히던 문성민이 참가 자격을 얻어서였다. 두 선수 모두 2006년 도하 아시안게임에서 금메달을 획득해 병역 문제를 해결한 터라 주가가 치솟았다. 그런데 2008년 8월 경기대 졸업반이던 문성민은 독일 분데스리가의 프리드리히스하펜과 계약했다. 그가 해외로 진출한 배경을 두고 한국전력의 지명을 피하기 위해서라는 추측이 있었다. 그런 상황이라면 전체 1순위 지명권을 가진 한국전력이 그를 지명하지 않을 수 있다는 말도 나왔다.

2008년 11월 3일, 문성민이 독일 소속 팀 일정을 치르느라 신인 드래프트에 참석하지 않은 가운데 한국전력이 전체 1순위로 그를 지명했다. 그로써 한국전력은 그가 지명일 기준 5년 이내에 국내로 복귀할 경우 선수에 대한 보유권을 갖게 됐다. 이어서 신생 팀 우리캐피탈이 1라운드 2~5순위 우선 지명권을 행사했다. 당시 드래프트에는 좋은 평가를 받는 대학 졸업반 선수들이 대거 참가했다. 한국전력도 2라운드 1~3순위 우선 지명권을 행사했다. 이후 우리캐피탈이 지명한 수련선수까지 포함해 지원자 22명 전원이 모두 프로팀에 입단했다. 역대 신인 드래프트에서 100퍼센트 지명률을 기록한 건 그때가 유일하다. 지명된 선수들은 다음과 같다: 문성민, 최석기, 최일규, 이영준, 이기범, 김진만, 황설민(이상 한국전력), 신영석, 최귀엽, 황동일, 박상하, 변상선, 이승현, 이준, 윤동환, 김영기(이상 우리캐피탈), 안준찬, 하성래(이상 LIG손해보험), 배호철(대한항공), 강웅(현대캐피탈), 박수민, 김강녕(이상 삼성화재).

드래프트 당일 트레이드도 있었다. 우리캐피탈이 지명한 센터 황동일이 LIG손해보험으로 옮기고, LIG손해보험은 미들 블로커 손석범과 센터 이동엽, 드래프트에서 지명한 안준찬을 우리캐피탈로 보냈다. 삼성화재도 당시 상무에서 복무 중인 이강주와 은퇴 선수로 보유권을 갖고 있던 센터 방지섭을 우리캐피탈로 보냈다.

대한항공의 초반 돌풍

11월 22일 대전에서 디펜딩 챔피언 삼성화재와 현대캐피탈의 맞대결로 개막전이 열렸다. 현대캐피탈이 원정길에서 삼성화재에 3-1로 이겼다. 박철우가 25점을 올리며 주포 역할을 했다. 앤더슨이 13점, 송인석이 10점을 올리고 이선규와 윤봉우 두 미들 블로커가 5블로킹에 16점을 합작했다. 센터 권영민도 상대 공격을 4차례나 가로막는 등 현대캐피탈이 블로킹 득점에서 18대 3으로 앞서며 강점을 보였다. 삼성화재의 안젤코는 33점으로 활약하지만 팀의 패배로 빛이 바랬다.

대한항공도 출발이 좋았다. 11월 23일 인천에서 열린 LIG손해보험과의 시즌 첫 경기에서 3-0으로 이겼다. 오프시즌 동안 문용관 감독에서 진준택 감독으로 사령탑을 바꾼 대한항공은 안정된 전력을 보였다. 새로 합류한 칼라가 22점을 올리고 김학민이 15점으로 뒤를 잘 받쳤다. 슈퍼리그 시절 고려증권의 사령탑을 맡은 뒤 대한항공의 지휘봉을 잡으며 오랜만에 코트로 돌아온 진감독은 복귀전에서 기분 좋은 승리를 챙겼다. 대한항공의 한선수는 이때부터 주전 세터로 기용됐다. LIG손해보험은 김요한과 이경수 쌍포가 각각 12점을 올린 가운데 기대를 모은 카이가 6점에 그쳤다.

첫 단추를 잘 끼운 대한항공은 1라운드에 전승을 거두며 고공비행했다. 반면 삼성화재는 주춤했다. 상무와 한국전력을 제외하고 기존 프로팀들에 모두 덜미를 잡혔다. 그리고 대한항공 상승세의 주역 중 하나인 김학민이 1라운드 MVP에 이름을 올렸다. 한국배구연맹은 그해 월간 MVP 시상을 라운드별 MVP로 변경했다.

프로팀으로 첫발을 내디딘 한국전력은 11월 23일 상무와의 홈경기에서 1-3으로 패했다. 이기범과 이병주, 최귀동, 최석기 모두 두 자릿수 점수를 내고도 화력 대결에서 상무에 밀렸다. 상무는 김정훈이 19점, 임동규가 16점, 김달호가 14점을 올리고 세터 김상기가 공격 4점에 총 7점으로 친정 팀을 울렸다. 한국전력은 이 경기를 시작으로 이후 25연패를 당하는데 이는 2024/25시즌 기준 V리그 남녀부를 통틀어 단일 시즌 최다 연패 기록으로 남아 있다.

삼성화재는 안젤코를 앞세워 2라운드에 반등에 성공했다. 라운드 전승을 올려 순위 경쟁에 탄력을 받았다. 안젤코가 2라운드 MVP에 선정됐다. 3라운드엔 현대캐피탈이 힘을 냈다. 앤더슨과 박철우 좌우 쌍포, 프로 2년차를 맞은 임시형이 공격과 수비에서 활약하며 선두 경쟁에 불을 붙였다. 임시형이 3라운드 MVP에 뽑혔다.

상무도 고춧가루 부대로서 프로팀의 덜미를 잡았다. 2라운드에 대한항공에 3-1로 이기고 3라운드엔 삼성화재에 3-0으로 이겼다. 2009년 1월 6일 삼성화재와의 경기에서 임동규가 17점을 올리고 김정훈이 친정 팀을 상대로 15점을 올려 대어를 낚았다.

그러나 삼성화재는 흔들리지 않았다. 4라운드에 들어 전승으로 내달리며 현대캐피탈과 치열한 1위 경쟁을 이어갔다. 삼성화재의 세터 최태웅이 4라운드 MVP로 뽑혔다.

연패 탈출

LIG손해보험도 서울 중립경기로 치른 4라운드에 3승 2패를 거두며 순위를 끌어올렸다. 이경수와 김요한, 카이 삼각 편대가 힘을 냈다. 1월 27일 대한항공과의 맞대결에서 3-1 승리를 거둔 게 컸다. 그날 이경수가 26점, 카이가 24점, 김요한이 18점을 올려 칼라와 김학민, 장광균이 46점을 합작한 대한항공을 제치고 4라운드에 3위로 올라섰다.

그러나 LIG손해보험은 5라운드에 들어 힘이 빠지기 시작했다. 상무전과 한국전력전에서 승수를 더하지만 대한항공, 현대캐피탈, 삼성화재와의 경기에선 모두 무릎을 꿇었다. 반면 대한항공은 현대캐피탈, 삼성화재와 나란히 4승 1패라는 라운드 성적을 내 다시 3위로 올라서고 LIG손해보험과의 격차를 벌렸다.

한편 우리캐피탈은 1월 22일부터 2월 1일까지 기존 프로 5개 팀과 상무를 상대로 시범경기를 치렀다. 해당 6경기가 공식 기록으로 인정되지 않는 중에도 우리캐피탈은 만만찮은 전력을 보였다. 2승 4패를 기록하는 동안 상무에 3-1로 이기고 삼성화재에 3-0으로 이기는 기염을 토했다.

반면 한국전력은 5라운드에도 시즌 첫 승을 신고하지 못했다. 2월 17일 삼성화재와의 경기에선 1세트를 먼저 따낸 뒤 2~4세트를 내리 내줘 고개를 숙였다. 25연패. 그날 삼성화재는 안젤코가 27점을 올리고 손재홍과 신선호, 석진욱이 33점을 합작해 역전승을 이끌었다. 공정배 한국전력 감독은 결국 그날 경기를 끝으로 지휘봉을 내려놓았다. 차승훈 코치가 감독대행을, 김철수 코치가 수석코치를 맡아 6라운드를 시작했다. 5라운드 MVP는 리그 전체에 걸쳐 토종 아포짓으로 첫손을 꼽을 만한 박철우가 차지했다.

한국전력은 6라운드에 들어 지긋지긋한 연패에 마침표를 찍었다. 2월 21일 상무와의 홈경기에서 3-0으로 이겨 마침내 첫 승의 기쁨을 누렸다. 양성만이 28점으로 공격을 이끌고 이병주가 17점, 정평호가 13점, 최귀동이 12점을 올렸다. 3월 5일 한국전력은 현대캐피탈도 3-1로 꺾어 고춧가루를 제대로 뿌렸다. 그날 정평호가 23점, 이병주가 19점, 이기범이 17점, 미들 블로커 최석기가 5블로킹에 12점을 올렸다.

현대캐피탈은 앞서 3월 1일에 치른 삼성화재와의 홈경기에서도 풀세트 접전 끝에 2-3으로 지는데 그 두 번의 패배로 1위 경쟁이 혼돈에 빠졌다. 그날 안젤코가 45점을 올리며 펄펄 날며 6라운드 MVP에 걸맞은 활약을 보였다. 삼성화재가 1, 2세트를 먼저 따내고 현대캐피탈이 3, 4세트를 만회한 상황에서 5세트 듀스 끝에 삼성화재가 웃었다.

그래도 현대캐피탈은 2위로 떨어질 위기를 잘 벗어나 마지막 7라운드에 1위를 확정했다. 7라운드에 다시 만난 삼성화재에 0-3으로 지고도 삼성화재가 3월 18일 대한항공과의 원정 경기에서 1-3으로 덜미를 잡히는 바람에 1위 경쟁에서 우위를 점했다. 이후 남은 경기를 모두 잡으며 삼성화재의 추격을 잘 뿌리쳤다. 3월 18일 삼성화재와의 경기에서 칼라는 35점을 올려 7라운드 MVP로 뽑히는 발판을 만들었다. 3월 24일 삼성화재는 팀의 정규리그 최종전인 한국전력과의 경기에서 1-3으로 패해 실낱같이 남아 있던 1위 탈환 기회를 놓쳤다.

그로써 현대캐피탈이 28승 7패로 1위를 차지해 챔피언결정전으로 직행했다. 삼성화재가 26승 9패로 2위, 대한항공이 22승 13패로 3위가 되어 두 팀이 플레이오프에서 만나게 됐다. 4위에 머문 LIG손해보험은 17승 18패를 거둬 5할 승률을 달성하지 못했다. 상무는 8승 27패, 한국전력은 4승 31패로 시즌을 마쳤다.

2시즌 연속 챔피언

플레이오프의 승부처는 1차전이었다. 3월 27일 대전에서 열린

1차전에서 삼성화재가 풀세트까지 가는 접전 끝에 3-2로 이겼다. 대한항공이 1세트를 따내며 기선 제압하지만 삼성화재가 2, 3세트를 내리 따내 세트 리드를 잡았다. 다시 대한항공이 칼라를 앞세워 4세트를 가져가면서 승부는 마지막 5세트로 향했다. 5세트는 안젤코를 앞세운 삼성화재가 화력 대결에서 우위를 점했다. 그날 안젤코가 38점, 손재홍이 14점, 석진욱이 13점을 올리며 힘을 냈다. 대한항공은 칼라가 38점, 김학민이 14점을 올리지만 5세트에 힘이 빠졌다.

3월 29일 장소를 인천으로 옮긴 2차전에서도 삼성화재가 3-1로 이겨 시리즈 전적 2승으로 봄배구 마지막 승부의 무대로 올라갔다. 그날 대한항공은 칼라가 24점, 신영수가 18점으로 맞불을 놓지만 34점을 올리며 펄펄 난 안젤코를 당해내지 못했다.

챔피언결정전에선 삼성화재가 현대캐피탈에 3승 1패를 거둬 우승 트로피를 늘어 올렸다. 4월 5일 천안에서 열린 1차전에서 삼성화재가 31점을 올린 안젤코를 앞세워 3-1로 이겼다. 4월 7일 같은 장소에서 열린 2차전에선 현대캐피탈이 박철우가 33점, 앤더슨이 23점, 윤봉우가 7블로킹에 10점을 올리며 힘을 낸 끝에 3-1로 이겨 시리즈 승부를 원점으로 돌렸다. 하지만 삼성화재의 안젤코가 건재했다. 4월 10일 대전에서 열린 3차전에서 45점으로 제 몫을 했다. 그날 박철우와 앤더슨 쌍포가 주춤한 탓에 현대캐피탈은 2차전 승리의 상승세를 이어가지 못했다.

4월 12일 같은 장소에서 치른 4차전에서 현대캐피탈이 반격의 고삐를 바짝 당겼다. 앤더슨이 선봉에서 공격을 이끌며 1세트를 따냈다. 삼성화재가 2세트를 가져간 뒤 현대캐피탈이 3세트를 이겨 유리한 고지에 먼저 올랐다. 그러나 7점을 올린 안젤코 덕에 4세트를 따내며 삼성화재가 승부를 마지막 5세트로 끌고 갔다. 결국 현대캐피탈의 추격을 뿌리치고 5세트 15-13으로 이겨 정상에 올랐다.

그날 안젤코는 19점으로 다소 부진한 중에도 4세트와 5세트에 걸쳐 13점을 몰아 올렸다. 고희진이 14점, 석진욱이 13점을 올려 둘도 풀세트 승부에서 힘을 실었다. 챔피언결정전 MVP엔 팀 동료인 안젤코를 제치고 최태웅이 올랐다. 신치용 삼성화재 감독이 다시한 번 우승 감독상을 받았다.

안젤코는 885점으로 정규리그 득점상과 세트당 0.37개로 서브상을 받았다. 최태웅은 세터상을 수상했다. 박철우는 정규리그 MVP가 되고 공격성공률 55.32퍼센트로 공격상을 받아 준우승한 아쉬움을 달랬다. 팀 동료 이선규는 세트당 0.92개로 블로킹상을 수상했다. 수비상은 상무에서 뛴 이강주가, 신인왕은 황동일이 수상했다. 김요한은 기량발전상을 받았다. 배구 기량뿐 아니라 빼어난 외모를 자랑하기도 한 그는 리그 시상식에서 베스트드레서와 포토제닉에도 이름을 올렸다. 최석기는 페어플레이상을 받았다. 심판상은 그해부터 주·부심 외에도 선심까지 수상 범위를 넓힌 가운데 김건태와 이광훈 심판이 받았다. 한편 한국배구연맹이 유소년 배구 활성화를 위해 신설한 꿈나무상은 정태현(대전 유성초)과 김윤호(익산 남성중)가 받았다. 정규리그에서 트리플 크라운은 3차례 나오는데 안젤코가 2회, 앤더슨이 1회 달성했다.

| V-LEAGUE 2009/10 시즌 | 가빈 천하 |

지난 챔피언결정전의 여운이 아직 남아 있던 2009년 4월 25일과 26일 이틀 동안 한일 톱매치가 진행됐다. 2008년에는 베이징 올림픽 세계예선전 일정 때문에 무산됐으니 2년 만에 무대가 마련된 것. 여자부 흥국생명의 모기업인 태광그룹의 자회사 흥국금융가족이 대회 후원을 맡고 일본 후쿠오카의 기타큐슈 시립체육관에서 개최됐다. 삼성화재와 현대캐피탈이 V리그를 대표해 참가하고 일본 쪽에선 우승팀 도레이와 준우승을 차지한 사카이가 나왔다. 삼성화재와 현대캐피탈 모두 일본 팀을 상대로 1승 1패를 기록했다. 우승은 삼성화재와 현대캐피탈을 상대로 모두 승리를 거둔 도레이가 차지했다.

톱매치가 끝난 뒤 리그는 FA 제도 도입 문제로 시끄러웠다.

2009년 5월 21일 '배구 발전을 염원하는 선수들의 모임'이 출범했다. 모임의 회장을 맡은 석진욱이 선수들을 대표해 FA 제도 도입을 요구했다. 한국배구연맹은 2009/10시즌을 마친 뒤 FA 제도를 실시하겠다고 하지만 선수들이 반발했다. 실업 시절 팀에 입단한 선수들에 대한 FA 요건을 두고 이견이 생기자 모임 소속 선수들은 6월 14일 팀 훈련을 거부한다는 의사를 밝혔다. 갈등은 길게 가지 않았다. 연맹과 선수들이 의견을 조율하고 FA 계약 단계를 두고 원 소속 팀과의 계약(1차), 타 구단과의 계약(2차), 원 소속 팀과의 재협상(3차)을 진행하는 방식에 합의했다. 3차까지 미계약 FA로 남을 경우 해당 시즌엔 어떤 구단과도 계약할 수 없고 이후 시즌에 계약할 수 있다는 조건에도 합의했다. 그리고 다음 시즌에 FA 제도를 도입하기로 정했다(여자부는 2007/08시즌에 도입).

우여곡절 끝에 FA 제도 도입이 결정된 뒤 2009년 7월 말 부산 사직체육관에서 컵대회가 열렸다. 당시 컵대회는 처음으로 외국 구단을 초청하는 국제 대회로 치러졌다. 산토리(일본)와 사이파(이란), 저장(중국)이 참가해 국내 팀들과 조별리그를 치렀다. 8월 2일 결승전에서 삼성화재가 풀세트 접전 끝에 현대캐피탈을 3-2로 꺾고 우승컵을 품에 안았다. 왼손잡이 아포짓들 간의 맞대결이 볼거리였다. 삼성화재의 장병철이 32점, 현대캐피탈의 박철우가 37점을 올리며 화력 대결을 펼쳤다. 두 선수 외에도 삼성화재는 이형두가 18점, 석진욱이 14점을 올리고 현대캐피탈은 송인석이 14점, 임시형이 12점을 올렸다. 장병철이 컵대회 MVP에 선정됐다.

시즌 개막을 앞두고 규정에 몇 가지 변화가 있었다. 정규리그가 총 6라운드로 줄어들고 포스트시즌 경기 방식이 바뀌었다. 즉 플레이오프 3전 2승제, 챔피언결정전 5전 3승제로 열리던 것이 플레이오프 5전 3승제, 챔피언결정전 7전 4승제로 바뀌었다. 또 당시 여자부는 1라운드 일정이 일시 중단됐다. 국제배구연맹이 주최한 2009년 월드그랜드챔피언스컵이 11월 10일부터 15일까지 일본 도쿄와 후쿠오카에서 열렸기 때문이다. 남자 대표팀은 해당 대회에 출전하지 않아 V리그 남자부는 일정을 바꾸지 않고 정상적으로 진행됐다.

비디오 판독에도 강화된 규정이 적용됐다. 비디오 판독 횟수는 지난 시즌과 같지만 판독에 따른 판정에 무조건 승복해야 한다는 조건이 추가됐다. 비디오 판독에 대해 항의하면 옐로카드를 주기로 했다. 단 팀의 주장을 통해 재심을 요청할 경우 소명 기회를 주기로 조정했다. 그리고 그해 리그에도 도핑 테스트가 시작됐다. 여기엔 배경이 있다. 전 프로야구 선수인 마해영 당시 Xports 해설위원이 2009년 펴낸 자서전 〈야구본색〉에서 프로야구 선수들의 약물 복용 문제를 거론해 파장을 일으켰다. 문화체육관광부가 국내 프로스포츠 리그에서 뛰는 모든 선수를 대상으로 도핑 테스트의 범위를 넓히기로 하면서 이후 V리그도 경기 후 무작위로 선수를 선정해 도핑 테스트를 진행하게 됐다. 한편 TV 중계방송사가 추가됐다. 주관 방송사인 KBSN 스포츠(공중파는 KBS) 혼자 독점 중계해오다가 그해 시즌 2라운드부터 SBS 스포츠도 중계에 참여했다.

외국인 선수는 현대캐피탈의 앤더슨만 리그 코트에서 다시 뛰게 됐다. 삼성화재를 2시즌 연속으로 정상에 올려놓은 안젤코가 일본으로 이적하면서 생긴 빈자리엔 캐나다 국가대표 출신의 장신(207센티미터) 가빈 슈미트가 들어왔다. 시즌 개막을 앞두고 외국인 선수를 교체한 팀도 있었다. 한국전력은 팀의 첫 외국인 선수로 브룩 빌링스(미국)를 영입했다. 그러나 그가 컵대회에서 두 경기(9세트)에 출전해 45점을 올리는 등 기대에 모자라자 구단은 다시 조엘 셔멀랜드(캐나다)로 교체했다. 대한항공도 칼라와의 재계약을 포기하고 다나일 밀류셰프(불가리아, 등록명 밀류세프)와 사인했다. LIG손해보험도 카이와 결별하고 카를로스 테헤다(베네수엘라, 등록명 피라타)를 영입했다. 우리캐피탈은 색다른 선택을 했다. 외국인 선수 자리에 아포짓이나 아웃사이드 히터가 아니라 센터를 선택해 블라도 페트코비치(세르비아)가 유니폼을 입었다.

드래프트 파동

대학배구연맹은 신인 드래프트에 앞서 리그 각 팀에 대학 졸업 예정 선수들을 2명씩 의무적으로 지명해달라고 요구했다. 구단들이 제안을 거부하면서 결국 드래프트가 제 날짜에 열리지 못했다. 파행을 막기 위해 의견을 다시 조율한 결과 대학배구연맹은 '수련선수를 포함해 15명 이상 지명'한다는 조건으로 조정했다. 구단들이 이를 받아들이면서 시즌이 개막한 뒤인 11월 13일 드래프트가 열렸다.

그런데 당초 드래프트에 참가하려던 장신 아웃사이드 히터 박준범(당시 한양대 3학년)은 프로 데뷔 기회를 한 해 뒤로 미뤘다. 사실 한국배구연맹은 그해부터 드래프트에 대학 졸업 예정자가 아니더라도 참가할 수 있게 얼리 엔트리를 허용했다. 그러나 대학배구연맹이 3학년 선수를 지명하지 않기로 한국배구연맹과 합의하면서 박준범이 드래프트 참가를 철회했다. 그는 대학 졸업반이 되는 다음 시즌에 드래프트에 참가했다.

늦게 열린 드래프트에선 우리캐피탈이 1라운드 1~4순위 우선지명권을 갖고 있었다. 전체 1순위에는 강영준이 뽑혔다. 그리고 수련선수를 포함해 총 18명이 지명됐다: 강영준, 김현수, 김광국, 김태진, 김주현(이상 우리캐피탈), 정기혁, 조용욱(이상 LIG손해보험), 박성률, 이시인, 김완준(이상 한국전력), 권혁모, 이지환(이상 대한항공), 한상길, 김대경(이상 현대캐피탈), 신요한, 신으뜸, 김홍정(이상 삼성화재).

드래프트 파동에 앞서 사건이 하나 더 있었다. 9월 17일 태릉선수촌에서 선수 폭행 사건이 발생한 것. 아시아선수권 준비를 위해 대표팀이 소집된 가운데 박철우가 이상렬 코치에게 폭행당했다. 박철우는 당일 선수촌을 나와 다음 날 기자회견을 열고 폭행을 당한 일을 직접 밝혔다. 선수가 전치 3주 진단을 받은 뒤 대한배구협회는 이 코치에 대해 무기한 자격정지 처분을 내렸다. 태릉선수촌에서 일어난 일이라 대한체육회에서도 당시 사건을 심각하게 바라봤다. 결국 박철우가 대표팀에서 제외되고 이 코치를 비롯해 당시 대표팀의 지휘봉을 잡고 있던 김호철 감독도 함께 팀을 떠났다. 이에 따라 대표팀은 차상현 트레이너(당시 상무 코치)가 감독대행을 맡게 되는 등 파장이 컸다. 대표팀은 9월 27일부터 10월 5일까지 필리핀 마닐라에서 열린 아시아선수권에서 3위를 차지했다. 준결승에서 이란에 풀세트 접전 끝에 2-3으로 진 뒤 3·4위전에서 중국에 3-1로 이겼다.

막내 구단

마침내 우리캐피탈이 리그 정식 경기에 나섰다. 서울을 연고지로 정하고 장충체육관을 홈코트로 사용하게 됐다. 준비하는 과정에서 권순찬 코치도 새로 코칭스태프에 합류했다. 그런데 우리캐피탈의 장충 홈경기 데뷔전은 다소 뒤로 미뤄졌다. 보수 공사 때문에 장충체육관을 2010년 1월 13일까지 사용할 수 없게 돼 당분간 다른 팀의 구장을 임시 홈코트로 이용했다.

11월 1일 시즌 개막전이 대전 충무체육관에서 열렸다. 지난 시즌 챔피언결정전에서 만난 두 팀이 붙은 가운데 삼성화재가 3-1로 이겼다. 현대캐피탈은 좌우 쌍포로 나선 앤더슨과 박철우가 39점을 합작하지만 가빈 한 명을 당해내지 못했다. 가빈은 혼자 49점을 올리며 리그 최고의 외국인 선수라는 기대를 이어갔다.

우리캐피탈의 첫 경기 상대는 상무였다. 풀세트까지 가는 접전 끝에 2-3으로 지지만 만만찮은 전력을 보였다. 최귀엽이 28점, 안준찬이 15점을 올리고 미들 블로커 듀오 신영석과 박상하가 6블로킹에 26점을 합작했다. 베테랑 손석범도 7점을 올리고 블라도도 5점으로 거듭었다. 상무는 김정훈이 29점을 올리며 공격을 주도하고 양성만과 전창희, 김민욱, 홍정표 등도 모두 두 자릿수 득점을 냈다.

우리캐피탈은 대한항공전에서도 5세트까지 승부를 끌고 가고 (2-3 패) 디펜딩 챔피언 삼성화재와의 맞대결에서도 한 세트를 따냈다. 기다리던 첫 승은 11월 19일 나왔다. 수원체육관에서 한국전력을 상대로 치른 원정 경기에서 3-2로 이겼다. 그날 안준찬이 21점, 최귀엽이 17점을 올리고 신영석과 박상하가 24점을 합작했다. 전체 1순위로 지명된 신인 강영준도 11점을 내며 뒤를 잘 받쳤다. 오프시즌 동안 강만수 감독에게 지휘봉을 맡긴 한국전력은 새 외국인 선수 계약이 뒤로 밀리면서 국내 선수들로만 시즌을 시작했다. 그날 정평호와 이병주가 각각 20점을 올리고 신구 조화를 이룬 미들 블로커진 최석기와 방신봉이 8블로킹에 25점을 합작하지만 우리카드의 패기에 밀렸다.

1라운드엔 LIG손해보험의 선전이 가장 주목받았다. 이경수가 부상으로 빠진 상황에서 김요한과 피라타 쌍포가 힘을 냈다. 또 11월 7일 삼성화재와의 홈경기에서 3-0으로 승리를 거두는 등 1라운드에 전승을 거뒀다. 김요한이 11월 월간 MVP에 이름을 올릴 정도로 활약이 컸다(한국배구연맹은 지난 시즌과 달리 월간 MVP를 시상하는데 2011/12시즌 다시 라운드 MVP로 변경한다).

삼성화재는 저력을 보였다. 2라운드에 들어 전승을 거두며 순위를 끌어올렸다. 그 중심에 가빈이 있었다. 그는 2라운드에만 두 차례 트리플 크라운을 작성하며 주포로 맹활약했다. 12월 MVP도 차지했다. LIG손해보험도 2라운드에 4승 2패를 거둬 상승세를 이어갔다.

반면 대한항공은 좀처럼 치고 나가지 못했다. 11월 29일 LIG손해보험에, 12월 6일 삼성화재에 연달아 1-3으로 덜미를 잡혔다. 그러자 구단이 결단을 내렸다. 12월 11일 진준택 감독을 총감독으로 돌리고 오프시즌에 센터 인스트럭터로 영입한 신영철 전 LG화재 감독에게 대행을 맡겼다. 감독대행 체제에서 출발이 버거웠다. 대한항공은 3라운드 두 번째 상대인 한국전력과의 홈경기에서 1-3으로 패했다. 그날 한국전력은 새 외국인 선수 조엘이 24점, 정평호가 18점을 올리며 기염을 토했다.

그러나 대한항공은 그 경기를 기점으로 분위기를 일신했다. LIG손해보험과의 경기에서 3-0으로 이기고 현대캐피탈과 삼성화재에도 풀세트 접전을 치러 모두 이겼다. 주포 역할을 기대하던 밀류세프가 제 기량을 보여주지 못하는 중에도 신영수와 김학민 토종 쌍포가 힘을 냈다. 김영래가 상무에 입대한 뒤 주전 센터로 자리 잡은 한선수도 뒤를 잘 받쳤다. 대한항공은 4라운드 삼성화재와의 맞대결에서도 3-0으로 승리를 거두는 등 10연승으로 신바람을 냈다. 한선수가 1월 MVP에 선정됐다.

4라운드에 대한항공과 현대캐피탈에 덜미를 잡힌 삼성화재는 5라운드에 들어 다시 숨을 고르며 전승으로 내달렸다. 가빈이 여전한 중에 베테랑 센터 최태웅, 석진욱, 손재홍, 리베로 여오현이 버티는 리시브와 수비 라인이 단단했다.

승부수

대한항공과 현대캐피탈은 5라운드를 앞두고 외국인 선수 교체 카드를 꺼냈다. 대한항공은 밀류세프와의 계약을 해지하고 2006/07시즌 삼성화재에서 뛰며 공격력이 검증된 레안드로를 영입했다. 그렇게 레안드로는 2007/08시즌 일본리그의 도레이로 이적한 지 3시즌 만에 다시 V리그로 돌아왔다.

현대캐피탈은 예상 밖의 선택을 했다. 기량이 검증된 앤더슨을 내보내는 강수를 뒀다. 당시 김호철 감독과 구단은 그의 공격력이 가빈에 비해 모자라다고 판단했다. 게다가 시즌을 한창 치르는 중에 급작스러운 부친상 비보를 접한 뒤 컨디션이 뚝 떨어졌다. 그를 대신해 베테랑 아포짓인 오스발도 에르난데스(쿠바)가 현대캐피탈의 유니폼을 입었다. 그러나 에르난데스는 합류한 뒤 기대에 모자란 활약을 보였나. 그는 당시 국내 선수와 외국인 선수 통틀어 가장 나이가 많았는데(40세) 결국 체력적인 부분이 발목을 잡았다. 59.02퍼센트의 높은 공격성공률에도 정규리그 9경기(23세트)에 나와 114점을 내는 데 그쳤다.

한편 LIG손해보험은 4라운드부터 조금씩 순위 경쟁에서 힘이 부치기 시작했다. 1월 19일 대한항공전에서 1-3으로 패했다. 중위권 순위 경쟁에서 가장 중요한 경기로 꼽힌 1월 30일 현대캐피탈과의 원정 경기에서도 2-3으로 졌다. 김요한이 33점, 피라타가 26점을 올리는 중에 5세트 듀스 접전에서 고개를 숙였다. 그날 박철우가 리그 출범 후 처음으로 한 경기 50점 고지에 올랐다. 그는 블로킹 1개와 서브 에이스 2개를 제외하고 공격으로만 47점을 내며 현대캐피탈 승리의 주역이 됐다.

삼성화재는 마지막 6라운드에 대한항공과 우리캐피탈에 패하지만 선두 유지에는 큰 영향이 없었다. 최태웅이 2월 MVP에, 석진욱이 3월 MVP에 선정될 정도로 활약을 이어간 덕에 30승 6패로 정규리그를 1위로 마치고 챔피언결정전 직행 티켓을 손에 넣었다.

LIG손해보험은 봄배구로 가는 문턱을 넘지 못했다. 6라운드에 삼성화재전(2-3 패)을 빼고 5승을 거둬 선전하지만 4, 5라운드에 당한 패배가 발목을 잡았다. 24승 12패로 대한항공(25승 11패)에 1승 차로 4위에 자리해 플레이오프 진출이 무산됐다. 대한항공은 3위에 올라 2위 현대캐피탈(26승 10패)과 플레이오프에서 만나게 됐다.

현대캐피탈은 6라운드 막판이던 3월 27일 대한항공과의 홈경기에서 3-1로 이겨 2위를 확정했다. 선발 아포짓으로 나온 에르난데스가 13점으로 다소 부진한 중에 3, 4세트에 선발로 나온 박철우가 16점을 올리고 이선규와 하경민이 9블로킹에 26점을 합작했다. 장영기도 10점을 올리며 뒤를 잘 받쳤다. 대한항공은 레안드로가 18점, 김학민이 12점을 올리고 신영수가 8점으로 다소 부진한 바람에 화력 대결에서 밀렸다.

우리캐피탈은 두 자릿수 승수를 거두며 첫 시즌을 마쳤다. 10승 26패로 5위에 오르며 리그 참가 경력으로는 '형님 팀'들인 한국전력(8승 28패)과 상무(3승 33패)보다 높은 곳에 자리했다.

다시 통합우승

플레이오프 승부는 예상과 달리 한 팀의 일방적인 우세 속에 끝났다. 현대캐피탈이 대한항공을 상대로 3연승을 거둔 끝에 삼성화재와 봄배구 마지막 승부를 갖게 됐다. 3월 31일 플레이오프 1차전에선 현대캐피탈이 3-1로 이겼다. 1세트와 2세트는 팽팽했다. 1세트 29-29 듀스 상황에서 에르난데스의 오픈공격이 통해 30-29 리드를 잡고 다음 랠리에서 신영수가 때린 스파이크가 라인을 벗어나면서 현대캐피탈이 1세트를 가져갔다. 2세트도 후반에 명암이 교차했다. 대한항공의 미들 블로커 이동현이 시도한 속공을 이선규가 가로막아 24-22 세트포인트를 만들며 흐름을 가져왔다. 대한항공이 한 점을 만회하지만 송인석이 퀵오픈에 성공해 25-23으로 세트 승부를 마무리했다. 대한항공이 반격에 나서 3세트를 따낸 다음 다시 현대캐피탈이 4세트를 획득해 1차전을 마쳤다.

다음 날 열린 2차전에서도 현대캐피탈이 25점을 올린 에르난데스의 활약 덕에 웃었다. 대한항공은 레안드로가 16점, 신영수가 13점을 올리고도 역부족해 0-3으로 패했다. 4월 3일 인천에서 열린 3차전에서도 현대캐피탈은 다시 한 번 에르난데스가 힘을 냈다. 그가 24점을 올리며 주포 노릇을 하고 이선규와 하경민이 7블로킹에 21점으로 힘을 보탰다. 대한항공은 김학민이 18점, 신영수가 15점을 올리는 중에 레안드로가 8점에 공격성공률 33.33퍼센트로 부진한 게 뼈아팠다.

삼성화재와 현대캐피탈이 다시 만난 챔피언결정전은 마지막까지 승부를 예측하기 어려웠다. 지금까지도 역대 시리즈 명승부 중 하나로 꼽힌다. 삼성화재가 4차전까지 3승 1패로 현대캐피탈에 앞서고 있었다. 그때만 해도 삼성화재가 비교적 쉽게 우승을 차지할 것처럼 보였다. 그러나 현대캐피탈은 그대로 주저앉지 않았다.

4월 16일 천안에서 열린 5차전에서 3-1로 이겼다. 박철우가 27점, 장영기가 17점으로 힘을 내 35점을 올린 가빈의 삼성화재를 앞섰다. 4월 18일 대전으로 장소를 이동해 열린 6차전. 현대캐피탈이 기어코 승부를 마지막 7차전까지 끌고 가는 데 성공했다. 그날 현대캐피탈이 풀세트 접전 끝에 3-2로 삼성화재를 꺾었다. 박철우가 16점을 올리고 교체로 나온 에르난데스가 고비마다 공격에 성공해 9점으로 뒤를 받쳤다. 미들 블로커 이선규와 하경민은 블로킹 2개에 23점을 합작했다. 임시형과 장영기도 각각 8점을 올리고 센터 권영민도 3블로킹을 잡아내며 5점을 기록했다. 삼성화재는 가빈이 38점, 고희진이 4차례 가로막기에 14점을 올리고 손재홍과 석진욱이 20점을 합작한 중에 마지막 5세트에서 집중력이 떨어졌다.

4월 19일 열린 7차전도 앞선 1, 4, 6차전과 마찬가지로 또다시 5세트까지 진행됐다. 양 팀의 아포짓 간 화력 대결에 초점이 맞춰진 가운데 가빈이 50점, 박철우가 31점을 올렸다. 마지막에 웃은 쪽은 디펜딩 챔피언 삼성화재였다. 그날 경기에서 3-2로 현대캐피탈을 제치고 챔피언결정전 정상에 오르며 다시 통합우승을 달성했다. 7차전 5세트에서 신치용 삼성화재 감독이 최태웅을 대신해 유광우를 선발 세터로 기용한 것이 적중했다. 유광우는 가빈에게 패스를 거의 몰아줬다. 가빈은 기대에 걸맞은 활약을 보였다. 그는 5세트에만 8점을 올리며 최종 공격점유율 86.67퍼센트, 공격성공률 61.54퍼센트를 기록했다.

그런 활약 때문에 해당 시리즈를 통해 삼성화재는 '가빈화재'라는 별칭을 듣기도 했다. 그 정도로 가빈이 차지하는 비중이 컸다. 그는 정규리그와 챔피언결정전 MVP 모두에 이름을 올렸다. 올스타전 MVP까지도 차지했다. 정규리그에서도 공격상과 득점상, 서브상 등을 수상했다. 신치용 감독은 우승팀 사령탑 자격으로 감독상을 받았다. 통합우승에 힘을 보탠 리베로 여오현은 수비상과 리시브상 외에도 개인 통산 5천 디그 달성에 따른 특별상을 받았다. 신인상은 신영석이, 블로킹상은 하경민이, 세터상은 한선수가 받았다. 기량발전상은 전역하고 상무에서 LIG손해보험으로 복귀한 미들 블로커 김철홍이, 세리머니상은 최석기가 받았다. 리그 시상식에서 수여된 베스트드레서상엔 강영준이 뽑혔다. 이재선 주심과 강만수 선심은 심판상 수상자가 됐다. 한편 정규리그에서 트리플 크라운은 모두 4차례 나왔다. 가빈이 두 차례, 김학민과 피라타도 각각 한 차례씩 달성했다.

롤러코스터

V-LEAGUE 2010/11 시즌

드디어 남자부에도 FA 제도가 도입됐다. 아마추어 초청팀 자격인 상무의 소속 선수들을 제외하고 프로 6개 팀 소속의 선수들 중에서 22명이 FA 자격을 얻었다. 김형우, 신영수, 이동현(이상 대한항공), 고희진, 석진욱, 손재홍, 신선호, 여오현, 최태웅(이상 삼성화재), 이동엽(우리캐피탈), 권영민, 박철우, 송인석, 오정록, 윤봉우, 이선규, 하경민, 후인정(이상 현대캐피탈), 이경수, 하현용(이상 LIG손해보험), 정평호(한국전력) 등이 FA 협상에 나섰다. 2차 협상 마지막 날인 2010년 5월 31일 FA 시장에서 최대어로 꼽히던 박철우가 연봉 3억 원을 받는 조건으로 삼성화재로 유니폼을 바꿔 입었다. 그가 당시 FA를 통해 이적한 유일한 선수였다. 대한항공과 삼성화재, LIG손해보험, 한국전력 모두 집토끼 단속에 성공했다. 그러나 세터 이동엽은 소속 팀을 찾지 못하고 결국 은퇴를 선택했다(실업팀 화성시청으로 옮겨 선수 생활을 이어가다가 2012/13시즌 한국전력의 유니폼을 입고 리그로 복귀했다. 다시 화성시청으로 옮긴 다음 2013/14시즌 국립경상대 코치를 맡으며 지도자 생활을 시작했다).

박철우의 이적에 따른 후폭풍도 있었다. 삼성화재의 보호선수 명단에서 주전 센터 최태웅이 풀리면서 현대캐피탈이 그를 보상선수로 지명했다.

오프시즌에 트레이드도 활발히 성사됐다. 이형두가 최태웅과 함께 현대캐피탈의 유니폼을 입었다. 현대캐피탈은 대대적인 선수단 개편에 나서 장신 센터 송병일을 우리캐피탈로, 미들 블로커 하경민과 아웃사이드 히터 임시형을 한국전력으로 보냈다. 2008/09시즌 신인 드래프트에서 한국전력이 전체 1순위로 지명한 문성민에 내해 현대캐피탈이 그 보유권을 가져가는 조건으로 트레이드를 진행하는 과정에서 하경민과 임시형이 이적한 것이다. 문성민은 독일과 튀르키예 리그에서 두 시즌을 보내고 그해 복귀했다.

2010년 9월 28일 서울 청담동 리베라호텔의 몽블랑홀에서 신인 드래프트가 열렸다. 수련선수 6명을 포함해 총 23명이 프로팀의 지명을 받았다. 한국전력이 전체 1순위로 한양대에서 장신 아웃사이드 히터로 주목받은 박준범을 뽑았다. 팀별로 지명된 선수는 다음과 같다: 박준범, 김천재, 엄완용(이상 한국전력), 박주형, 김정환, 엄경섭, 민경환(이상 우리캐피탈), 정성민, 유재민, 이승진, 김보균, 이승룡(이상 LIG손해보험), 곽승석, 백광언, 조성철, 임승재(이상 대한항공),

이효동, 신동광, 이창한(이상 현대캐피탈), 지태환, 이재목, 우승진, 이준원(이상 삼성화재).

상무는 팀 명칭이 바뀌었다. 지난 시즌 사용한 신협 상무라는 이름이 상무 신협으로 바뀌었다. 연고지도 생겼다. 여자부 한국도로공사가 구미에서 성남으로 이전함에 따라 성남체육관을 공동 홈코트로 사용하게 됐다. 상무가 성남을 연고지로 삼은 건 당시 국군체육부대가 성남 창곡동에 자리하고 있어서였다(국군체육부대는 이후 위례 신도시가 개발됨에 따라 2013년 9월 경북 문경으로 이전했다).

한편 7구단 체제가 되면서 포스트시즌에 준플레이오프가 도입됐다. 포스트시즌에 상위 3개 팀이 나서는 것에서 상위 4개 팀이 나서는 것으로 바뀌면서 3위와 4위(성적 등 제한 없이 확정적 진출) 팀이 3전 2승제의 준플레이오프를 치르게 됐다. 거기서 승리한 팀이 2위 팀과 플레이오프(5전 3승제)를 갖고 플레이오프 승리 팀이 1위 팀과 챔피언결정전(7전 4승제)를 갖는다.

최하위 삼성화재

2010년 광저우 아시안게임 일정 때문에 시즌 개막이 다소 늦어졌다. 신치용 삼성화재 감독이 지휘봉을 잡은 대표팀이 2002년 부산 대회와 2006년 도하 대회에 이어 3연속으로 금메달 도전에 나섰다. 그러나 준결승전에서 만난 일본에 덜미를 잡혀 동메달에 만족해야 했다.

2010년 12월 4일 시즌 개막전은 삼성화재와 현대캐피탈의 리턴매치로 열렸다. 삼성화재가 안방인 대전에서 3-1로 이겼다. 리그 2년차를 맞이한 가빈은 여전했다. 34점을 올리며 삼성화재 승리의 주역이 됐다. FA 이적생 박철우도 친정 팀을 상대로 12점을 기록했다. 미들 블로커 고희진은 9블로킹에 11점을 올리며 높이에서 상대인 이선규와 윤봉우에게 밀리지 않았다. 문성민이 결장한 현대캐피탈은 주상용과 엑토르 소토(푸에르토리코) 쌍포로 맞섰다. 두 선수가 각각 17점과 14점을 올리지만 팀 패배로 빛이 바랬다. 최태웅은 선발 세터 자리를 권영민에게 양보하고 교체로 코트에 투입됐다.

한편 한국배구연맹은 시즌 개막 전인 9월 상벌위원회를 열어 2008/09시즌 신인 드래프트 당시 문성민이 드래프트를 거부한 점을 확인하고 징계를 논의했다. 그해 11월 문성민은 징계금 1천만 원과 1라운드 출장정지 처분을 받았다. 그에 따라 그는 2라운드에 가서야 리그 데뷔전을 치를 수 있었다.

신영철 감독 체제로 새롭게 닻을 올린 대한항공은 12월 5일 LIG손해보험과의 홈경기에서 팀 개막전 승리를 신고했다. 김학민과 에반 페이텍(미국) 좌우 쌍포가 각각 25점과 20점을 올리며 3-1 승리를 이끌었다.

LIG손해보험도 김상우 감독이 대행 꼬리표를 떼고 정식 감독이 됐다. 12월 8일 우리캐피탈전에서도 패하지만 12월 11일 구미에서 열린 삼성화재전에서 3-0으로 이겨 시즌 첫 승을 신고했다. 삼각 편대 김요한과 이경수, 밀란 페피치(보스니아)가 각각 15점, 14점, 13점으로 고르게 활약했다. 그날 삼성화재는 가빈이 18점을 기록하고 박철우가 6점에 그쳤다.

　그렇게 삼성화재는 시즌 초반 비상등이 켜졌다. LIG손해보험전에 앞서 12월 9일 성남체육관에서 열린 상무와의 원정 경기에서도 2-3으로 덜미를 잡혔다. 삼성화재가 1, 2세트를 먼저 내주고 끌려가다가 3, 4세트를 가져가며 세트 균형을 맞췄다. 그러나 5세트에 고개를 숙이고 경기를 내줬다. 그날 상무는 강동진과 하현용, 홍정표, 황성근, 양성만 등 선수 다섯이 모두 두 자릿수 점수를 내며 대어를 잡은 동시에 팀의 시즌 첫 경기를 승리로 장식해 겹경사를 누렸다.

　삼성화재는 12월 18일 대한항공전에서도 1-3으로 졌다. 12월 22일 우리캐피탈전에서 3-1로 이겨 겨우 3연패를 끊은 뒤 12월 25일 안방에서 만난 한국전력에 0-3으로 또 덜미를 잡혔다. 한국전력전에선 가빈이 22점을 올리고도 국내 선수들의 지원이 부족했다. 그날 한국전력은 밀로스 출라피치(몬테네그로)가 21점, 신인 박준범이 19점, 이적생 하경민이 블로킹 3개에 7점을 올리며 화력 대결에서 밀리지 않았다.

　대한항공은 1라운드에 전승을 거둬 상승세를 이어갔다. 개막 후 2연패를 당해 주춤하던 현대캐피탈도 이후 4연승으로 내달렸다. 반면 삼성화재는 2승 4패라는 성적을 냈다.

　삼성화재의 부진은 2라운드에도 계속됐다. 2011년 1월 2일 안방에서 열린 현대캐피탈과의 맞대결에서 3-1로 승리한 뒤에도 2라운드에 더 이상 승수를 추가하지 못했다. 1월 4일 우리캐피탈에 0-3으로 패했다. 그날 가빈이 23점을 올리지만 안준찬과 강영준, 신영석, 김정환 등 국내 선수들이 고르게 활약한 우리캐피탈에 밀렸다. 1월 6일 상무에도 1-3으로 패했다. 가빈이 46점, 박철우가 12점, 고희진이 4블로킹에 8점을 올리고도 양성만과 강동진, 하현용 삼각 편대가 제 몫을 한 상무를 넘지 못했다. 두 경기 모두 안방에서 당한 패배라 삼성화재엔 충격이 더욱 컸다.

삼성화재는 1월 8일 수원체육관에서 열린 한국전력전에서도 0-3으로 고개를 숙였다. 박철우가 26점, 김정훈이 11점을 올린 중에 가빈이 빠진 자리를 메우지 못했다. 한국전력은 박준범과 밀로스가 각각 16점을 올리고 베테랑 미들 블로커진 방신봉과 하경민이 8블로킹에 18점을 합작하며 기분 좋은 승리를 거뒀다.

2라운드엔 상무의 선전이 돋보였다. 한국전력과의 라운드 첫 경기에서 풀세트 접전 끝에 3-2로 이기고 삼성화재를 비롯해 우리캐피탈, 대한항공에도 연거푸 3-2로 승리했다. 공격에서 양성만과 강동진, 하현용에 홍정표까지 힘을 보태며 매운 맛을 보여 2라운드에만 4승을 챙겼다.

대한항공은 김학민과 에반 쌍포를 앞세워 시즌 개막 후 7연승으로 내달리다 1월 1일 인천에서 열린 LIG손해보험전에서 0-3으로 덜미를 잡히며 상승세가 한풀 꺾였다. LIG손해보험은 페피치와 김요한, 이경수 삼각 편대가 힘을 낸 덕에 순위 경쟁에서 잘 버텼다.

삼성화재는 2라운드 종료 시점에 최하위까지 떨어졌다. 리그가 출범한 뒤 처음으로 순위표 가장 아래 자리로 내려간 것. 부진의 가장 큰 원인으로는 주전 아웃사이드 히터 중 한 명인 석진욱의 결장이 꼽혔다. 석진욱은 광저우 아시안게임에 참가했다가 일본과의 준결승 도중 무릎을 다쳤다. 시즌 아웃이 예상될 정도로 부상이 심했다. 석진욱이 빠진 채 시즌을 시작한 삼성화재는 리베로 여오현이 버티는 중에도 또 다른 아웃사이드 히터 손재홍까지 컨디션이 뚝 떨어지면서 서브 리시브와 수비에서 흔들렸다. 그리고 박철우가 새로운 팀에 잘 녹아들지 못하면서 공격 루트가 단순해지는 경기를 자주 치렀다.

중위권 경쟁

3라운드엔 우리캐피탈이 선전했다. 우리캐피탈은 지난 시즌이 끝난 뒤 블라도와 결별하고 숀 파이가(이스라엘)로 교체했다. 센터인 블라도와 달리 신장 203센티미터의 아포짓이라 많은 기대를 모았다. 그러나 파이가는 8경기(22세트)에 나와 79점을 올리는 데 그쳤다. 12월 5일 인천에서 열린 한국전력전(당시 우리캐피탈은 장충체육관 보수 공사 때문에 1, 2라운드는 홈경기를 다른 곳에서 치름)에 처음 투입돼 18점을 올리며 3-0 승리를 이끌었다. 그러나 이후 들쑥날쑥한 기량을 보였다. 12월 12일 현대캐피탈전에서 다시 한 번 18점을 올려 상승세로 돌아서나 하지만 그 경기뿐이었다. 결국 12월 30일 대한항공전이 고별 무대가 됐다.

우리캐피탈은 대체할 외국인 선수를 찾다가 결국 국내 선수들만으로 남은 일정을 치르기로 했다. 하지만 팀의 3라운드 첫 경기이자 장충체육관 첫 홈경기인 대한항공전에서 3-2로 승리했다. 2011년 1월 25일 같은 장소에서 열린 삼성화재전에서도 3-0으로 이기는 등 만만찮은 실력을 보였다. 두 경기에서 강영준과 안준찬, 김정환, 박주형, 신영석 등이 힘을 냈다.

삼성화재는 우리캐피탈과 한국전력에 덜미를 잡히지만 상무와의 경기에서 풀세트 접전 끝에 3-2 승리를 거둔 뒤 대한항공과 현대캐피탈, LIG손해보험에 연이어 승리를 거둬 3라운드에 4승 2패로 분위기를 반전했다. 아무래도 가빈과 박철우 좌우 쌍포가 제 몫을 한 부분이 컸다.

LIG손해보험은 페피치가 건재한 중에 이경수와 김요한이 부상 때문에 번갈아 가며 결장하는 경기가 늘어나면서 3라운드에 2승을 더하는 데 그쳤다. LIG손해보험과 우리캐피탈, 한국전력 세 팀의 중위권 순위 경쟁은 갈수록 치열해졌다.

4라운드에 들어 현대캐피탈이 힘을 냈다. 소토가 기복이 있는 플레이를 보이는 중에도 문성민을 중심으로 윤봉우와 이선규, 한상길이 버티는 미들 블로커진의 높이를 앞세워 4라운드에 4승 2패를 수확했다. 특히 2월 13일 대전에서 열린 삼성화재와의 원정 경기에서 풀세트까지 가는 접전 끝에 3-2로 이겨 상승세를 이어갔다. 그날 삼성화재는 가빈이 42점, 박철우가 15점, 고희진이 10점을 올리고도 뒷심에서 밀렸다. 현대캐피탈은 문성민이 31점, 소토가 16점, 한상길이 13점, 윤봉우가 3블로킹에 9점을 내며 승부에서 웃었다.

대한항공은 4라운드 초반 한국전력, 우리캐피탈과 연달아 풀세트 경기를 치렀다. 두 경기에서 모두 승리를 거둬 고비를 넘어 순항했다. 그렇게 4라운드에 전승(6승)한 끝에 선두를 지켰다.

마지막 5라운드에도 대한항공은 상승세를 이어갔다. 3월 8일 현대캐피탈과의 원정 경기에서 0-3으로 진 것을 빼면 5승을 더했다. 결국 3월 10일 한국전력과의 홈경기에서 3-1로 이겨 정규리그 1위를 확정했다. 김학민과 에반 쌍포가 각각 18점과 20점을 올리고 미들 블로커 신경수가 12점을 더했다. 그날 한국전력은 박준범이 20점, 밀로스가 18점, 방신봉이 11점을 올리며 분전하지만 대한항공의 기세를 넘지 못했다. 그렇게 대한항공은 리그 출범 후 처음으로 정규리그 1위를 차지해 챔피언결정전 직행 티켓을 손에 넣었다.

삼성화재는 까먹던 승수를 4라운드부터 만회했다. 가빈과 박철우 좌우 쌍포가 힘을 내고 고희진과 조승목이 버티는 미들 블로커 진도 쏠쏠하게 활약했다. 경기를 치를수록 세터 유광우와 손발이 잘 맞아간다는 점도 작용했다. 삼성화재는 5라운드에도 5승(1패)을 거둬 3위를 확보했다. 2월 26일 5라운드 첫 상대인 LIG손해보험과의 원정 경기에서 3-0으로 승리하고 3월 1일 현대캐피탈과의 원정 경기에서도 3-1로 이겨 LIG손해보험과의 3위 경쟁에서 우위를 점했다. 삼일절에 현대캐피탈은 문성민이 21점, 소토가 20점을 올리지만 36점을 기록한 가빈을 넘지 못했다. 그날 삼성화재는 김정훈과 조승목이 각각 8점을 더하며 깜짝 활약했다. 결국 3월 7일 안방에서 치른 한국전력전에서 3-2로 승리해 LIG손해보험의 추격을 잘 따돌렸다. 당시 가빈과 박철우 쌍포가 57점을 합작했다. 한국전력은 밀로스와 박준범, 이영준, 방신봉 등 넷이 두 자릿수 득점을 올리며 0-2로 끌려가던 경기를 2-2까지 만들지만 5세트 화력 대결에서 밀렸다.

LIG손해보험은 삼성화재와의 맞대결에서 패한 게 3위 경쟁에 치명적이었다. 그러나 우리캐피탈과 한국전력이 주춤한 틈을 타 승수를 잘 챙겼다. 3월 2일 한국전력과의 경기, 3월 8일 우리캐피탈과의 경기에서 모두 3-0 승리를 거둬 순위 경쟁에서 밀리지 않았다. 김요한이 부상에서 회복해 코트로 돌아오지만 100퍼센트 컨디션이 아니었다. 그런 악재에도 LIG손해보험은 페피치와 이경수가 공격을 잘 책임졌다. 여기에 김철홍과 이종화 미들 블로커진과 임동규, 리베로로 번갈아 코트에 나선 한기호와 정성민도 비교적 잘 버텼다. 김상우 감독과 삼성화재 시절 팀 동료도 뛴 방지섭도 개막 직전 팀에 합류해 불안하던 센터 자리를 어느 정도 잘 메웠다.

LIG손해보험은 15승 15패 승률 5할을 딱 맞춰 4위로 정규리그를 마치고 준플레이오프 막차를 탔다. 2005/06시즌 이후 5시즌 만에 나서는 봄배구였다. 25승 5패로 1위를 차지한 대한항공에 이어 현대캐피탈이 22승 8패로 2위, 삼성화재가 16승 14패로 3위에 각각 자리했다. 한국전력과 우리캐피탈이 10승 20패로 승패 동률을 이룬 상황에서 한국전력이 점수득실률에서 앞서 5위가 됐다. 한국전력은 봄배구에 나서지 못한 성적에도 리그 출범 후 처음으로 두 자릿수 승수를 거뒀다. 한편 2라운드에 기세를 올린 상무는 3~5라운드에 3승을 추가하는 데 그쳐 7승 23패로 최하위에 자리했다.

준플레이오프부터 챔피언결정전까지

처음 도입된 준플레이오프에서 삼성화재는 고전했다. 3월 16일 대전에서 열린 1차전에서 삼성화재가 LIG손해보험을 3-1로 꺾었다. 1세트를 접전 끝에 23-25로 내준 뒤 2~4세트를 연달아 가져오며 역전승했다. 가빈이 34점, 박철우가 18점을 올리며 쌍포 노릇을 톡톡히 했다. 유광우는 상대 공격을 4차례나 가로막고 서브 에이스도 3개를 기록해 8점으로 팀 승리의 주역이 됐다. LIG손해보험은 페피치가 24점, 이경수가 12점을 올리는 중에 김요한이 8점에 그쳐 1세트를 따낸 기세를 이어가지 못했다.

그러나 3월 18일 구미에서 열린 2차전에서 LIG손해보험이 시리즈 균형을 맞췄다. LIG손해보험이 먼저 1, 2세트를 연달아 따내 유리한 고지에 올랐다. 삼성화재가 가빈과 박철우를 앞세워 추격한 끝에 3, 4세트를 만회했다. 그러나 5세트 후반 상대의 추격을 잘 따돌렸다. LIG손해보험은 13-11로 앞선 상황에서 김정훈의 네트 터치 범실로 14-11 매치포인트를 맞이하고 다음 랠리에서 페피치가 승부를 결정하는 오픈공격에 성공했다. 그렇게 LIG손해보험은 팀의 봄배구 첫 승을 홈 팬들 앞에서 거뒀다. 41점을 올린 페피치가 승리의 일등 공신이 되고 이경수가 12점, 김요한이 9점을 올려 힘을 실었다. 삼성화재는 가빈이 35점, 박철우가 15점, 고희진이 9점, 김정훈이 8점을 기록했다.

하지만 3차전 승부는 삼성화재 쪽으로 기울었다. 승부처는 1세트였다. 듀스 끝에 삼성화재가 27-25로 세트를 가져갔다. 24-25로 끌려가던 중 박철우와 가빈이 시도한 오픈공격이 연달아 통해 26-25로 역전한 뒤 김정훈이 때린 서브를 이경수가 리시브해 공이 바로 네트를 넘어오자 조승목이 다이렉트 킬로 연결해 긴 세트 승부에 마침표를 찍었다. 그 결과 두 팀의 분위기가 엇갈렸다. 삼성화재가 상승세를 타고 LIG손해보험이 힘이 빠졌다. 1세트와 달리 2, 3세트를 삼성화재가 수월하게 따내며 플레이오프행 티켓을 손에 넣었다. 특히 3차전은 주포들 간의 맞대결이 볼 만했는데 34점을 올린 가빈이 22점을 기록한 페피치에게 판정승을 거뒀다.

플레이오프에서도 삼성화재가 현대캐피탈을 시리즈 전적 3승으로 꺾었다. 3월 23일 천안에서 열린 1차전에서 3-0으로 이길 때 승부처는 1세트였다. 박철우가 친정 팀을 울렸다. 29-29 상황에서 삼성화재의 박철우가 퀵오픈에 성공해 30-29 리드를 잡았다. 다음 랠리에서 또 그가 현대캐피탈의 이철규가 시도한 스파이크를 가로막은 끝에 삼성화재가 31-29로 1세트를 가져갔다. 여세를 몰아 2, 3세트까지 따냈다. 그날 삼성화재는 가빈이 31점을 올리고 높이 대결에서도 앞섰다. 박철우와 고희진이 7블로킹을 합작하는 등 블로킹에서 10대 7로 상대를 제쳤다. 현대캐피탈은 문성민과 소토 쌍포가 화력 대결에서 가빈을 넘어서지 못한 점이 아쉬운 부분이 됐다.

현대캐피탈 입장에선 다음 날 열린 2차전을 놓친 게 뼈아팠다. 삼성화재가 풀세트까지 가는 승부에서 3-2로 이겼다. 현대캐피탈은 세트 스코어 1-2로 끌려가던 중 4세트를 잡아내 마지막 5세트까지 끌고 간 것까지는 좋았다. 그러나 5세트에서 가빈을 막지 못했다. 그날 가빈은 57점을 올리며 승리의 주역이 됐다. 현대캐피탈은 소토와 문성민이 각각 25점, 21점을 올리고 윤봉우와 이선규가 10블로킹에 21점을 합작하고도 고개를 숙였다.

삼성화재는 안방에서 챔피언결정전 진출을 확정했다. 3월 26일 대전에서 열린 3차전에서 3-1로 현대캐피탈을 꺾었다. 이번에도 가빈이 펄펄 날았다. 42점을 올리고 공격성공률도 65.5퍼센트를 기록했다. 현대캐피탈은 문성민이 24점, 소토가 20점을 올리며 맞불을 놓지만 가빈과 삼성화재를 넘지 못했다.

챔피언결정전을 앞두고 승자를 점치는 예상은 대한항공 쪽으로 좀 더 기울었다. 대한항공이 정규리그에서 삼성화재에 상대 전적 4승 1패로 앞섰기 때문이다. 첫 챔피언결정전 우승에 대한 기대가 컸다. 그러나 뚜껑을 열자 삼성화재가 플레이오프에서 전승을 거둔 기세를 이어갔다. 7전 4승제로 치른 챔피언결정전에서 4연승으로 내달려 우승 트로피를 들어 올렸다. 준플레이오프를 거쳐 올라온 팀이 챔피언결정전 우승을 차지한 최초 사례였다. 대한항공은 첫 준우승에 만족해야 했다.

1차전의 승부처는 2세트였다. 1세트를 내준 삼성화재가 2세트 듀스 승부에서 균형을 맞췄다. 26-27로 끌려가던 상황에서 3연속으로 득점에 성공해 세트를 만회한 것. 우선 가빈의 공격으로 27-27 다시 듀스를 만들고 신으뜸이 시도한 스파이크로 28-27 리드를 잡은 다음 가빈이 세트 승부를 결정짓는 후위공격에 성공했다. 가빈은 1차전에서 46점을 올려 다시 한 번 승리의 주역이 됐다. 주로 교체 멤버로 출전하던 신으뜸은 선발 아웃사이드 히터 한 자리를 맡아 9점을 올리며 승리의 조연 노릇을 했다. 대한항공은 에반이 26점을 올리고 미들 블로커 이영택이 10점을 기록한 것을 빼면 김학민과 신영수 등 다른 국내 선수들의 활약도가 기대에 못 미쳤다.

4월 4일 같은 장소에서 열린 2차전에서 대한항공은 김학민과 신영수가 힘을 냈다. 삼성화재가 1, 3세트를, 대한항공은 2, 4세트를 각각 따내 풀세트까지 진행됐다. 5세트 후반에 승부가 갈렸다. 12-12에서 삼성화재가 가빈의 후위공격으로 13-12로 앞서간 뒤 두 점을 연속으로 낸 것. 유광우와 고희진의 블로킹이 빛났다. 유광우는 곽승석의 오픈공격을, 고희진은 에반의 공격을 연달아 가로막았다. 그날도 가빈은 50점을 올리며 펄펄 날았다. 신치용 삼성화재 감독은 2차전에서도 신으뜸이라는 선발 카드를 다시 꺼내는데 이번에도 잘 통했다. 그는 10점을 기록하며 활약을 이어갔다. 대한항공은 에반이 31점을 내고 김학민과 신영수도 각각 16점, 12점으로 컨디션을 끌어올렸다.

4월 7일 대전에서 열린 3차전에서도 삼성화재가 대한항공을 3-1로 꺾어 시리즈 전적 3승을 만들었다. 가빈이 43점을 올리며 해결사임을 다시 한 번 증명하고 고희진이 6블로킹에 10점을 기록해 뒤를 든든히 받쳤다. 신치용 감독은 가빈을 아포짓으로 선발 기용하고 박철우를 백업으로 돌렸다. 선발 아웃사이드 히터로 나온 신으뜸과 김정훈은 12점을 합작했다. 신영철 대한항공 감독도 1, 2차전과 다른 라인업을 선보였다. 김학민을 교체 카드로 돌리고 신영수와 에반으로 좌우 쌍포를 구성했다. 신영수와 에반이 각각 15점, 30점으로 기대에 걸맞은 활약을 하지만 대한항공의 가빈을 넘지 못했다.

4월 9일 같은 장소에서 열린 4차전에서 신영철 감독은 김학민을 다시 선발 아웃사이드 히터로 돌리고 배수의 진을 쳤다. 풀세트까지 승부를 끌고 가지만 이번에도 웃은 쪽은 삼성화재였다. 가빈이 53점을 올리며 자신이 리그 최고의 외국인 선수임을 증명하고 고희진은 고비마다 상대의 공격 흐름을 끊으며 6블로킹에 10점을 기록했다. 신으뜸도 7점을 올렸다. 대한항공은 에반이 39점, 김학민이 16점, 이영택이 10점을 올린 중에 4점에 머문 신영수의 부진이 아쉬웠다.

시리즈 전체에 걸쳐 총 192점을 쓸어 담은 가빈이 챔피언결정전 MVP에 선정됐다. 또 그는 준플레이오프와 플레이오프를 포함해 봄배구에서 삼성화재가 치른 10경기(42세트)에 모두 출전해 425점에 공격성공률 58.16퍼센트라는 성적을 냈다. 삼성화재가 '가빈화재'라고 불리는 데는 그만한 이유가 있었다. 가빈은 정규리그 MVP를 김학민에게 내주고도 득점 부문 1위에 올랐다. 신치용 감독은 다시 한 번 우승 감독상에 이름을 올렸다. 챔피언결정전 종료 후 시상식에 오른 각 부문 수상자는 다음과 같다.

김학민이 공격상을, 에반이 서브상을 받아 준우승에 그친 마음을 달랬다. 박준범이 신인상을, 방신봉이 블로킹상을 받으면서 한국전력은 수상자 둘을 배출했다. 대한항공에선 김학민과 에반 외에도 리베로 최부식이 수비상을, 한선수가 세터상을 받았다. 기량발전상은 LIG손해보험의 미들 블로커 정기혁이, 페어플레이상은 우리캐피탈의 신영석이, 세리머니상은 현대캐피탈의 한상길이 받았다. 또 우리캐피탈의 김정환이 베스트드레서로 선정됐다.

V-LEAGUE 2011/12 시즌 — 큰 고비를 넘다

 승부 조작이라는 큰 사건이 일어나는 등 다사다난한 시즌이었다. 먼저, 2011년 3월 동일본 대지진의 여파로 그해 4월 일본 사이타마현에서 치르기로 한 한일 톱매치가 무산됐다.
 8월 21일 수원체육관에서 열린 컵대회 결승전에선 대한항공이 우리캐피탈을 3-0으로 꺾고 우승했다. 1세트 듀스 승부에서 27-25로 이긴 뒤 2, 3세트는 비교적 쉽게 세트를 따내며 경기를 마쳤다. 22점을 올린 김학민이 대회 MVP에 뽑혔다.
 FA 시장에선 대한항공의 리베로 최부식, 우리캐피탈의 세터 송병일, 현대캐피탈의 아웃사이드 히터 송인석, 한국전력의 미들 블로커 방신봉이 FA 자격을 얻은 가운데 대부분 원 소속 팀과 계약했다. 방신봉만 미계약 선수로 남아 있다가 결국 한국전력 잔류를 선택했다.

10월 14일 신인 드래프트에선 확률추첨제가 아니라 직전 시즌 성적의 역순으로 지명권이 주어졌다. 31명이 참가한 가운데 수련선수 3명을 포함해 총 24명이 지명됐다: 최홍석, 김명길, 조민(이상 우리캐피탈), 서재덕, 조현욱, 김정석, 박영호(이상 한국전력), 부용찬, 이정준, 권준형, 김민식, 김지우(이상 LIG손해보험), 최민호, 강선구, 강민우(이상 현대캐피탈), 류윤식, 심홍석, 조국기, 이보규(이상 대한항공), 전진용, 고준용, 박홍범, 목진영, 박진영(이상 삼성화재).

외국인 선수 중에선 가빈이 삼성화재의 유니폼을 다시 입고 세 번째 시즌을 맞이했다. 안젤코는 한국전력과 계약하며 2008/09시즌 이후 두 시즌 만에 다시 리그 코트로 돌아왔다. 지난 시즌 좋은 활약을 보인 페피치도 LIG손해보험과 재계약했다. 현대캐피탈은 댈러스 수니아스(캐나다)를, 대한항공은 마틴 네메츠(슬로베니아)를, 우리캐피탈은 라이언 오웬스(미국)를 새로 데려왔다.

사령탑에 변화가 있는 팀도 있었다. 현대캐피탈은 김호철 감독을 총감독으로 돌리고 팀의 전신인 현대자동차써비스에서 선수로 뛰고 예전에 팀 코치를 지낸 바 있는 하종화 감독에게 지휘봉을 맡겼다. 한국전력도 강만수 감독과의 계약을 연장하지 않고 신춘삼 감독을 새로 영입했다. 지난 시즌까지 한국배구연맹 경기운영위원회 위원장으로 활동한 신감독은 행정가에서 지도자로 다시 코트로 돌아오게 됐다. LIG손해보험도 새로운 감독을 맞이했다. 지난 시즌 준플레이오프 진출이라는 성과를 낸 김상우 감독과의 계약을 해지하고 센터 출신으로 경기대 배구부를 오랫동안 이끈 이경석 감독을 데려왔다.

규정 변화도 있었다. 국제배구연맹이 주관하는 국제 대회와 이탈리아 세리에 A에서 실시되던 차등 승점제가 도입됐다. 세트 스코어 3-0이나 3-1로 이기는 팀에 승점 3점을 주고 3-2로 끝날 경우 이긴 팀에 2점, 패한 팀에 1점을 주는 방식이다. 또 지난 시즌까지 승패가 동률일 경우 점수득실률을 따져 순위를 가리던 것이 승점, 세트득실차, 점수득실률 순서로 정하도록 바뀌었다.

포스트시즌 일정도 조정됐다. 플레이오프가 5전 3승제에서 3전 2승제로, 챔피언결정전이 7전 4승제에서 5전 3승제로 바뀌었다. 또 그해부터 KBSN 스포츠 말고도 MBC 스포츠플러스가 중계에 참여하면서 중계방송이 이원화됐다. 그러면서 김호철과 김상우 감독이 MBC 스포츠플러스에서 배구해설위원으로 합류했다. 그리고 우리캐피탈은 모기업이 다른 기업에 인수된 뒤 인수 기업이 배구단 운영을 포기하면서 한국배구연맹의 관리하에 들어갔다. 그러면서 '우리캐피탈'을 뺀 '서울 드림식스'로 팀명을 바꿨다.

한국전력 돌풍

10월 22일 대전 충무체육관에서 삼성화재와 LIG손해보험의 경기로 시즌 개막전이 열렸다. 풀세트 접전 끝에 삼성화재가 3-2로 이겼다. 가빈과 박철우 쌍포가 각각 38점, 23점을 올리고 석진욱도 9점을 보탰다. 반면 LIG손해보험은 페피치가 41점을 올린 중에도 토종 거포 이경수와 김요한이 각각 11점, 5점에 그친 점이 아쉬웠다. 임동규와 김철홍도 각각 8점을 내며 분전하지만 화력 대결에서 밀려 2-1 세트 리드를 지키지 못했다.

삼성화재가 1라운드 전승으로 내달린 중에도 주목을 받은 팀은 따로 있었다. 전혀 다른 팀이 된 한국전력. 10월 23일 팀의 첫 경기인 대한항공전에서 2-3으로 패한 뒤 10월 30일 현대캐피탈과의 홈경기에서 3-2로 이겼다. 현대캐피탈전에서 안젤코가 39점, 서재덕이 13점, 박준범이 11점을 내며 삼각 편대를 가동했다. 방신봉도 3블로킹에 7점을 올렸다. 그날 현대캐피탈은 수니아스가 37점을 올리고 주상용과 박주형이 28점, 이선규와 윤봉우가 5블로킹에 17점을 합작하고도 한국전력에 밀렸다. 현대캐피탈은 문성민이 부상으로 빠져 100퍼센트 전력을 가동할 수 없었다.

이후 한국전력은 상무, 드림식스, LIG손해보험과의 맞대결에서도 연거푸 이겼다. 마지막에 삼성화재에 덜미를 잡힌 것을 포함해 1라운드에 4승 2패를 기록했다. 2라운드에도 상승세를 이어갔다. 11월 16일 원정에서 만난 현대캐피탈에 다시 3-2로 이겼다. 현대캐피탈은 수니아스가 45점, 복귀한 문성민이 19점을 올리고도 안젤코와 서재덕 쌍포가 활약한 한국전력에 또 발목을 잡혔다. 안젤코가 40점, 서재덕이 24점을 올리고 하경민이 친정 팀을 상대로 5블로킹에 10점을 올렸다.

2라운드에 한국전력은 삼성화재에만 지고 드림식스, 상무, LIG손해보험, 대한항공을 다시 연거푸 꺾었다. 대한항공전에서 3-2로 승리해 5승 1패로 2라운드를 마쳤다. 그날 대한항공은 마틴이 28점, 김학민이 24점, 곽승석이 14점을 올리지만 안젤코와 서재덕 쌍포가 47점을 합작한 한국전력에 밀렸다.

상무도 프로팀을 두 차례 잡았다. 11월 22일 대한항공전과 12월 4일 LIG손해보험전 모두에서 3-2로 이겼다. 대한항공전에선 20점을 올린 강동진이, LIG손해보험전에선 24점을 올린 신으뜸이 승리의 주역이 됐다. 한국전력은 4라운드에 주춤한 중에도 3승 3패로 5할 승률을 맞췄다.

드림식스도 선전했다. 박희상 감독이 지휘봉을 잡은 드림식스는 지난 시즌에 이어 다시 한 번 외국인 선수 덕을 못 봤다. 오웬스는 당시 팬들로부터 '오웬수'라는 별명을 얻을 정도로 활약도가 떨어졌다. 드림식스는 결국 시즌 초반 국내 선수들만으로 코트에 나서는 경기가 많았다. 오웬스는 두 자릿수 점수를 낸 적이 한 경기에 그치는 등 8경기(16세트)에 출전해 46득점을 기록했다. 새로운 외국인 선수를 영입하는 일도 쉽지 않았다.

하지만 드림식스는 최홍석과 김정환 좌우 쌍포에 안준찬, 강영준 그리고 미들 블로커진 신영석과 박상하 등이 힘을 내며 4라운드 LIG손해보험전에서 3-1 승리를 거뒀다. 대한항공과 한국전력에 연거푸 패하지만 두 경기 모두 5세트까지 끌고 가 승점 1씩을 챙기며 중위권 순위 경쟁에서 밀리지 않았다. 오히려 LIG손해보험이 4라운드에 1승을 올리는 데 그쳐 순위 경쟁에서 밀려나는 모습을 보였다.

승부 조작

5라운드는 2월 4일 드림식스와 한국전력의 경기로 시작했다. 그런데 프로배구에도 승부 조작이 있다는 얘기가 돌면서 리그 분위기가 뒤숭숭해졌다. 프로스포츠를 통틀어 승부 조작 문제는 2011년 프로축구인 K리그에서 처음 불거졌다. 그런데 V리그에서도 같은 일이 벌어졌다. 2012년 1월부터 수사를 진행한 검찰은 2월 7일 언론을 통해 승부 조작 사실을 발표했다. 그날 한국전력에서 선수 생활을 하다 은퇴한 염순호와 정평호가 체포돼 구속됐다. 한국전력의 주전 세터인 김상기도 둘과 함께 승부를 조작한 혐의로 체포됐다. 그리고 다음 날 상무와의 경기를 위해 수원체육관으로 이동하던 한국전력 선수단 중 박준범과 임시형이 같은 혐의로 체포됐다.

구단은 충격에 빠졌다. 한국배구연맹도 마찬가지였다. 한국전력은 그날 상무와의 홈경기에서 1-3으로 졌다. 안젤코가 45점을 올리고 하경민이 13점으로 뒤를 받치지만 서재덕이 부상으로 결장하고 주전 세터가 빠진 자리를 메우지 못했다. 상무는 송문섭이 20점, 하현용이 15점, 안태영이 11점, 김대경이 10점씩 올리며 1시간 42분이 걸린 경기에서 웃었다. 그러나 승부 조작 여파는 한국전력에 그치지 않고 리그 전체로 번졌다.

2월 10일 삼성화재의 홍정표가 상무에서 뛸 때 승부 조작에 가담한 적이 있다고 자진 신고했다. 그러면서 상무 소속의 현역 선수들 사이에서도 승부 조작에 연루된 사실이 드러났다. 상무는 그날 남은 리그 경기에 불참하겠다고 발표했다. 이후 상무와의 남은 경기는 상대 팀의 3-0 승리로 처리됐다. 김관진 당시 국방부장관이 상무 배구단 해체를 검토하라고 지시할 정도로 상황은 엄중했다. 체육계에서 선수들의 병역 문제 등을 들어 재고를 요청한 결과 배구단은 해체되지 않고 그대로 유지됐다. 하지만 상무는 잔여 시즌 경기에 불참할 뿐 아니라 앞으로도 리그에 참가하지 않기로 결정했다.

그에 따라 상무는 다음 시즌부터 실업 무대로 자리를 옮겼다. 그렇게 2월 8일 한국전력전이 상무엔 마지막 리그 경기가 됐다. 또 최삼환 감독이 승부 조작 발생에 대한 책임을 지고 물러났다. 최감독은 1984년부터 코치 및 사령탑으로 맺은 상무와의 인연을 정리했다. 이후 상무는 박삼용 전 GS칼텍스 감독을 새로운 사령탑으로 영입한다.

승부 조작에 연루된 선수는 LIG손해보험과 드림식스를 제외한 5개 구단 모두에서 나왔다. 은퇴와 현역 선수를 포함하면 염순호, 정평호, 양성만(이상 은퇴), 김상기, 최일규, 박준범, 임시형(이상 한국전력), 강동진, 송문섭, 신요한, 최귀동(이상 상무), 김동근(은퇴, 현대캐피탈), 김영석(대한항공), 홍정표(삼성화재) 등이었다. 3월 19일 한국배구연맹은 상벌위원회를 열어 홍정표에겐 무기한 선수 자격 정지, 나머지 선수들에겐 영구제명 처분을 내렸다. 또 신인왕 출신인 강동진과 임시형, 박준범에 대해선 수상 기록도 말소했다. 월간 MVP 수상 이력도 함께 취소했다.

후폭풍은 컸다. 특히 한국전력은 주전과 백업 세터, 주전 아웃사이드 히터가 모두 빠지면서 팀 전력이 뚝 떨어졌다. 승부 조작 사건이 터지기 전까지 15승을 거두며 삼성화재, 대한항공, 현대캐피탈 등과 함께 순위 경쟁을 하던 팀이 이후 상무 상대의 부전승 2승을 제외하고 단 1승을 더하는 데 그쳤다. 대한항공도 전역을 앞두고 있던 강동진이 영구 제명된 여파로 김학민이 군 입대를 연기하는 등 세대교체에 엇박자가 났다.

어수선한 분위기가 이어지는 중에도 리그가 중단되거나 조기 종료되는 최악의 상황은 피했다. 그리고 삼성화재가 29승 7패(승점 84)를 거둬 대한항공(28승 8패 승점 80)을 가까스로 제치고 정규리그 1위를 차지했다. 현대캐피탈이 22승 14패(승점 70)로 3위에 자리했다.

승부 조작으로 가장 큰 타격을 입은 한국전력은 18승 18패(승점 52)로 4위가 되어 리그 출범 후 처음으로 봄배구(준플레이오프)에 나섰다. 그러나 현대캐피탈에 2연패를 당하는 것으로 봄배구를 짧게 마쳤다. 안젤코와 하경민, 이기범 등이 분전하지만 현대캐피탈을 넘어서기엔 역부족이었다. 드림식스는 봄배구에 진출할 기회 앞에서 뒷심이 모자랐다. 15승 21패(승점 49)로 5위에 만족해야 했다. 일찌감치 순위 경쟁에서 미끄러진 LIG손해보험은 11승 25패(승점 33)로 6위, 2월 10일 이후 10경기가 모두 부전패 처리된 상무는 3승 33패로 최하위가 됐다.

다시 날아오르다

선두 경쟁에서 아쉽게 삼성화재에 밀린 대한항공은 플레이오프에서 만난 현대캐피탈을 시리즈 전적 2승 1패로 물리치고 챔피언결정전에 올랐다. 3월 31일 1차전과 4월 4일 3차전에서 대한항공이 풀세트 접전 끝에 승리했다. 1차전에선 마틴이 29점, 김학민이 25점을 올리고 이영택과 신경수 두 미들 블로커가 5블로킹에 16점을 합작했다. 문성민과 수니아스 좌우 쌍포를 앞세운 현대캐피탈은 1, 2세트를 먼저 따내고도 대한항공의 반격에 밀려 역전패했다. 대한항공의 류윤식은 3세트에 교체 투입되고 4, 5세트엔 선발 출전하며 9점을 올렸다. 대한항공은 3차전에서도 마틴이 36점, 김학민이 21점, 곽승석이 13점, 이영택이 10점을 올리며 고르게 활약한 덕에 현대캐피탈의 추격을 잘 따돌렸다. 그날 승부처가 된 5세트 13-13 상황에서 이영택의 속공과 마틴의 오픈공격이 성공한 끝에 대한항공이 웃었다.

　대한항공은 챔피언결정전에서 설욕을 노렸다. 그러나 가빈이 버티고 있는 삼성화재는 강했다. 4월 7일 대전에서 열린 챔피언결정전 1차전에서 삼성화재는 48점을 올린 가빈의 활약 덕에 3-1로 이겼다. 특히 5블로킹에 13점을 기록한 미들 블로커 지태환의 활약이 돋보였다.

　4월 8일 같은 장소에서 열린 2차전에서도 삼성화재가 3-1로 이겼다. 가빈이 38점, 박철우가 14점을 올리고 지태환이 7블로킹에 9점으로 활약을 이어갔다. 대한항공은 4월 11일 인천에서 열린 3차전에서 3-1로 이겨 한숨을 돌렸다. 가빈이 28점을 올리고 공격성공률이 41.07퍼센트로 주춤한 틈을 잘 파고들었다. 마틴이 39점, 김학민이 10점을 올려 승리의 주역이 됐다.

하지만 삼성화재는 더 이상 반격의 빌미를 제공하지 않았다. 4월 12일 같은 장소에서 열린 4차전에서 3-0으로 이겨 우승 트로피를 품에 안았다. 그날 가빈이 37점을 올리고 박철우도 10점으로 뒤를 잘 받쳤다. 고희진과 지태환은 4블로킹에 9점을 합작하며 고비마다 상대의 반격 의지를 꺾었다. 대한항공은 마틴과 김학민이 각각 13점, 11점에 그치면서 승부를 최종 5차전까지 끌고 가지 못했다.

그렇게 삼성화재가 두 시즌 연속으로 봄배구 마지막 승부에서 대한항공을 제쳤다. 가빈이 다시 한 번 최고의 외국인 선수임을 증명하며 정규리그와 챔피언결정전 MVP 모두에 이름을 올렸다. 정규리그 기준 1112점과 공격성공률 59.27퍼센트를 기록해 득점상과 공격상도 받았다. 마틴(세트당 0.500개)이 서브상을, 신영석(세트당 0.845개)이 블로킹상을 받았다. 유광우가 프로 데뷔 후 처음으로 세터상을 받고 곽승석이 리베로가 아니라 아웃사이드 히터인데도 수비상을 받았다. 챔피언결정전 우승으로 신치용 감독은 프로 출범 후 개인 통산 6번째이자 5시즌 연속으로 감독상을 받았다. 심판상은 김건태 심판과 정재숙 선심이 각각 받았다. 페어플레이상은 그해 시즌 선정하지 않았다. 이 또한 승부 조작의 여파 중 하나였다.

한편 그해엔 월간 MVP 대신 다시 라운드별 MVP를 뽑았다. 수상자는 1라운드 가빈, 2라운드 수니아스, 3라운드 마틴, 4라운드 김학민, 5라운드 안젤코, 6라운드 김요한이었다.

| V-LEAGUE
2012/13 시즌 | # 레오 돌풍 |

 외국인 선수들 중 마틴과 안젤코가 지난 시즌에 이어 다시 한 번 각각 대한항공과 한국전력의 유니폼을 입었다. 가장 관심이 모은 팀은 가빈이 떠난 삼성화재였다. 가빈이 러시아리그로 이적한 자리에 삼성화재는 상대적으로 얼굴이 덜 알려진 쿠바 출신 레오나르도 레이바(등록명 레오)를 데려왔다. 외국인 선수 문제로 지난 시즌 내내 애를 먹은 드림식스는 바카레 다미(영국)와 계약하고, 현대캐피탈은 수니아스와 재계약하지 않고 미탸 가스파리니(슬로베니아)를 새로 영입했다. 특히 LIG손해보험과 계약한 오레올 까메호(쿠바)는 이름값만 놓고 보면 2007/08시즌의 팔라스카보다 더 뛰어난 선수라는 평가를 받았다. 까메호의 V리그 진출은 당시 국제 이적 시장에서 많은 화제를 모았다.

드림식스의 내홍

2012년 8월 수원에서 열린 컵대회에선 지난 시즌 6위에 그친 LIG손해보험이 리그 출범 후 처음으로 정상에 올랐다. 8월 26일 삼성화재와의 결승전에서 3-0으로 이겼다. 김요한과 이경수 쌍포가 각각 23점, 12점을 올리고 미들 블로커 하현용과 주상용이 각각 12점, 7점으로 뒤를 받쳤다(2012년 1월 LIG손해보험은 임동규와 정성민을 보내고 현대캐피탈의 주상용과 이효동을 영입하는 트레이드를 단행했다). 삼성화재는 박철우와 고준용이 분전하고도 완패했다. 그렇게 분위기를 탄 LIG손해보험은 정규리그에 대한 기대치를 높였다. 컵대회 MVP에는 김요한이 뽑혔다.

그런데 컵대회에서 주목을 받은 팀은 따로 있었다. 지난 시즌에 이어 두 시즌째 한국배구연맹의 직접 운영하에서 힘든 시기를 보내고 있던 드림식스였다. 그런데 컵대회 도중 보기 드문 장면이 나왔다. 드림식스 선수들이 타임아웃 시간에 박희상 감독과 권순찬 코치 등 코칭스태프의 지시를 거부하는 항명 사태가 일어났다. 여기에는 여러 배경이 작용했다. 앞서 한국배구연맹은 팀의 미래가 불투명한 상황에서 컵대회 일정을 마무리한 뒤 그해 9월까지 인수 기업이 나타나지 않으면 구단 해체 논의에 들어가겠다고 밝혔다. 전지훈련 기간에 선수단과 코칭스태프의 사이가 틀어지는 일도 있었다. 그래도 드림식스는 컵대회에서 준결승 진출에 성공했다. 8월 24일 LIG손해보험전이 박감독이 지휘봉을 잡고 치른 마지막 경기가 됐다. 컵대회가 끝난 뒤 박감독이 사임하고 권코치 역시 팀을 떠났다.

그처럼 해체 위기에 처한 드림식스에 구원 투수가 나타났다. '러시앤캐시(현 OK저축은행)'가 계약 기간 1년 조건에 메인 스폰서로 나섰다. 당시 '러시앤캐시'의 리그 참여를 우려하는 시선도 있었다. 그러나 지난 시즌 상무가 승부 조작 파문으로 인해 더 이상 리그에 참가하지 않기로 결정한 터라 드림식스까지 해체되면 리그는 5구단 체제로 치러야 했다. 한국배구연맹 입장에서는 팀 해체와 리그 파행을 막는 차원에서 받아들일 수밖에 없었다.

드림식스는 새로운 코칭스태프를 구성했다. 배구해설위원으로 활동하던 김호철 전 현대캐피탈 감독에게 지휘봉을 맡겼다. 현대캐피탈에서 김감독과 함께한 양진웅 코치도 코칭스태프에 합류했다. 또 홈구장도 임시 이전했다. 서울시가 장충체육관 리모델링 공사에 들어감에 따라 드림식스는 아산의 이순신체육관을 사용하게 됐다 (같은 서울을 연고지로 둔 여자부 GS칼텍스도 그해 홈구장을 평택 이충문화센터로 옮겼다).

하지만 드림식스의 시즌 준비는 순탄치 않았다. 메인 스폰서가 정해진 뒤에도 운영비를 마련하기 위해 창단 멤버인 최귀엽 및 민경환을 삼성화재로 보내고 트레이드 대가로 현금을 받아 왔다. 시즌이 개막한 뒤에도 베테랑 센터 이동엽을 한국전력으로 트레이드 하는 등 선수단 변화를 감수했다.

10월 22일 드래프트에선 LIG손해보험이 2007년 이후 5년 만에 다시 얻은 전체 1순위 지명권으로 이강원을 지명했다. 드림식스는

1라운드 2순위로 박진우를 선택한 뒤 남은 라운드엔 지명권을 모두 포기하고 수련선수 셋을 뽑았다. 그만큼 구단 운영비가 빠듯했다. 당시 드래프트를 통해 선발된 선수는 다음과 같다: 이강원, 황성근, 김강선, 이수황, 김민제, 김진수(이상 LIG손해보험), 박진우, 김다빈, 유보영, 오병권(이상 드림식스), 양준식, 안요한, 이우주, 임형진(이상 한국전력), 송준호, 조근호, 임진석, 홍태희(이상 현대캐피탈), 김은섭, 공재학, 공태현, 권용석(이상 대한항공), 박윤성, 고현성, 윤동경(이상 삼성화재).

또 그해 남자부는 준플레이오프가 폐지됐다. 상무가 빠지게 되면서 총 6개 팀이 정규리그를 치르는 만큼 4개 팀이 포스트시즌에 오르는 것은 의미가 없다는 판단에서였다.

레오의 등장

예전처럼 삼성화재와 현대캐피탈의 맞대결이 아니었다. 11월 3일 대전에서 열린 시즌 개막전은 삼성화재와 한국전력 간 경기였다. 그날 V리그 데뷔전을 가진 레오가 펄펄 날았다. 한국전력이 안젤코를 앞세워 1세트를 듀스 접전 끝에 28-26으로 따냈다. 하지만 삼성화재가 레오의 원맨쇼에 힘입어 2~4세트를 내리 가져가 3-1로 역전승했다. 51점에 공격성공률 71.43퍼센트를 기록한 레오를 보며 삼성화재는 가빈이 떠난 빈자리를 아쉬워하지 않았다. 이후 삼성화재는 1라운드에 전승을 거두고 레오는 라운드 MVP에 이름을 올렸다.

새로운 메인 스폰서와 사령탑을 맞이한 드림식스는 1라운드에 전패를 당해 겨우 승점 1점을 챙겼다. 컵대회 우승팀인 LIG손해보험과 대한항공, 현대캐피탈은 각각 3승 2패로 서로 물고 물리는 접전을 펼쳤다.

2라운드에 삼성화재는 현대캐피탈과의 경기에서 풀세트까지 가는 접전 끝에 2-3으로 덜미를 잡혔다. 그날 현대캐피탈은 가스파리니가 23점, 문성민이 22점을 올리고 이선규가 5블로킹에 12점으로 활약했다. 삼성화재는 레오가 46점, 박철우가 10점을 올리지만 4세트 듀스에서 세트를 내준 게 뼈아팠다. 그래도 삼성화재는 꾸준히 상승세를 유지했다. 2라운드에 당한 패배는 현대캐피탈전뿐이었다.

12월 12일 드림식스는 아산에서 열린 현대캐피탈과의 홈경기에서 마침내 시즌 첫 승을 신고했다. 개막 후 8연패에 마침표를 찍은 값진 승리였다. 다미가 35점으로 펄펄 날고 최홍석과 김정환이 31점을 합작했다. 박상하도 상대 공격을 4차례 가로막는 등 10점을 올렸다. 그날 현대캐피탈은 가스파리니와 문성민이 각각 35점, 17점을 올리고도 화력 대결에서 밀렸다.

하지만 현대캐피탈은 연패를 당하지 않았다. 대한항공과 LIG손해보험에 연이어 승리를 거둬 삼성화재와 마찬가지로 4승 1패라는 2라운드 성적표를 받았다. 대한항공도 순위 경쟁에서 밀리지 않았다. 1라운드와 같이 3승 2패로 2라운드를 마쳤다. 2라운드 MVP에는 현대캐피탈의 토종 스파이커 문성민이 선정됐다.

감독 교체

3라운드에 들어 대한항공이 주춤했다. 12월 16일 라운드 첫 상대인 드림식스와의 아산 경기에서 1-3으로 덜미를 잡혔다. 그날 드림식스는 다미가 27점을 올리고 신영석과 박상하 두 미들 블로커가 11블로킹에 26점을 합작해 대어 사냥에 성공했다. 대한항공은 마틴과 김학민이 35점을 합작하지만 드림식스의 기세를 넘지 못했다. 이후 대한항공은 현대캐피탈을 3-1로 꺾어 분위기를 반전하는가 싶다가 삼성화재와 LIG손해보험에 연거푸 덜미를 잡혀 중반 순위가 4위까지 내려갔다.

그러자 구단은 신영철 감독을 총감독에 돌려 일선에서 후퇴시키려 했다. 하지만 신감독이 이를 받아들이지 않고 시즌 도중 지휘봉을 내려놓았다. 서남원 수석코치도 신감독과 함께 팀을 떠났다. 대한항공은 김송민 코치가 감독대행을 맡아 남은 시즌을 치르게 됐다.

반면 3라운드에 드림식스가 힘을 냈다. 대한항공에 이어 삼성화재까지 잡았다. 12월 22일 대전에서 열린 삼성화재와의 원정 경기에서 3-0으로 이길 때 다미와 박상하가 27점을 합작하며 공격을 이끌었다. 그날 삼성화재는 레오가 24점을 올리는 중에 다른 공격수들의 지원을 받지 못했다. 박철우도 7점과 공격성공률 35.29퍼센트에 그쳤다.

드림식스는 12월 27일 천안에서 열린 현대캐피탈과의 원정 경기에서도 3-2로 이겨 기염을 토했다. 다미가 29점, 신영석이 블로킹 7개에 17점, 최홍석이 15점을 올리며 팀의 승리를 이끌었다. 2013년 1월 2일 아산에서 열린 한국전력과의 홈경기에서도 3-0으로 이겼다. 그날 다미는 20점을 올리는 중에 후위공격 3점, 서브 에이스 3개, 블로킹 4개를 기록해 자신의 첫 번째 트리플 크라운을 달성했다. 게다가 신영석이 3라운드 MVP에 뽑혀 팀의 상승세와 함께했다.

2위 경쟁

4라운드에 들어 드림식스는 힘이 빠졌다. 라운드 초반은 좋았다. 1월 16일 한국전력전에서 3-0으로, 1월 19일 LIG손해보험전에서 3-1로 이기며 신바람을 냈다. 그러나 그다음 삼성화재전부터 패배가 늘어났다.

반면 대한항공은 김종민 감독대행 체제에서 안정을 찾고 승수를 쌓았다. 4라운드 첫 상대인 삼성화재에 0-3으로 지고 이어 현대캐피탈에도 풀세트 끝에 패하지만 이후 연승을 거뒀다. LIG손해보험과 한국전력을 상대로 연달아 3-2 승리를 거둬 뒷심을 보였다.

LIG손해보험도 3라운드까지는 3위 경쟁에서 크게 밀려나지 않다가 4라운드에 드림식스와 마찬가지로 조금씩 힘이 부치기 시작했다. 한국전력와의 경기에서 3-2 승리를 거둔 것을 빼면 4패를 당해 승수와 승점을 쌓지 못했다.

삼성화재는 1라운드에 이어 4라운드에도 전승으로 내달렸다. 레오와 함께 팀의 쌍포 노릇을 한 박철우가 4라운드 MVP가 됐다. 5라운드에도 상승세를 이어갔다. 또다시 라운드 전승으로 달려 현대캐피탈, 대한항공과 격차를 벌리며 독주 체제를 굳혔다.

드림식스는 5연패를 당해 1~3라운드에 쌓은 승수를 까먹었다. LIG손해보험도 좀처럼 순위 경쟁에서 앞으로 치고 나가지 못하다가 결국 대한항공에 이어 감독 교체를 겪게 됐다. 2월 13일 대전에서 열린 삼성화재전에서 패하자 다음 날 구단은 이경석 감독과의 계약 해지를 발표했다. LIG손해보험은 순위 경쟁에서 밀려나지 않으려면 그날 승리가 반드시 필요했다. 김요한과 까메호를 앞세워 3세트까지 2-1 세트 리드를 하다가 4, 5세트를 내준 끝에 2-3으로 무릎을 꿇었다. 김요한이 27점, 까메호가 21점, 하현용이 12점, 주상용이 11점으로 분전하고도 승리를 챙기지 못했다. 반면 그날 삼성화재는 레오가 51점을 올리고 박철우와 고희진이 19점을 합작해 상대의 반격을 뿌리쳤다.

LIG손해보험은 남은 시즌 감독대행을 김동천과 박종익, 손정식 코치에게 맡기지 않고 체력 트레이너로 활동하고 있던 브라질 출신 조제 하이문두 레이치에게 맡겼다. 남자부에서는 처음으로 팀의 지휘봉을 맡은 외국인 스태프였다. 한편 레오가 1라운드에 이어 5라운드에도 MVP를 차지했다.

2위 자리를 두고 현대캐피탈과 대한항공이 접전을 펼쳤다. 가장 중요한 경기는 6라운드 2월 27일 인천에서 열린 맞대결이었다. 여기서 현대캐피탈이 대한항공을 3-2로 꺾었다. 가스파리니가 47점을 올리고 문성민이 20점으로 뒤를 받쳤다. 임동규도 8점을 올리고 이선규와 윤봉우도 5블로킹에 14점을 합작했다. 대한항공은 김학민이 26점, 마틴이 23점, 곽승석이 13점을 올리고 하경민과 이영택이 6블로킹에 16점을 합작하지만 2-1 세트 리드를 지키지 못했다. 그날 경기 결과는 정규리그 순위에 큰 영향을 줬다.

결국 삼성화재가 24승 6패(승점 70)로 1위를 차지하며 챔피언결정전 직행 티켓을 손에 넣었다. 현대캐피탈은 18승 12패(승점 52)로 2위에 자리했다. 대한항공과 현대캐피탈이 승점이 같은 중에 17승 13패로 승수에서 밀린 대한항공이 3위가 됐다. 드림식스는 선전해 16승 14패(승점 47)로 4위에 자리했다. 1라운드부터 2라운드 초반, 4라운드 후반부터 5라운드 초반까지 당한 연패가 없었다면 드림식스도 충분히 플레이오프 진출을 노릴 수 있었다. LIG손해보험은 13승 17패(승점 42)로 5위에 머물렀다. 한국전력은 지난 시즌 벌어진 승부 조작의 여파에서 회복되지 못하고 정규리그에서 단 2승(28패)을 올려 최하위에 그쳤다.

또다시 통합우승

6라운드 맞대결에서 현대캐피탈에 통한의 패배를 당해 결국 3위에 그친 대한항공이 봄배구에선 제대로 설욕했다. 3월 17일 천안에서 열린 플레이오프 1차전에서 풀세트까지 가는 긴 승부 끝에 현대캐피탈을 3-2로 꺾었다. 경기 결과를 떠나 외국인 선수들 간의 화력 대결이 백미로 꼽혔다. 마틴이 43점, 가스파리니가 46점으로 맞선 가운데 두 선수 모두 트리플 크라운을 달성했다. 대한항공은 김학민이 18점, 류윤식이 10점을 더해 공격에서 힘을 보탰다. 현대캐피탈은 문성민이 21점을 올리고도 2-1 세트 리드를 지키지 못했다. 대한항공의 뒷심이 제대로 나온 경기였다.

3월 19일 장소를 인천으로 옮긴 2차전에서 대한항공이 시리즈 승부에 마침표를 찍었다. 그날 김학민이 21점을 올리며 주포 노릇을 톡톡히 했다. 마틴도 3블로킹에 12점, 이영택도 8점을 올렸다. 현대캐피탈은 문성민과 가스파리니가 각각 17점을 올리는 중에 1차전 접전의 여파를 극복하지 못하고 완패했다. 그렇게 대한항공은 시즌 도중 감독 교체라는 고비를 맞고도 잘 수습해 3시즌 연속으로 챔피언결정전에 진출했다.

그러나 레오와 박철우 좌우 쌍포에 석진욱과 여오현 수비 라인이 견고한 삼성화재는 대한항공에 버거운 상대였다. 챔피언결정전에서 삼성화재가 3연승을 거두며 정상에 올라 다시 한 번 통합우승을 달성했다.

3월 24일 대전에서 열린 1차전에서 삼성화재가 레오가 43점, 박철우가 12점을 올리고 젊은 미들 블로커 지태환이 8점으로 힘을 보탠 덕에 3-1로 이겼다. 대한항공은 마틴이 22점, 김학민이 16점, 곽승석이 12점을 올렸다. 3월 26일 같은 장소에서 열린 2차전에서도 3-1로 이겨 우승으로 가는 9부 능선을 넘었다. 레오가 47점, 박철우가 9점, 지태환이 7점을 올렸다. 대한항공은 김학민과 마틴이 각각 18점, 류윤식이 13점, 이영택이 5블로킹에 9점을 올리며 분전하지만 레오의 공격력을 당해내지 못했다.

3월 28일 안방인 인천에서 열린 3차전에서 대한항공은 마틴과 김학민이 36점을 합작하고도 이번엔 단 한 세트도 따내지 못했다. 레오가 32점, 박철우가 13점을 올린 삼성화재가 3-0으로 승리해 우승을 확정했다. 레오는 정규리그에 이어 챔피언결정전에서도 MVP에 이름을 올렸다. 그는 정규리그 시상식에서도 득점상(867점)과 공격상(59.89퍼센트)을 받아 리그 최고의 선수가 됐다.

삼성화재의 동료들도 상복이 터졌다. 신치용 감독이 6연속으로 감독상을 수상한 중에 유광우가 세터상, 지태환이 기량발전상을 받았다. 신영석(세트당 평균 0.845개)이 블로킹상, 마틴(세트당 0.564개)이 서브상을 받아 둘 모두 해당 부문에서 두 시즌 연속으로 수상자가 됐다. 수비상은 임동규가, 신인왕은 전체 3순위로 뽑힌 한국전력의 세터 양준식이 받았다. 김요한, 까메호와 함께 LIG손해보험에서 삼각 편대의 한 축을 맡은 이경수는 페어플레이상에 선정됐다. 심판상은 전영아 주·부심과 이성일 선심이 받았다.

7시즌 연속 우승

V-LEAGUE 2013/14 시즌

　5년 만에 다시 새로운 팀이 리그에 등장했다. 지난 시즌 '러시앤캐시'는 처음엔 드림식스를 인수하려 했다. 그러나 기존 구단들이 '러시앤캐시'의 리그 참여에 난색을 표하는 바람에 앞서 언급한 것처럼 메인 스폰서로만 참여했다. 시즌 도중에도 다시 한 번 드림식스 인수를 추진하지만 뜻을 이루지 못했다. 그리고 2013년 3월 7일 한국배구연맹은 최종적으로 우리금융지주의 드림식스 인수를 결정했다.

　그러자 '러시앤캐시'가 새로운 팀을 창단하겠다는 의사를 연맹에 전달했다. 연맹과 기존 구단들도 이번에는 막지 않았다. 4월 26일 연맹이 창단을 승인한 뒤 러시앤캐시는 일곱 번째 구단으로 2013/14시즌부터 리그에 참가하기로 결정했다. 연고지는 경기 안산으로 정했다. 러시앤캐시는 감독 및 코치 경력이 전무한 이에게 팀의 지휘봉을 맡기는 파격적인 결정을 내렸다. 선임된 감독은 현역 선수 시절 왼손잡이 아포짓으로서 한양대와 삼성화재를 거치며 에이스로 자리매김하고 국제 대회에서의 활약으로 '월드 스타'라는 별칭을 얻은 김세진 당시 KBSN 스포츠 배구해설위원이었다.

또 러시앤캐시의 리그 합류로 7구단 체제가 복원되면서 그해 준플레이오프가 재도입됐다. 단, 4위의 포스트시즌 진출권은 3위와의 승점 차가 3점 이내일 때만 주어지고 준플레이오프는 단판으로 진행되는 것으로 바뀌었다.

사령탑 연쇄 이동

오프시즌 동안 기존 팀들의 감독 자리가 많이 바뀌었다. 러시앤캐시는 당초 지난 시즌 드림식스의 지휘봉을 잡은 김호철 감독을 창단 팀의 사령탑으로 염두에 뒀다. 그런데 김호철 감독이 시즌을 마친 뒤 현대캐피탈로 자리를 옮겼다. 현대캐피탈 구단 측이 플레이오프에서 대한항공에 패한 책임 등을 물어 하종화 감독과의 계약을 연장하는 대신 김호철 감독을 재선임한 것. 김감독으로선 2009/10시즌 이후 4시즌 만에 다시 현대캐피탈로 돌아온 것이었다.

한국전력도 신춘삼 감독의 후임으로 신영철 전 대한항공 감독을 새로 선임했다. 신영철 감독은 선수 시절 경기대를 졸업한 뒤 한국전력에서 1990년부터 1996년까지 뛴 경력이 있다. 17년 만에 사령탑으로 친정 팀에 돌아온 셈. 대한항공도 신영철 감독이 팀을 떠난 뒤 감독대행을 맡아 지난 시즌을 잘 마무리한 김종민 코치를 정식 감독으로 승격했다.

LIG손해보험은 새로운 사령탑으로 2007/08시즌까지 대한항공에서 지휘봉을 잡은 문용관 감독을 선임했다. 그는 6시즌 만에 다시 리그 사령탑으로 돌아온 것. 우리금융지주를 새 주인으로 맞은 드림식스는 우리카드로 팀명을 바꾸고 현대캐피탈로 이동한 김호철 감독의 자리에 강만수 감독을 선임했다. 강만수 감독 역시 2010/11시즌 한국전력의 사령탑에서 물러난 뒤 3시즌 만에 다시 리그로 돌아오게 됐다. 사령탑 변화가 없는 팀은 신치용 감독의 삼성화재뿐이었다.

지도자로 첫발을 내딛은 김세진 감독은 코칭스태프도 '루키'로 구성했다. 지난 시즌을 마치고 선수 은퇴한 석진욱을 수석코치로 영입했다. 선수 시절 한양대와 삼성화재에서 선후배이자 팀 동료로서 오랜 기간 손발을 맞춘 적이 있는 둘은 그렇게 신생 팀에서 코칭스태프로 다시 만나게 됐다. 이후 러시앤캐시의 김세진 감독 선임은 리그에서 젊은 지도자를 영입하는 트렌드의 신호탄이 됐다.

역대 최고의 신인 드래프트

2013년 신인 드래프트는 김요한과 문성민이 각각 참가 자격을 얻은 2007년과 2008년보다 더 좋은 평가를 받는다. 역대 최고라는 얘기를 들을 정도로 유망주들이 많이 나왔기 때문이다. 전년 신인 드래프트 때 얼리 엔트리에 참가한다는 얘기도 나온 전광인이 최대어로 꼽힌 가운데 러시앤캐시가 1라운드 2~7순위, 2라운드 1~2순위에 대한 우선 지명권을 행사하기로 합의됐다. 당초 1라운드 1순위 지명권부터 지원하는 방식을 꼽다가 한국배구연맹과 기존 구단들은 한국전력의 팀 전력을 강화하는 데 초점을 맞추기로 했다. 러시앤캐시도 이에 동의하면서 한국전력이 전체 1순위로 전광인을 지명했다.

러시앤캐시는 당시 대학 배구에서 최고의 세터로 꼽힌 이민규를 전체 2순위로 데려가는 등 우선 지명권을 행사했다. 그해 8월 신인 드래프트에선 수련선수 7명을 포함해 총 32명이 지명됐다. 지명된 선수들은 다음과 같다: 전광인, 임형섭, 김진범(이상 한국전력), 이민규, 송희채, 송명근, 김규민, 정성현, 심경섭, 곽명우, 장준호(이상 러시앤캐시), 정민수, 이광인, 용동국(이상 우리카드), 김재훈, 이건호, 안종문(이상 현대캐피탈), 정지석, 조재영, 김동혁, 양안수(이상 대한항공), 손현종, 정영호, 신승준(이상 LIG손해보험), 김명진, 구본탁, 최민국, 고현우, 박선우(이상 삼성화재).

2라운드 6순위로 뽑힌 정지석은 당시 고교 졸업반 선수에게 드래프트 참가 자격이 주어진 뒤 처음으로 지명을 받은 사례였다. 해당 지명은 신인 드래프트 역사상 최고의 '스틸 픽'으로도 꼽힌다. 송림고를 다니던 그를 예전부터 지켜본 팀은 삼성화재였다. 그런데 지명 순서에서 앞선 대한항공이 아웃사이드 히터 전력을 보강할 목적으로 삼성화재를 제치고 먼저 뽑은 것. 또 지난 시즌 삼성화재에 트레이드된 민경환이 도중에 다시 드림식스(우리카드)로 복귀하는 과정에서 신인 지명권을 양도한 바대로 삼성화재가 3라운드 지명권을 활용해 4순위로 이광인을 뽑았다. 그리고 당시 드래프트에서 지명된 전광인과 정민수, 최민국, 양안수 넷 모두 진주동명고 출신이라는 점도 화제를 모았다.

러시앤캐시는 6월 기존 팀들에서도 한 명씩 데려옴으로써 선수단 구성을 마쳤다. 우리카드의 강영준, LIG손해보험의 김강선, 삼성화재의 김홍정, 한국전력의 김천재, 대한항공의 조국기, 현대캐피탈의 한상길 등 6명이 이적해 신생 팀의 첫 멤버로 합류했다. 당시 군 복무 중이던 한상길은 전역한 뒤 2014/15시즌에 합류했다.

대형 FA

FA 시장에선 이적이 많았다. 대표팀과 삼성화재에서 든든히 수비와 리시브 라인을 지키던 리베로 여오현이 라이벌 팀인 현대캐피탈의 유니폼을 입었다. 그 보상선수로 현대캐피탈에서 높이를 담당하던 미들 블로커 이선규가 삼성화재로 왔다. 삼성화재는 여오현이 떠난 자리를 FA 자격을 얻은 또 다른 리베로 이강주를 데려와 메웠다. 그로써 이강주는 드림식스로 이적했다가 FA 자격을 얻은 뒤 친정 팀으로 돌아오게 됐다. 그 보상선수로 신으뜸이 우리카드로 이적했다. 그리고 대한항공에서 뛰다 FA 자격을 얻은 미들 블로커 하경민이 한국전력으로 팀을 옮겼다.

시즌 개막을 전후해 트레이드도 있었다. 9월 세터 김영래가 LIG

손해보험에서 한국전력으로 이동하고, 10월 베테랑 스파이커 후인정도 정든 현대캐피탈을 떠나 한국전력으로 이적했다(그는 한국전력에서 미들 블로커로 포지션을 바꿈). 시즌이 한창 진행되던 2014년 1월엔 대한항공과 삼성화재가 2대 2 트레이드를 단행했다. 세터 강민웅과 미들 블로커 전진용이 대한항공으로 가고 세터 황동일과 아웃사이드 히터 류윤식이 삼성화재로 옮겼다.

외국인 선수들도 대부분 바뀌었다. 삼성만이 레오와 재계약하고 다른 팀들은 모두 새 얼굴로 채웠다. 특히 당시 세계 최고의 아포짓으로 꼽히던 선수 둘이 V리그로 와 화제를 모았다. 리버맨 아가메즈(콜롬비아)가 현대캐피탈에 입단하고 마이클 산체스(쿠바)가 대한항공의 유니폼을 입었다. 2005/06, 2006/07시즌 현대캐피탈이 챔피언결정전 2시즌 연속 우승을 거둘 때 주포로 뛴 숀 루니도 오랜만에 리그로 돌아왔다. 루니는 우리카드와 계약했다. 까메호와의 재계약을 포기한 LIG손해보험은 토머스 에드가(호주)를 영입했다. 러시앤캐시는 아르파드 바로티(헝가리)와 계약했다. 한국전력은 처음엔 야디엘 산체스(쿠바)와 계약했다가 기량이 미달하다고 판단해 돌려보낸 뒤 2010/11시즌에 함께한 바 있는 밀로스를 다시 데려왔다. 그러나 밀로스도 2013/14시즌을 끝까지 완주하지 못하고 시즌 도중 레안드루 비소투 네베스(브라질, 등록명 비소토)로 또 한 번 교체됐다. 비소토 역시 아가메즈와 마이클에게 뒤지지 않을 정도로 국제적으로 유명한 선수였으나 활약은 기대에 못 미쳤다. 그는 시즌을 마친 뒤 일본 리그로 떠나 V리그와의 인연에 마침표를 찍었다.

초반 혼전

3년 만에 다시 한일 톱매치가 열렸다. 이번에는 한국과 일본 리그를 대표해 각각 한 팀씩 참가하기로 해 삼성화재와 사카이 블레이저스가 나섰다. 4월 21일 일본 센다이에 있는 제비오 아레나에서 열린 단판 승부에서 풀세트 접전 끝에 사카이가 삼성화재에 3-2로 이겼다. 레오도 출전해 57점을 올리며 기염을 토했다.

7월 안산에서 열린 컵대회에 러시앤캐시는 당시 선수단 구성이 마무리되지 않아 참가하지 않았다. 7월 28일 안산 상록수체육관(러시앤캐시의 홈구장)에서 열린 결승전에서 현대캐피탈이 우리카드를 3-1로 꺾고 팀 통산 네 번째로 컵대회 정상에 올랐다. 그리고 32점을 올리며 우승 주역으로 활약한 송준호가 컵대회 MVP에 뽑혔다.

11월 2일 대전에서 열린 시즌 개막전에선 삼성화재가 대한항공을 3-1로 꺾고 산뜻하게 출발했다. 그날 레오가 45점, 박철우가 20점을 올리며 승리를 견인했다. 마이클도 리그 데뷔전에서 34점을 올려 이름값을 했다. 또 대한항공은 신영수가 16점, 곽승석이 12점을 올리며 뒤를 받쳤다.

아가메즈도 11월 3일 천안에서 열린 우리카드전에 처음 투입돼 24점을 올리며 현대캐피탈의 3-0 승리를 이끌었다. 반면 루니는 친정 팀을 상대로 13점에 공격성공률 44.83퍼센트를 기록해 기량이 떨어져 보였다.

한국전력도 첫 경기에서 승전보를 전했다. 11월 3일 수원체육관에서 열린 LIG손해보험과의 홈경기에서 3-2로 이겼다. 전광인이

24점을 올리며 전체 1순위 신인다운 활약을 보이고 밀로스와 서재덕이 각각 19점, 13점으로 뒤를 받쳤다. 에드가는 37점을 올려 공격력을 인정받지만 팀의 패배로 빛이 바랬다.

1라운드에 전승을 거둔 팀은 나오지 않았다. 삼성화재는 LIG손해보험에, 현대캐피탈은 대한항공에, LIG손해보험은 한국전력에 각각 덜미를 잡혀 서로 물고 물렸다. 오히려 우리카드의 선전이 눈에 띄었다. LIG손해보험과 러시앤캐시, 대한항공, 한국전력 등에 모두 승리해 1라운드에만 4승 2패를 거뒀다.

러시앤캐시의 리그 첫 경기는 11월 5일 안산에서 대한항공을 상대로 열렸다. 1-3으로 패한 중에도 만만찮은 경기력을 보였다. 송명근이 16점, 강영준이 15점을 올리며 공격을 이끌었다. 바로티는 12점에 공격성공률 35.48퍼센트를 기록하며 다소 부진했다. 그가 적응을 마치면 팀의 전력이 상승할 것 같았다. 그러나 기존 팀들의 벽은 높았다.

러시앤캐시는 이후 8연패를 당했다. 기다리던 첫 승은 2라운드 12월 5일 안방에서 열린 LIG손해보험과의 경기에서 나왔다. 송명근이 17점, 바로티가 24점을 올리며 러시앤캐시의 3-0 승리를 이끌었다. LIG손해보험은 에드가가 20점으로 분전하는 중에 다른 선수들의 활약이 떨어졌다.

2라운드에도 1라운드와 마찬가지로 전승한 팀이 없었다. 삼성화재는 12월 1일 현대캐피탈과의 맞대결에서 1-3으로 졌다. 현대캐피탈도 11월 28일 우리카드에 0-3으로, 12월 8일 한국전력에 2-3으로 덜미를 잡혔다. 대한항공도 12월 3일 한국전력에 0-3으로, 12월 19일 LIG손해보험에 1-3으로 졌다. 한국전력은 현대캐피탈과 대한항공을 모두 꺾으며 분위기 반전에 나선 중에 12월 14일 러시앤캐시와의 원정 경기에서 0-3으로 패해 상승세를 이어가지 못했다. 우리카드는 2라운드에도 고공비행을 이어갔다. 삼성화재에만 0-3으로 지고 다른 팀들을 모두 꺾어 5승 1패를 거뒀다. 2라운드 MVP는 우리카드의 공격을 이끈 최홍석이 선정됐다(1라운드 MVP는 레오).

2라운드 첫 경기에선 역대 한 세트 최다 듀스 기록이 나왔다. 11월 26일 인천에서 열린 대한항공(3-0 승)과 OK저축은행과의 경기에서 3세트가 56-54까지 진행됐다. 24-24 이후 듀스만 31차례 반복됐다. 대한항공은 54-54 상황에서 OK저축은행 바로티의 서브 범실로 55-54로 앞서고 곧바로 미들 블로커 진상헌이 바로티의 후위공격을 가로막아 59분이나 걸린 세트 승부에 마침표를 찍었다. 그날 3세트에서 두 팀이 올린 점수 합계 110점은 지금도 리그 남녀부를 통틀어 한 세트 합계 최다 점수 기록으로 남아 있다.

선두 경쟁

3라운드 들어 조금씩 혼전 상황에서 벗어나기 시작했다. 삼성화재와 현대캐피탈이 치고 나가는 중에 우리카드가 3라운드에 3승 3패로 선전하며 봄배구를 향한 희망을 이어갔다. 라운드 초반 LIG손해보험이 한국전력, 대한항공을 연달아 꺾을 때만 해도 그 팀도 순위 경쟁에 뛰어드는 것 같았다. 하지만 삼성화재와의 풀세트 접전에서 2-3으로 패한 뒤 상승세를 이어가지 못했다. 이후 우리카드와 현대캐피탈, 러시앤캐시에 잇달아 패했다. 대한항공은 12월 25일 삼성화재에 3-0으로 이긴 뒤 현대캐피탈과 우리카드에 계속 덜미를 잡혀 2위 경쟁에서 밀렸다. 오히려 우리카드와의 3위 경쟁에 더 신경을 쓰게 됐다.

4라운드에 삼성화재와 현대캐피탈 모두 전승으로 치고 나가지는 못했다. 그래도 두 팀 모두 2패로 패배를 최소화하고 4승을 챙겨 대한항공, 우리카드와의 격차를 벌렸다. 아가메즈가 3라운드 MVP에 뽑혔다. 두 팀이 본격적인 선두 경쟁에 나선 중에 중위권 경쟁은 더욱 혼전 양상을 보였다. 대한항공과 우리카드, LIG손해보험 모두 주춤했다. 그 와중에 러시앤캐시가 고춧가루 부대 노릇을 했다. 2014년 2월 1일 우리카드에, 2월 9일 삼성화재에 이기는 등 4라운드에만 3승을 올리며 힘을 냈다. 송명근이 신인 선수로는 처음으로 라운드 MVP에 이름을 올렸다.

마지막 5라운드(6라운드가 아니라 5라운드로 일정이 조정됨)에 LIG손해보험이 3위 경쟁에서 먼저 밀려났다. 러시앤캐시와의 경기에서 풀세트까지 가는 긴 승부 끝에 3-2로 이긴 뒤 현대캐피탈과 삼성화재, 한국전력에 연달아 패한 것.

2월 20일 우리카드가 대한항공과의 맞대결에서 1-3으로 패한 것이 3위 경쟁에서 결정적인 순간이었다. 루니가 19점, 김정환이 13점, 최홍석이 12점, 신영석이 12점을 올리며 고르게 활약하지만 마이클이 37점, 신영수가 16점으로 활약한 대한항공에 밀렸다.

2월 27일 안방에서 치른 러시앤캐시전에서 0-3으로 패한 것도 우리카드엔 뼈아팠다. 러시앤캐시는 그날 승리로 시즌 9승째를 올려 두 자릿수 승수를 달성할 기대를 높였다. 결국 3월 9일 한국전력과의 원정 경기에서 3-2로 이기며 10승 고지에 올랐다. 그날 바로티가 나오지 않은 중에 강영준이 23점, 심경섭이 18점, 김강선이 9점, 김홍정이 8점을 올리며 고르게 활약했다. 한국전력은 전광인이 27점, 박성률이 22점을 올렸다. 1, 2세트를 먼저 내주고 끌려가다가 3~5세트를 연달아 가져온 짜릿한 역전승이었다.

선두 경쟁에선 삼성화재가 결국 현대캐피탈을 제치고 미소를 지었다. 삼성화재가 23승 7패(승점 66)로 1위, 현대캐피탈이 21승 9패(승점 61)로 2위를 차지했다. 대한항공이 16승 14패(승점 50)로 3위가 되어 봄배구로 가는 막차를 탔다. 우리카드는 15승 15패(승점 43)로 승률 5할을 맞추고 4위가 됐다. LIG손해보험은 다시 한 번 실망스러운 시즌을 보냈다. 13승 17패(승점 37)로 5위에 머물렀다. 러시앤캐시는 선전했다. 11승 19패(승점 34)를 기록해 최하위를 면했다. 한국전력은 지난 시즌보다 5승을 더하고도 7승 23패(승점24)에 그쳐 두 시즌 연속으로 최하위가 됐다.

7시즌 연속 챔피언결정전 우승

김호철 감독이 돌아오고 아가메즈와 문성민 쌍포를 장착한 현대캐피탈이 플레이오프에서 대한항공을 잡았다. 3전 2승제 시리즈에서 2연승으로 내달리며 2009/10시즌 이후 4시즌 만에 다시 챔피언결정전에 진출했다. 3월 21일 천안에서 열린 플레이오프 1차전에서 현대캐피탈이 3-0으로 이겼다. 아가메즈가 28점, 문성민이 12점을 냈다. 대한항공은 마이클이 25점으로 분전한 중에 다른 선수들의 공격 지원이 아쉬웠다. 3월 23일 인천 계양체육관에서 열린 2차전에서 대한항공은 마이클이 37점을 올리고도 화력과 높이 대결에서 상대에 밀렸다. 현대캐피탈은 아가메즈가 29점, 문성민이 17점을 올리고 윤봉우와 최민호 두 미들 블로커가 7블로킹에 20점을 합작했다.

챔피언결정전에 오른 현대캐피탈은 삼성화재와 충분히 겨뤄볼 만했다. 아가메즈의 공격력이 레오에 비해 결코 밀리지 않아 보였다. 여오현이 가세한 수비와 리시브 라인도 더욱 단단해졌다는 평가를 받았다.

3월 28일 대전에서 열린 1차전에서 현대캐피탈이 기선을 제압했다. 아가메즈가 부상을 당해 1세트만 뛴 중에도 문성민이 19점, 송준호가 11점을 올리며 빈자리를 메운 덕에 삼성화재를 3-0으로 꺾었다. 레오는 25점을 올렸다.

그러나 이틀 뒤 같은 장소에서 열린 2차전에서 시리즈 흐름이 바뀌었다. 현대캐피탈이 1세트를 25-19로 따내며 분위기를 가져가더니 아가메즈가 선발 출전한 2세트에 듀스 접전 끝에 33-35로 밀려 흔들렸다. 그때 흐름이 삼성화재 쪽으로 넘어갔다. 기세가 오른 삼성화재는 3세트를 따내고 4세트에 다시 한 번 펼쳐진 듀스 승부에서 27-25로 이겨 3-1 승리를 챙겼다. 그날 레오가 47점을 올리며 원맨쇼를 펼쳤다. 현대캐피탈은 문성민이 24점, 아가메즈가 21점을 올리고도 이길 수 있었던 경기를 놓쳤다.

천안으로 이동해 열린 3, 4차전에선 일찍 승부의 무게중심이 삼성화재 쪽으로 기울었다. 레오가 3차전에 32점, 4차전에 30점을 올린 덕에 삼성화재가 3차전과 4차전 모두에서 3-0으로 이겨 시리즈 전적 3승 1패로 우승 트로피를 품에 안았다. 그렇게 다시 한 번 통합우승을 달성했다. 신치용 감독은 7시즌 연속으로 우승 감독상을 받았다. 레오는 정규리그에 이어 챔피언결정전에서도 MVP에 올랐다.

정규리그 시상식에서도 레오는 빛났다. 1084점을 기록해 득점상을, 공격성공률 58.57퍼센트로 공격상을 수상했다. 팀 동료인 유광우는 세터상에 이름을 올렸다. 전광인이 신인상을 차지하고 신영석(세트당 0.866개)이 블로킹상, 마이클(세트당 0.463개)이 서브상을 받았다. 또 곽승석이 수비상(세트당 8.361개 디그)과 페어플레이상을, 최홍석이 기량발전상을 받았다. 한상규 주·부심과 남영수 선심이 심판상을 수상했다.

V-LEAGUE

2014/15 시즌

독주를 끊다

　어느 때보다 소속 팀과 재계약한 외국인 선수들이 많았다. 구관이 명관이었다. 지난 시즌 삼성화재의 통합우승을 이끈 레오는 3시즌 연속으로 인연을 이어갔다. 현대캐피탈도 아가메즈와, 대한항공도 마이클과, LIG손해보험도 에드가와 재계약했다. OK저축은행(러시앤캐시는 이후 OK저축은행, OK금융그룹, OK저축은행 순으로 팀명을 바꿈)은 새로운 얼굴인 로베르틀란디 시몬(쿠바)을 영입했다. 우리카드도 오스멜 까메호(쿠바)를, 한국전력도 미타르 쥬리치(그리스)를 새로 데려왔다. 쿠바 바람은 계속됐다. 레오와 마이클에 이어 시몬과 까메호까지 쿠바 출신 넷이 리그에서 뛰게 됐다. 오스멜은 2012/13시즌 LIG손해보험에서 뛴 오레올 까메호의 친동생이었다.

　컵대회는 지난해에 이어 2년 연속으로 안산에서 개최됐다. OK

저축은행으로선 컵대회 데뷔전이었다. 7월 27일 우리카드와의 결승전에서 대한항공이 3-0으로 이겨 우승 트로피를 안았다. 그렇게 대한항공은 2007년, 2011년에 이어 세 번째 컵대회 우승을 차지했다. 반면 우리카드는 2011년(우리캐피탈)과 2013년에 이어 다시 한 번 준우승에 만족해야 했다. 그날 대한항공은 신영수가 25점을 올리며 공격을 이끌고 곽승석이 14점, 정지석이 8점을 올렸다. 우리카드는 최홍석과 김정환이 각각 15점을 올렸다. 컵대회 MVP에는 신영수가 선정됐다.

 FA 선수 시장은 대어급으로 꼽히는 선수들이 없어 조용했다. 삼성화재는 유광우와 황동일 두 세터를 모두 붙잡았다. 베테랑 미들 블로커 방신봉은 3차 협상까지 가는 진통을 겪은 끝에 한국전력에 잔류했다. 현대캐피탈도 리베로 박종영과 FA로 재계약하고 우리카드도 세터 송병일을 붙잡았다. 대한항공은 베테랑 리베로 최부식, 미들 블로커 김형우, 아포짓 김민욱이 FA 자격을 얻은 중에 최부식, 김형우와 재계약했다. 미계약 선수로 남은 김민욱은 임의탈퇴(현 임의해지)로 묶여 사실상 은퇴 수순을 밟았다. 이후 그는 2017년 4월 자유신분 선수로 전환됐다.

 오프시즌 트레이드를 통해 미들 블로커 김철홍이 LIG손해보험에서 대한항공으로 이적했다. 리베로 곽동혁은 한국전력에서 삼성화재로 유니폼을 바꿔 입었다. 한국전력은 곽동혁을 보내는 대신 삼성화재의 그해 신인 2라운드 지명권을 받아 왔다. 한국전력은 한 번 더 트레이드를 단행했다. 신인왕 출신 세터 양준식과 아웃사이드 히터 김진만을 LIG손해보험으로 보내고 센터 권준형과 아포짓 주상용을 영입했다. 군 복무를 마친 미들 블로커 한상길도 지난 시즌의 보호선수 외 지명에 따라 OK저축은행 선수단에 합류했다.

9월 신인 드래프트엔 고교 선수들과 대학 1~3학년생이 참가 신청을 냈다. 수련선수 7명을 포함해 총 28명이 지명된 가운데 한국전력이 전체 1순위로 오재성을 뽑았다. 리베로 포지션 선수로는 처음 뽑힌 전체 1순위였다. 선발된 선수들은 다음과 같다: 오재성, 권진호, 라광균, 정주형(이상 한국전력), 박원빈, 전병선, 김기명, 강현수, 함웅빈(이상 OK저축은행), 노재욱, 김민규, 최돈선, 이한호(이상 LIG손해보험), 구도현, 이동석, 조진구, 황중호(이상 우리카드), 황승빈, 정바다, 신희섭(이상 대한항공), 이승원, 진성태, 소인섭(이상 현대캐피탈), 이민욱, 우상조, 이태호, 안정경, 정진규(이상 삼성화재).

OK저축은행 돌풍

10월 18일 대전에서 열린 시즌 개막전은 다시 삼성화재와 현대캐피탈의 맞대결로 치러졌다. 삼성화재가 1세트를 내준 뒤 2~4세트를 내리 가져가 3-1로 역전승했다. 레오는 여전했다. 38점을 올리며 4점에 그쳐 부진한 박철우의 자리를 잘 메웠다. 백업 아포짓 김명진도 박철우와 교체된 4세트에만 4점을 올리며 쏠쏠하게 활약했다. 미들 블로커진 지태환과 고희진은 7블로킹에 15점을 합작해 높이에서 밀리지 않았다. 현대캐피탈은 아가메즈가 26점, 문성민이 15점을 올리지만 기선 제압한 흐름을 이어가지 못했다.

10월 19일 대한항공은 아산에서 열린 팀의 첫 경기 우리카드전에서 신영수와 마이클 좌우 쌍포를 앞세워 3-1로 이겼다. 마이클이 23점, 신영수가 17점을 올리고 미들 블로커 전진용이 블로킹 5개에 10점으로 깜짝 활약했다. 10월 20일 전광인과 쥬리치 쌍포를 장착한 한국전력 역시 구미에서 열린 LIG손해보험과의 원정 경기에서 시즌 첫 승을 거뒀다. 두 선수가 46점을 합작했다.

그런데 1라운드에 주목을 받은 팀은 따로 있었다. 삼성화재, 현대캐피탈, 대한항공 모두 한 팀에 덜미를 잡혔다. 바로 OK저축은행이었다. 10월 21일 OK저축은행은 팀의 첫 경기인 삼성화재전에서 3-1로 이겼다. 안산의 홈 개막전에서 거둔 승리라 의미가 있었다. 삼성화재의 레오와 박철우 쌍포가 각각 26점, 13점을 올릴 때 OK저축은행의 시몬이 혼자 43점을 올렸다. 그날 리그 데뷔전에서 시몬은 서브 에이스 6개, 블로킹 3개, 후위공격 13개를 기록해 트리플 크라운도 달성했다. 프로 2년차를 맞은 아웃사이드 히터 송명근도 11점을 올리며 삼성화재를 꺾는 데 힘을 보탰다.

OK저축은행 돌풍은 1라운드 내내 이어졌다. 10월 26일 인천에서 열린 대한항공과의 원정 경기에서 3-2로 이겼다. 시몬은 42점을 올려 46점을 기록한 마이클에 개인 기록에서 밀리지만 경기 승부에선 웃었다. 기세를 탄 OK저축은행은 11월 1일 LIG손해보험도 3-0으로 꺾으며 3연승으로 내달렸다.

OK저축은행의 라운드 전승을 막은 건 우리카드였다. 11월 5일 OK저축은행과의 홈경기에서 우리카드가 3-2로 이겼다. 우리카드의 오스멜과 최홍석이 각각 26점, 18점을 올린 가운데 OK저축은행은 시몬이 40점, 송명근이 15점을 내며 분전했다. 그래도 OK저축은행은 연패에 빠지지 않았다. 지난 시즌과 180도 달라진 경기력을 보이며 11월 8일 한국전력에 3-2으로 이기고 11월 10일 현대캐피탈에 3-1로 이겨 5승 1패로 1라운드를 마쳤다. 시몬이 1라운드 MVP에 선정됐다.

아가메즈 교체

OK저축은행은 2라운드 초반에도 상승세를 이어갔다. 11월 13일 대한항공과의 홈경기에서 3-2로 이겼다. 시몬(40점)이 마이클(32점)과 신영수(13점)가 버틴 대한항공과의 화력 대결에서 웃었다. 나흘 뒤 치른 우리카드와의 경기에서도 3-0으로 승리했다.

그러나 OK저축은행은 이후 패배가 많았다. 11월 20일 삼성화재와의 원정 경기에서 0-3으로 무릎을 꿇었다. 그날 레오(25점)와 박철우(11점) 쌍포가 시몬(26점)에 맞서 1라운드에 당한 패배를 설욕했다.

OK저축은행은 현대캐피탈에도 0-3으로 셧아웃 패배했다. 2라운드 마지막 상대인 한국전력에는 풀세트 접전 끝에 2-3으로 졌다. 그날 한국전력은 쥬리치가 32점, 전광인이 19점, 최석기가 블로킹 8개에 15점을 올리며 펄펄 날았다. OK저축은행은 시몬이 49점, 송명근이 21점을 올리고도 4, 5세트 연달아 마주한 듀스 승부에서 밀려 세트 리드를 지키지 못했다.

그런데 2라운드엔 현대캐피탈의 상황이 더 안 좋았다. 라운드 첫 상대인 우리카드에 이긴 뒤 삼성화재, 대한항공, 한국전력 등에 연달아 패했다. 이후 OK저축은행과 LIG손해보험에 모두 승리해 한숨을 돌리는 과정에서 주포 아가메즈의 부상이 해결 과제로 떠올랐다. 아가메즈는 1라운드 10월 29일 천안에서 열린 LIG손해보험과의 홈경기 도중 무릎을 다쳤다. 그날 21점을 올리며 3-1 승리를 이끈 그는 부상 정도가 가볍지 않았다.

구단은 결단을 내렸다. 11월 23일 외국인 선수를 케빈 르루(프랑스)로 교체한다고 발표했다. 케빈은 12월 2일 구미에서 열린 LIG손해보험전에 처음 투입돼 26점을 올리며 17점을 올린 문성민과 함께 팀의 3-1 승리를 견인했다. 또 후위공격 4점, 블로킹 4점, 서브 에이스 4개를 기록해 시몬처럼 트리플 크라운을 달성했다.

한편 2라운드에도 삼성화재가 선두를 지킨 가운데 주포 레오가 라운드 MVP에 뽑혔다.

1위 경쟁, 3위 경쟁

현대캐피탈은 3라운드 첫 번째 상대인 OK저축은행도 3-1로 잡았다. 케빈이 20점, 문성민이 22점을 올리고 최민호와 박주형이 20점을 합작하는 등 전력이 상승해 케빈 효과를 봤다. 그날 OK저축은행은 시몬이 27점, 송명근이 20점, 송희채가 14점을 올렸다. 하지만 이후 현대캐피탈은 한국전력과 LIG손해보험에 풀세트 접전 끝에 연거푸 덜미를 잡히고 라이벌 삼성화재와의 맞대결에서

0-3으로 고개를 숙였다.

   OK저축은행은 3라운드 첫 경기에서 그렇게 진 뒤 연승으로 내달렸다. 12월 10일 대한항공전과 12월 15일 삼성화재전을 모두 접전 끝에 3-2로 잡아 순위 경쟁에서 탄력을 받았다. 시몬은 두 경기에서 각각 34점, 41점을 올리며 레오와 함께 최고 외국인 선수 자리를 놓고 치열한 경쟁을 이어갔다. OK저축은행은 다시 연승에 시동을 걸어 3라운드에 5승 1패를 기록했다. 그렇게 현대캐피탈과 대한항공이 주춤한 사이 삼성화재의 뒤를 바짝 쫓아갔다. 시몬이 3라운드 MVP에 이름을 올렸다.

   우리카드는 3라운드에 지긋지긋한 연패를 끊었다. 12월 23일 대한항공과의 원정 경기에서 3-1로 이겨 10연패에서 벗어났다. 외국인 선수 없이 국내 선수들로만 치러 거둔 값진 승리였다. 최홍석과 신으뜸, 김정환이 각각 18점을 올리고 미들 블로커 박진우도 상대 공격을 5차례 가로막는 등 11점을 올렸다. 그 무렵 무릎 부상에 신음하던 오스멜을 떠나보냈다.

   그러나 우리카드는 분위기를 이어가지 못하고 4라운드 첫 상대인 삼성화재에 1-3으로 졌다. 새로운 외국인 선수를 찾는 일도 쉽지 않았다. 2015년 1월 21일 싸보 다비드(헝가리)를 영입했다. 1월 22일 대한항공과의 홈경기에 처음 투입된 다비드는 18점을 올렸다. 그날 우리카드는 산체스(37점)와 김학민(17점)이 활약한 대한항공에 1-3으로 져 4라운드에 전패를 기록했다.

   한국전력은 3위 경쟁에 본격적으로 뛰어들었다. 그렇게 중위권 순위 싸움은 현대캐피탈과 대한항공, 한국전력이 3파전을 형성한 가운데 LIG손해보험이 먼저 밀려났다. 한국전력은 4라운드 초반엔 좋지 않았다. 삼성화재와 OK저축은행에 연달아 패했다. 하지만 1월 12일 LIG손해보험과의 경기에서 2연패를 끊고 우리카드(3-2 승)와 대한항공(3-0 승), 현대캐피탈(3-1 승) 등에 모두 이겨 4연승으로 내달렸다. 쥬리치와 전광인, 서재덕 삼각 편대 뒤에서 신인 오재성이 수비 한 축을 든든히 지키고 최석기와 베테랑 후인정 및 방신봉 등이 높이를 책임지며 만만찮은 전력을 보였다. 한국전력의 상승세를 이끈 전광인이 4라운드 MVP로 뽑혔다.

한국전력은 5라운드 첫 상대인 삼성화재도 풀세트 접전 끝에 3-2로 꺾었다. 2월 1일 수원에서 열린 삼성화재와의 홈경기에서 1-2로 끌려가던 중 세트 스코어를 뒤집었다. 그날 삼성화재는 레오가 51점을 올리고 고희진이 블로킹 4개에 10점, 센터가 아니라 아포짓으로 기용된 황동일이 8점을 내지만 한국전력의 끈기를 이겨내지 못했다. 한국전력은 쥬리치가 36점, 전광인이 21점을 올리고 최석기와 방신봉이 6블로킹에 12점을 합작했다.

이후 한국전력은 우리카드와 LIG손해보험, 대한항공에도 계속 이겼다. 2월 14일 OK저축은행과의 원정 경기에서도 3-0 승리를 거뒀다. 그날 쥬리치와 전광인, 서재덕이 45점을 합작해 21점을 올린 시몬을 제쳤다. 그렇게 한국전력이 9연승으로 신바람을 냈다.

2월 17일 한국전력의 10연승 도전을 막아낸 팀은 현대캐피탈이었다. 그러나 현대캐피탈은 이후 삼성화재와 OK저축은행에 모두 덜미를 잡히며 3위 경쟁에서 조금씩 힘이 부치는 모습을 보였다. 그래도 5라운드에 4승 2패를 거뒀다.

오히려 대한항공이 더 급하게 됐다. 5라운드에 5연패를 당한 것. 2월 19일 우리카드와의 홈경기에서 당한 패배가 뼈아팠다. 마이클이 43점, 김학민이 11점을 올린 대한항공에 맞서 우리카드는 다비드가 22점, 최홍석 14점, 김정환이 13점으로 힘을 냈다. 우리카드는 그날 승리로 라운드 전패 위기에서 벗어나는 동시에 12연패 사슬을 끊었다. 전광인이 5라운드에도 다시 한 번 라운드 MVP에 선정됐다.

OK저축은행 2위

삼성화재는 디펜딩 챔피언다웠다. 라운드 전승을 올리지 못하지만 연패에 빠지지 않고 승점 관리를 잘했다. 3월 8일 LIG손해보험과의 홈경기에서 1-3으로 질 때 당시 신치용 삼성화재 감독은 레오에게 휴식을 줬다. 그날 선발 아포짓으로 나온 김명진이 32점을 올리며 깜짝 활약했다. LIG손해보험은 이경수와 김요한이 교체로 출전한 중에 에드가가 39점을 올리고 김진만과 손현종이 19점을 합작했다.

결국 삼성화재가 다소 여유 있게 정규리그 1위를 차지했다. 2월 28일 현대캐피탈과의 원정 경기에서 3-2로 이기고 3월 3일 대한항공에도 3-0으로 이겨 OK저축은행의 추격을 잘 뿌리쳤다. 봄배구 전초전이라고 할 수 있는 3월 12일 OK저축은행과의 원정 경기에서도 3-0으로 이겼다(당시 레오와 시몬 모두 뛰지 않고 국내 선수들만 기용됨).

반면 현대캐피탈은 봄배구에서 멀어졌다. 6라운드 초반 OK저축은행와 삼성화재, 한국전력에 연달아 고개를 숙이며 3연패를 당한 것. 우리카드를 잡아 연패를 끊기는 하지만 곧바로 LIG손해보험과 대한항공에 또다시 패해 리그 출범 후 처음으로 봄배구 진출에 실패했다. 대한항공은 6라운드에 승수를 쌓아 승률 5할을 맞추지만 현대캐피탈과 마찬가지로 봄배구에 나서지 못하게 됐다.

최종적으로 삼성화재가 29승 7패(승점 84)로 1위에 올라 다시 한번 챔피언결정전에 직행했다. OK저축은행이 25승 11패(승점 71)로 2위, 한국전력이 23승 13패(승점 65)로 3위에 자리했다. 대한항공이 18승 18패(승점 55)로 4위. 현대캐피탈은 15승 21패(승점 52)를 기록해 5위라는 예상치 못한 성적표를 받았다. 리그 출범 후 현대캐피탈이 5위로 시즌을 마친 건 이때가 처음이었다. LIG손해보험은 13승 23패(승점 36)로 6위에 그쳐 실망스러운 시즌을 다시 이어갔다. 우리카드는 시즌 내내 최하위에서 벗어나지 못하고 3승(33패) 수확에 그쳐 리그에 참가한 이래 가장 좋지 않은 성적표를 받았다.

한편 삼성화재가 정규리그 1위를 차지하는 데 힘을 보탠 센터 유광우가 6라운드 MVP로 뽑혔다. 대한항공이 봄배구 경쟁에서 밀려난 가장 큰 원인으로는 군 복무 때문에 팀을 떠난 한선수의 빈자리가 꼽혔다. 대한항공은 황승빈을 주전 세터로 돌리고 트레이드를 통해 영입한 강민웅에게 백업을 맡기지만 다소 힘이 빠졌다. 현대캐피탈은 결국 외국인 선수 문제에 발목이 잡힌 셈이 됐다. 케빈 효과를 크게 못 보게 되자 센터 자리에서 세대교체를 진행했다. 최태웅과 권영민 두 베테랑 센터보다는 이승원에게 출전 시간을 더 주는 쪽으로 방향을 잡았다.

젊은 팀

OK저축은행과 한국전력이 만난 플레이오프는 승패 결과를 떠나 두 경기 만에 마감된 것이 아쉬울 정도로 명승부였다. 3월 21일 안산에서 열린 1차전에선 1세트부터 접전이 벌어졌다. OK저축은행이 듀스 승부 끝에 41-39로 먼저 웃었다. 그 세트로 남자부 플레이오프 기준 역대 한 세트 최다 득점 기록을 경신했다(종전 기록은 2006/07시즌 현대캐피탈과 대한항공의 2차전 3세트 33-31). 전열을 가다듬은 한국전력은 2세트를 25-18로 따내 세트 균형을 맞췄다. OK저축은행이 3세트, 한국전력이 4세트를 나눠 가지며 2-2로 맞선 가운데 5세트에 OK저축은행의 뒷심이 앞섰다. 그날 시몬이 5세트에만 6점을 올리는 등 34점을 기록하며 팀의 3-2 승리를 이끌었다. 송명근도 24점을 올리고 미들 블로커 김규민도 상대 공격을 6차례나 가로막았다. 한국전력은 쥬리치가 34점, 전광인이 22점을 올렸다.

3월 23일 장소를 수원으로 옮겨 치른 2차전에선 한국전력이 먼저 1세트를 가져갔다. 이후 OK저축은행은 변함없이 시몬의 활약을 앞세워 2, 3세트를 연달아 가져오며 세트 리드를 잡았다. 그러다 한국전력이 4세트를 만회해 2차전에서도 풀세트 접전이 펼쳐졌다. 그리고 이번에도 OK저축은행이 5세트를 따내 2연승으로 챔피언결정전행 티켓을 손에 넣었다. 그날 시몬이 43점, 송명근 17점을 올릴 때 쥬리치와 전광인 쌍포가 각각 37점과 19점을 올려 살짝 밀렸다.

OK저축은행의 기세는 봄배구의 마지막 승부에서도 꺾이지 않았다. 3월 28일 대전에서 열린 챔피언결정전 1차전에서도 삼성화재에 3-0으로 이겼다. 그날 시몬이 25점, 송명근이 15점을 올렸다. 삼성화재는 레오가 34점을 올린 중에 다른 선수들의 화력 지원이 아쉬웠다. 이선규와 지태환, 고희진 등 미들 블로커진이 5블로킹에 11점을 합작한 상황에서 부상으로 결장한 박철우의 자리가 아쉬웠다. OK저축은행은 2, 3세트 듀스 승부를 모두 가져온 게 결정적이었다. 시몬이 2, 3세트 듀스 상황에서 상대의 추격 의지를 꺾는 중요한 선수를 냈다.

3월 30일 같은 장소에서 열린 2차전에서도 OK저축은행이 삼성화재를 3-0으로 꺾었다. 그렇게 챔피언결정전 우승까지 단 1승을 남겨뒀다. 삼성화재는 1차전 패배의 후유증이 커 보였다. 레오가 21점, 김명진이 9점으로 반격하지만 24점과 14점을 각각 올린 시몬과 송명근 쌍포를 당해내지 못했다. 이강주와 곽동혁이 번갈아 나선 리베로진도 상대의 강서브에 흔들렸다.

결국 4월 1일 안산에서 열린 3차전에서 OK저축은행이 3-1 승리를 거둬 우승의 감격을 누렸다. 그렇게 삼성화재의 그해 통합우승 그리고 2007/08시즌부터 이어진 챔피언결정전 연속 우승에 제동을 걸었다. 그날 시몬이 블로킹 5개에 21점, 송명근이 20점을 올렸다. 레오가 44점으로 분전하지만 한번 넘어간 흐름을 되찾아오기는 쉽지 않았다.

사실 삼성화재는 정규리그 동안 OK저축은행와의 상대 전적에서 4승 2패로 앞섰다. 그래서 챔피언결정전에 앞서 삼성화재의 우위를 예상하는 이들이 많았다. 그러나 OK저축은행은 이를 뛰어넘었다. 시리즈 도중 판정 시비가 있긴 하지만 엄연히 경기력에서 삼성화재를 앞섰다. 정규리그 MVP에 선정된 레오는 시몬과 송명근, 송희채, 김규민, 이민규 등 젊은 선수들이 주축이 된 OK저축은행을 마지막에 넘지 못했다.

챔피언결정전 MVP는 시몬이 아니라 송명근이 차지했다. 김세진 감독은 우승 감독상을 받아 창단하고 두 시즌 만에 리그 정상에 오르는 기쁨을 누렸다. 챔피언결정전 우승 트로피를 들어 올린 팀이 페어플레이상도 받았다.

한편 한국배구연맹은 그해 시즌부터 공격과 수비 등 각 부문에서 1위를 선정하는 대신 포지션별 베스트7로 시상 범위를 바꿨다. 이에 따라 세터에 유광우, 아웃사이드 히터에 레오와 전광인, 아포짓에 시몬, 미들 블로커에 최민호와 박진우, 리베로에 여오현이 각각 이름을 올렸다. 오재성이 신인상을 받고 팀 동료인 최석기가 정규리그 시상식에서 베스트드레서상을 받았다. 최재효 주·부심과 최성권 선심이 심판상을 수상했다.

V-LEAGUE
2015/16 시즌

괴물 시몬

지난 시즌 챔피언결정전이 진행되는 동안 리그는 큰 악재와 마주할 뻔했나. 2015년 3월 31일 우리카드가 더 이상 구단 운영을 하지 않고 향후 한국배구연맹 회원사에서 빠지겠다고 밝혔다. 구단을 운영하기 어렵다는 자체 판단이자 임의탈퇴인 셈이었다. 그런데 그 결정은 배구계 안팎에서 많은 비난을 샀다. 결국 우리카드는 배구계뿐 아니라 문화체육관광부와 모기업인 우리금융지주를 관리하는 금융감독원 등 여러 곳의 압박에 못 이겨 임의탈퇴를 철회했다. 2년 전인 2013년에도 우리카드가 드림식스를 인수한 뒤 구단 운영을 하지 않겠다고 한 전례가 있었기에 단순한 해프닝으로 볼 수는 없었다.

우리카드가 회원사 탈퇴 결정을 내린 배경에는 지난 시즌 도중 구단주가 바뀐 상황에다 연맹 가입비와 아산에서 서울로 연고지를 재이동할 때 내야 하는 입성금에 대한 부담이 있었다. 우리카드는 구단 운영에 대한 계획을 밝히는 동시에 연고지도 다시 옮겼다. 그렇게 그해 시즌을 앞두고 장충체육관 리모델링 공사가 끝나자 임시 연고지이던 아산을 떠나 서울로 올라왔다. 코칭스태프도 개편했다. 김상우 KBSN 스포츠 배구해설위원을 강만수 감독 후임으로 선임했다. 김감독은 2010/11시즌 LIG손해보험을 떠난 뒤 5시즌 만에 다시 프로팀의 사령탑으로 돌아오게 됐다.

오프시즌에 들어서자마자 우리카드 말고도 새로 지휘봉을 맡긴 팀이 여럿 나왔다. 가장 파격적인 결정을 내린 팀은 현대캐피탈이었다. 김호철 감독이 다시 팀을 떠난 자리에 지난 시즌 종료 후 선수 은퇴한 최태웅을 바로 선임했다. 코치를 거치지 않고 선수에서 사령탑으로 바로 직행한 것. 삼성화재도 변화가 있었다. 신치용 감독을 단장 겸 배구단을 포함해 농구와 축구 등을 총괄하는 삼성스포츠단 부사장으로 옮긴 뒤 내부 승격을 단행했다. 신치용 감독 체제에서 오랜 기간 코치로 일한 임도헌 수석코치가 삼성화재 2대 사령탑이 됐다.

LIG손해보험은 구단을 운영하는 주체가 KB손해보험으로 바뀌었다. 그러면서 계약 기간이 끝난 문용관 감독과 재계약하지 않고 내부 승격을 결정해 강성형 수석코치에게 지휘봉을 넘겼다. 지난 시즌과 비교하면 기존 사령탑은 신영철 한국전력 감독과 김종민 대한항공 감독, 김세진 OK저축은행 감독까지 셋이 남고 넷이 바뀌었다. 신임 넷 중 셋(최태웅, 강성형, 임도헌)이 초보 감독이었다.

삼성화재의 '8시즌 연속 챔피언결정전 우승'을 막아낸 OK저축은행은 4월 12일 장충체육관에서 열린 2015년 한일 톱매치에 출전했다. JT 썬더스와의 단판 승부에서 OK저축은행이 풀세트까지 가는 접전 끝에 3-2로 이겼다. 그날 시몬도 출국을 앞두고 출전해 서브 에이스 4개에 27점을 기록하며 변함없는 활약을 보였다. 송명근이 14점, 강영준이 12점, 송희채가 11점을 올렸다. JT는 2013/14시즌 한국전력에서 뛴 비소타가 23점을 올렸다.

외국인 선수는 시몬과 마이클이 재계약해 남았다. 시몬은 지난 시즌 MVP를 놓쳤다 해도 OK저축은행을 챔피언결정전 우승으로 이끈 일등 공신이었다. 정규리그에서도 서브 1위, 블로킹과 득점 각각 2위에 올랐다. 리그로 다시 돌아온 선수들도 있었다. 2012/13시즌 LIG손해보험에서 뛴 오레올 까메호가 현대캐피탈의 유니폼으로 갈아입고 2012/13시즌 대한항공에서 뛴 마틴 네메츠가 KB손해보험과 계약했다. 두 선수 모두 3시즌 만에 돌아왔다.

레오가 떠난 삼성화재는 2008/09시즌 독일 분데스리가 프리드리히스하펜에서 문성민과 한솥밥을 먹은 괴르기 그로저를 영입했다. 한국전력도 쥬리치와 결별하고 얀 스토크(체코)와 계약했다. 새 사령탑을 맞은 우리카드도 군다스 셀리탄스(라트비아)와 계약하고 일찌감치 시즌 준비에 들어갔다.

FA 시장에선 지난 시즌에 이어 이번에도 눈에 띄는 이적이 없었다. FA 자격을 얻은 8명 중 대한항공의 리베로 김주완과 같은 팀의 미들 블로커 이영택이 미계약자로 남아 유니폼을 벗었다. 대한항공의 신영수와 우리카드의 세터 김광국은 잔류를 선택했다. 주상용과 최석기도 한국전력에, 하현용도 KB손해보험에 잔류했다. 강영준은 삼성화재 이적이 거의 확정되는 단계까지 가지만 원 소속 팀인 OK저축은행이 마음을 바꿔 붙잡았다.

현대캐피탈은 트레이드도 단행했다. 세터 권영민을 KB손해보험으로 보내고 세터 노재욱과 아웃사이드 히터 정영호를 데려왔다. 이후 현대캐피탈은 미들 블로커 신영석도 우리카드에서 영입했다. 그러나 신영석이 앞서 상무에서 군 복무를 하던 중에 두 팀이 미리 트레이드에 합의한 사실이 알려져 비판을 받기도 했다. 미들 블로커 권혁모도 대한항공에서 한국전력으로 옮겼다. 시즌이 개막한 뒤인 12월 2일에도 한국전력은 최석기를 다음 해 신인 1라운드 지명권과 함께 대한항공으로 보내고 세터 강민웅과 미들 블로커 전진용을 데려왔다.

청주에서 열린 컵대회에선 우리카드의 선전이 돋보였다. 7월 19일 청주체육관에서 열린 OK저축은행과의 결승전에서 우리카드가 3-1로 이겼다. 창단하고 처음 이룬 컵대회 우승이었다. 대회 MVP에 선정된 최홍석이 21점으로 공격을 주도한 중에 비주전급 선수들의 활약이 돋보였다. 이동석이 15점, 신으뜸이 14점, 엄경섭이 13점을 올렸다. OK저축은행은 강영준이 19점, 송명근이 12점을 올렸다.

신인 드래프트에선 수련선수 2명을 포함해 총 26명이 지명된 가운데 우리카드가 전체 1순위로 나경복을 선택했다. 선발된 선수들은 다음과 같다: 나경복, 김병욱, 김동훈, 황영권(이상 우리카드), 김재휘, 한정훈, 김준영, 기동균(이상 현대캐피탈), 황두연, 김은우, 백계중, 김영민(이상 KB손해보험), 백광현, 박상원, 유도윤(이상 대한항공), 안우재, 황원선, 지원우, 김재권(이상 한국전력), 정동근, 손태훈, 임효성, 한병주(이상 삼성화재), 천종범, 이시몬, 박기현(이상 OK저축은행).

초반 강세

시즌 개막전은 지난 시즌 챔피언결정전의 리턴매치로 열렸다. 10월 10일 안산 홈경기에서 OK저축은행이 삼성화재에 3-1로 이겨 설욕할 기회를 주지 않았다. 시몬과 송명근 쌍포는 여전했다. 시몬이 30점, 송명근이 22점을 올렸다. 그로저의 합류가 뒤로 밀리고 군 복무로 박철우가 빠진 삼성화재는 김명진이 13점, 류윤식이 12점, 고희진과 최귀엽이 각각 10점, 이선규가 9점을 올렸다. OK저축은행은 이후 두 경기를 더 잡으며 3연승으로 내달렸다.

최태웅 감독은 팀의 첫 경기에서 사령탑 데뷔승을 거뒀다. 10월 12일 천안에서 열린 우리카드와의 홈경기에서 현대캐피탈이 3-2로 이겼다. 오레올이 37점을 올리며 펄펄 날 때 문성민이 11점, 박주형과 진성태가 각각 10점으로 뒤를 받쳤다. 우리카드는 군다스가 27점, 최홍석이 19점, 신으뜸이 11점, 박진우가 10점을 기록했다.

강성형 감독도 10월 18일 우리카드와의 홈경기에서 3-2로 승리해 사령탑 부임 후 첫 승을 신고했다. 그날 KB손해보험은 김요한이

35점, 마틴이 23점을 올리며 지난 시즌이 끝난 뒤 선수 은퇴한 이경수의 빈자리를 잘 메웠다. 우리카드는 최홍석이 24점, 군다스가 20점, 이동석이 14점을 올렸다.

두 경기 연속으로 풀세트 승부 끝에 고배를 든 우리카드는 10월 21일 인천에서 열린 대한항공과의 원정 경기에서 3-2로 이겨 첫 승을 거뒀다. 군다스가 30점, 최홍석이 19점을 올리고 박상하와 박진우 미들 블로커진이 9블로킹에 20점을 합작했다. 세터 한선수가 군 복무를 마치고 복귀한 대한항공은 개막 후 3연승으로 달리다가 그 날 경기로 상승세가 꺾였다.

10월 24일 우리카드는 다시 서울로 돌아와 장충체육관에서 치른 OK저축은행과의 홈경기에서도 3-2로 이겨 신바람이 났다. 군다스가 31점을 올리고 나경복이 2, 3세트에 교체로, 4, 5세트엔 선발로 나와 13점을 올렸다. 박상하도 5블로킹에 10점을 올렸다. OK저축은행은 시몬이 29점, 송명근이 21점을 올리고도 상대의 기세를 꺾지 못했다. 그래도 OK저축은행은 1라운드에 5승 1패를 거둬 디펜딩 챔피언으로서 위용을 지켰다. 시몬이 1라운드 MVP에 뽑혔다.

개막 후 3연패를 당한 삼성화재는 10월 27일 우리카드와의 원정 경기에서 3-2로 이겨 첫 승을 거뒀다. 그렇게 임도헌 감독도 사령탑 데뷔승을 맛봤다. 뒤늦게 합류한 그로저가 42점을 올리고 지태환이 5블로킹에 16점을 기록했다. 우리카드는 군다스가 36점, 최홍석이 16점을 올린 끝에 승점 1점 획득에 만족해야 했다.

외국인 선수 부상

2라운드 초반 OK저축은행이 3연승을 거두며 상승세를 이어갔다. 그러던 중 11월 18일 대전에서 만난 삼성화재에 1-3으로 지면서 흐름이 끊겼다. 그날 삼성화재는 그로저가 48점, 이선규와 지태환 두 미들 블로커가 6블로킹에 22점을 합작했다. 시몬은 6블로킹에 37점을 올렸다. 이후 OK저축은행은 현대캐피탈에 0-2로, 대한항공에 2-3으로 연달아 패배해 3연승으로 시작한 2라운드를 3연패로 마쳤다.

반면 삼성화재는 2라운드 첫 상대인 현대캐피탈에 0-3으로 진 뒤 곧이어 치른 5경기에서 모두 이기며 선두 경쟁에 뛰어들었다. 주포로서 레오의 빈자리를 잘 메운 그로저가 2라운드 MVP에 선정됐다. 대한항공도 잘 버텼다. 한국전력과 삼성화재에 고개를 숙인 뒤 현대캐피탈과 OK저축은행에 승리를 거둠으로써 4승 2패의 성적으로 2라운드를 마쳤다.

3라운드에 들어 대한항공은 위기를 맞이했다. 11월 중순 팀 연습 도중 마이클이 오른 손등이 골절되는 부상을 입었다. 시즌 아웃을 우려할 정도로 부상 정도가 심했다. 대체선수 찾기에 나선 끝에 대한항공은 파벨 모로즈(러시아)와 계약했다. 12월 13일 천안에서 열린 현대캐피탈과의 원정 경기에 처음 투입된 모로즈는 30점을 올리며 팀의 3-1 승리를 이끌었다. 여기에 김학민이 23점, 정지석이 11점으로 뒤를 받쳤다.

부상은 상위권으로 도약을 노리던 우리카드에도 닥쳤다. 1, 2라운드를 거치는 동안 주포로 자리 잡은 군다스가 3라운드에 들어 부쩍 힘이 빠진 모습을 보였다. 부상 때문이었다. 12월 14일 한국전력과의 원정 경기가 그에겐 V리그에서 치른 마지막 경기였다. 우리카드가 0-3으로 진 가운데 그는 14점에 공격성공률 37.93퍼센트를 기록해 부진했다. 우리카드는 4라운드를 앞두고 12월 말 러시아 출신 알렉산드르 부츠(등록명 알렉산더)와의 계약 소식을 전했다.

마이클이 빠진 대한항공은 KB손해보험과 OK저축은행에 져 3라운드를 2연패로 시작했다. 그러나 김학민(25점)과 신영수(18점), 정지석(13점) 등 토종 스파이커들이 힘을 낸 덕분에 12월 7일 대전에서 만난 삼성화재를 3-1로 꺾고 분위기 반전에 성공했다. 그날 그로저는 37점을 올렸다. 그리고 김학민이 3라운드 MVP에도 이름을 올렸다.

우리카드는 1월 7일 장충체육관에서 열린 한국전력과의 홈경기에서 3-2로 이겨 3연패를 마감했다. 그날 처음 투입된 알렉산더가 30점을 올렸다. 한국전력은 얀이 28점, 서재덕과 전광인이 각각 19점을 올리지만 알렉산더를 앞세운 우리카드의 기세를 넘지 못했다. 그러나 알렉산더 효과는 오래가지 않았다. 우리카드는 다시 연패에 빠져 좀처럼 위쪽 순위로 올라가지 못했다.

4라운드부터는 팀들의 성적이 본격적으로 양극화됐다. OK저축은행과 현대캐피탈, 삼성화재, 대한항공이 1위 경쟁을 치열하게 벌이는 동안 한국전력과 KB손해보험, 우리카드는 하위권으로 밀려났다.

현대캐피탈의 18연승

4라운드에 들어 가장 주목을 받은 팀은 현대캐피탈이었다. 현대캐피탈은 2016년 1월 2일 장충체육관에서 열린 우리카드전에서 3-0으로 이기며 4라운드 일정에 들어갔다. 그날 오레올이 24점, 송준호가 13점, 문성민이 12점을 올렸다. 현대캐피탈은 그 경기부터 6라운드 마지막 상대로 다시 만난 우리카드와의 경기까지 18연승으로 내달렸다. 당시 기록한 18연승은 2024/25시즌까지도 리그 남녀부를 통틀어 단일 시즌 최다 연승으로 남아 있다. 그때 현대캐피탈이 보인 임팩트는 대단했다. 중후반 라운드 MVP도 모두 현대캐피탈 선수들이 차지했다. 4~6라운드에 걸쳐 센터 노재욱과 오레올, 문성민이 차례로 MVP에 선정됐다.

반면 3라운드에 부상 악재를 만나고도 선전한 대한항공은 그때의 활약을 발판 삼아 5라운드 초반 1월 19일 우리카드전에서 3-0으로 승리한 뒤 OK저축은행과 현대캐피탈을 제치고 1위로 올라섰다. 그런데 이후 내리 5연패를 당해 벌어놓은 승수와 승점을 까먹고 만다. 복덩이가 될 줄 알았던 모로즈는 경기 도중 판정과 김종민 감독을 비롯한 코칭스태프의 지시에 불만을 드러내는 등 돌출 행동을 자주 했다. 연패와 함께 팀 분위기도 가라앉더니 급기야 1월 27일 수원에서 열린 한국전력과의 원정 경기(1-3 패) 도중 김종민 감독이 공개적으로 감정을 드러내는 일도 있었다.

2월 11일 결국 김종민 감독이 지휘봉을 내려놨다. 2월 8일 KB손해보험과의 경기에서 져 5연패를 당한 뒤 사퇴 의사를 전달하자 구단이 이를 수용한 것. 대한항공은 장광균 코치가 감독대행을 맡아 남은 시즌을 치르게 됐다.

현대캐피탈이 무패 행진을 보이는 동안 OK저축은행도 쉽게 선두를 내주지 않았다. 4~6라운드에 걸쳐 현대캐피탈과의 맞대결에서 모두 0-3으로 지고도 다른 팀들과의 경기를 통해 승수와 승점을 차곡차곡 쌓아 순위 경쟁에서 밀리지 않았다. 18연승으로 내달린 현대캐피탈은 5라운드 후반 OK저축은행을 제친 뒤 결국 28승 8패(승점 81)로 정규리그 1위를 차지했다. 오히려 2위 경쟁이 치열했다. OK저축은행(승점 71)과 삼성화재(승점 66)가 23승 13패 동률을 이룬 상태에서 OK저축은행이 승점에서 앞서 2위가 됐다.

감독이 교체되는 등 어수선한 분위기에도 대한항공은 승점 관리를 잘했다. 장광균 감독대행의 지휘 아래 6라운드 막판 4연승을 거둬 삼성화재와의 승점 차를 좁히며 21승 15패(승점 64)로 4위가 됐다. 3위 팀과의 승점 차가 3점 이내가 돼 2011/12시즌 이후 4시즌 만에 준플레이오프가 성사됐다. 반면 지난 시즌 봄배구에 나섰던 한국전력은 6라운드에 4연패로 부진한 탓에 14승 22패(승점 47)를 기록하며 5위로 떨어졌다. KB손해보험은 10승 26패(승점 28)를 거둬 또다시 6위라는 실망스러운 결과를 얻었다. 우리카드는 초반에 선전하고도 군다스를 교체하고 알렉산더 효과도 못 보는 통에 7승 29패(승점 21)로 두 시즌 연속으로 최하위가 됐다.

2시즌 연속 우승

단판 승부로 치른 준플레이오프에선 삼성화재가 웃었다. 3월 10일 대전에서 열린 포스트시즌 첫 경기에서 대한항공을 3-1로 꺾었다. 화력 대결뿐 아니라 서브(8대 4)와 블로킹(6대 2)에서도 삼성화재가 우위를 보였다. 그로저가 36점을 올리는 중에 서브 에이스 2개와 블로킹 3개를 기록하며 승리를 이끌었다. 류윤식도 서브 에이스 2개와 블로킹 3개를 포함해 10점을 올리고 미들 블로커 지태환도 블로킹 4개에 14점을 올렸다. 대한항공은 모로즈가 31점을 올리고 김학민과 정지석이 24점을 합작하지만 봄배구에서 가장 먼저 탈락하게 됐다.

플레이오프는 지난 시즌 챔피언결정전의 리턴매치가 됐다. 삼성화재와 OK저축은행이 다시 한 번 승부의 길목에서 만난 것. 설욕을 노리던 삼성화재가 이번에도 OK저축은행에 막혔다. OK저축은행이 1, 2차전을 연달아 가져오며 다시 한 번 챔피언결정전 진출에 성공했다. 3월 12일 안산에서 열린 1차전에서 3-0으로 이겨 기선을 제압했다. 그날 시몬이 31점을 올리는 중에 서브 에이스 4개와 블로킹 4개로 삼성화재를 흔들었다. 송명근도 16점으로 뒤를 받쳤다. 선발 미들 블로커로 나온 한상길과 박원빈도 12점을 합작했다. 삼성화재는 그로저가 23점을 올리는 중에 팀 동료들의 지원이 모자랐다.

3월 14일 대전에서 열린 2차전에서도 삼성화재를 3-1로 꺾었다. 삼성화재는 그로저가 26점, 류윤식이 9점을 올리고 지태환과 이선규가 5블로킹에 13점을 합작하지만 고개를 숙였다. 그로저는 시리즈 내내 다소 힘에 부치는 모습을 보였다. 그날 OK저축은행은 시몬이 26점, 송명근이 20점을 올렸다. 송희채도 8점을 올리며 쏠쏠하게 활약했다. 이로써 삼성화재는 리그 출범 이래 한 번도 빠지지 않던 챔피언결정전 진출에 마침표를 찍었다.

2006/07시즌 이후 오랜만에 챔피언결정전 우승에 도전장을 낸 현대캐피탈과 '2시즌 연속 우승'을 노리는 OK저축은행 간의 마지막 승부. 3월 18일 천안에서 열린 1차전에선 명승부가 나왔다. 풀세트까지 가는 접전이 펼쳐졌다. OK저축은행이 1, 2세트를 연달아 따내며 유리한 고지에 오르자 현대캐피탈이 뒷심을 발휘해 3, 4세트를 만회함으로써 승부를 원점으로 돌렸다. 마지막 5세트 듀스 접전에선 OK저축은행이 웃었다. 15-15 상황에서 해결사로 나선 선수는 시몬이 아니라 송명근이었다. 그가 두 차례 시도한 공격이 모두 점수로 연결돼 17-15로 세트를 마치며 OK저축은행이 3-2로 1차전을 잡았다. 그날 시몬이 28점, 송명근이 22점, 송희채와 한상길이 각각 9점을 올렸다. 현대캐피탈은 오레올이 26점, 신영석이 13점을 올리며 분전한 중에 문성민이 11점에 공격성공률 40퍼센트로 다소 부진했다.

3월 20일 같은 장소에서 열린 2차전은 1차전과 비교해 일찍 끝났다. 현대캐피탈은 힘이 빠졌는지 이렇다 할 반격을 하지 못하고 OK저축은행에 0-3으로 경기를 내줬다. 시몬이 23점, 송명근이 13점, 한상길이 10점을 올렸다. 반면 현대캐피탈은 믿었던 오레올과 문성민이 각각 11점, 10점에 그치면서 코너에 몰렸다.

그러나 현대캐피탈은 그대로 주저앉지 않았다. 3월 22일 안산에서 열린 3차전에서 3-1 역전승을 거두며 승부를 4차전으로 끌고 갔다. OK저축은행은 1세트를 접전 끝에 25-23으로 따내 우승으로 가는 9부 능선을 넘는 듯했다. 하지만 현대캐피탈이 힘을 내 2~4세트를 내리 가져왔다. 그날 오레올이 서브 에이스 5개와 블로킹 5개를 포함해 26점을 올리며 선봉에 서고 문성민도 16점으로 제 몫을 했다. OK저축은행은 시몬이 37점을 올리지만 송명근이 12점에 공격성공률 35.71퍼센트로 주춤한 끝에 4차전을 준비하게 됐다.

3월 24일 같은 장소에서 열린 4차전. OK저축은행은 상대가 반격할 틈을 주지 않았다. 3차전과는 반대의 결과가 나왔다. 3-1로 승리를 거둬 시리즈 전적 3승 1패로 두 시즌 연속으로 챔피언결정전 우승 트로피를 들어 올렸다. 그날 시몬이 32점, 송명근이 17점을 올렸다. 송희채도 11점을 올리며 알토란 같은 역할을 했다. 반면 현대캐피탈은 3세트를 따낸 뒤에도 분위기와 흐름을 바꾸지 못했다. 오레올이 18점을 올리고 문성민이 12점에 공격성공률 33.33퍼센트를 기록했다.

시몬은 정규리그 MVP를 문성민에게 내주고도 챔피언결정전 MVP가 되어 최고의 외국인 선수로 자리매김했다. 김세진 OK저축은행 감독이 신치용, 김호철 감독에 이어 2시즌 이상 연속으로 감독상을 받은 세 번째 사령탑이 됐다.

베스트7은 다음과 같았다: 한선수(세터), 오레올과 송명근(아웃사이드 히터), 그로저(아포짓), 이선규와 최민호(미들 블로커), 여오현(리베로). 나경복이 신인상을 받고 한상길이 베스트드레서상을 2년 연속으로 수상했다. 현대캐피탈이 페어플레이상을, 조선행 주·부심과 김영철 선심이 심판상을 받았다.

| V-LEAGUE 2016/17 시즌 | # 10시즌 만의 우승 |

큰 변화가 있었다. 외국인 선수 선발 방식이 구단별 자유선발에서 '트라이아웃 후 드래프트'로 바뀌었다. 한국배구연맹은 2012/13시즌부터 실무위원회와 이사회를 거쳐 외국인 선수 선발 제도 변경을 논의한 끝에 여자부부터 '트라이아웃 후 드래프트' 방식을 도입하기로 결정했다(2015/16시즌 적용). 남자부는 그해 시즌부터 바뀐 선발 방식이 적용됐다.

이에 따라 7개 구단 모두 외국인 선수를 새로운 얼굴로 바꿨다. 당시 남자부는 여자부와 달리 트라이아웃에 참가하는 선수에 대해 국적 제한과 순위별 연봉 지급 제도를 두지 않았다. 연봉은 선수당 30만 달러로 정하고 트라이아웃을 거쳐 드래프트에서 뽑힌 외국인 선수는 1년에 한해 재계약이 가능하게 했다. 또 시즌 중 부상 등의 이유로 대체선수가 필요할 경우 트라이아웃에 참가한 선수 중 계약이 가능한 선수에 한해 정규리그 마지막 라운드가 시작되기 전까지 1회 교체가 가능하게 했다(이후 라운드 제한이 폐지됨).

2016년 6월 13일 인천 송림체육관에서 열린 드래프트에선 반가운 얼굴을 볼 수 있었다. 자유선발 당시 현대캐피탈에서 뛴 가스파리니가 대한항공에 1순위로 뽑히고, 2013/14시즌 러시앤캐시에서 뛴 바로티가 한국전력에 3순위로 뽑혔다. KB손해보험은 2순위로 아르투르 우드리스(벨라루스)를, 삼성화재는 4순위로 타이스 덜호스트(네덜란드)를, 우리카드는 5순위로 크리스티안 파다르(헝가리)를, 현대캐피탈은 6순위로 툰체 밴 랭크벨트(캐나다, 등록명 톤)를, OK저축은행은 7순위로 롤란도 세페다(쿠바)를 선발했다. 그런데 세페다가 그해 월드리그에서 성추행 사건에 연루돼 한국에서 뛸 수 없게 되자 OK저축은행은 새로운 선수를 찾아 마르코 보이치(몬테네그로)와 계약했다.

오프시즌 트레이드에선 우선 현대캐피탈과 한국전력이 미들 블로커를 맞바꿨다. 윤봉우가 한국전력으로 가고 우상조가 현대캐피탈로 옮겼다. 삼성화재도 OK저축은행과 1대 1 트레이드를 단행했다. 미들 블로커 김규민이 삼성화재로 가고 리베로 이강주가 OK저축은행으로 옮겼다. 윤봉우와 이강주의 경우 FA 자격을 얻은 상태에서 원 소속 팀과 계약한 다음 이적한 사인 앤 트레이드였다.

FA 시장에선 김학민과 곽승석(대한항공), 문성민과 신영석(현대캐피탈), 김요한(KB손해보험), 이선규(삼성화재) 등 대어들이 많았다. 그러나 이선규를 제외한 대부분 선수가 원 소속 팀과 계약했다. 대한항공에선 김학민과 곽승석, 김철홍이 FA 자격을 얻은 뒤 잔류했다. 현대캐피탈은 윤봉우와 계약한 뒤 트레이드로 보내고 임동규와는 재계약하지 않고 코치로 제2의 배구 인생을 시작하게 했다. 문성민은 4억 5천만 원에, 신영석은 4억 2천만 원에 잔류했다. 삼성화재는 이선규와 고희진, 지태환 등 FA가 된 미들 블로커 셋 중에 고희진과 지태환만 잡았다. 이선규는 KB손해보험과 계약해 이적했다. 삼성화재는 이선규의 보상선수로 리베로 부용찬을 영입했다. 그러면서 삼성화재는 FA 자격을 얻은 또 다른 리베로 곽동혁과 재계약을 한 뒤 KB손해보험으로 보냈다.

KB손해보험은 그해 가장 착실하게 전력을 보강한 팀으로 평가받았다. 이선규와 곽동혁을 FA로 밖에서 데려오고 내부 FA들인 김요한과 베테랑 세터 권영민, 아웃사이드 히터 김진만을 잔류시켰다. 한국전력은 강민웅을, 우리카드는 안준찬을, OK저축은행은 김정훈과 김천재를 모두 붙잡았다.

컵대회 첫 우승

컵대회는 지난해에 이어 다시 한 번 청주에서 열렸다. 2012/13시즌 이후 리그에 참여하지 않던 상무가 컵대회에 한해 아마추어 초청팀 자격으로 참가하게 됐다. 상무가 조별리그에서 3패에 그쳐 탈락한 가운데 대회에서 가장 주목을 받은 팀은 한국전력이었다. 한국전력은 컵대회 첫 상대인 현대캐피탈을 3-1로 잡았다. 그날 바로티가 25점, 전광인이 18점, 서재덕이 9점을 올려 삼각 편대의 위력을 보였다. 한국전력은 KB손해보험과 OK저축은행 모두 3-0으로 연달아 꺾고 3승으로 준결승에 올라갔다. 대한항공과의 준결승에서도 3-0으로 이겼다. 전광인이 17점, 바로티가 15점을 올렸다. 결승 상대는 조별리그에서 만났던 KB손해보험이었다. 10월 3일 결승전에서 한국전력은 삼각 편대의 활약 덕에 3-1 승리를 거둬 컵대회에 참가한 이래 첫 우승의 기쁨을 맛봤다. 그날 바로티가 24점, 전광인이 19점, 서재덕이 9점을 올렸다. KB손해보험은 우드리스가 22점, 하현용과 이강원이 각각 8점을 올렸다. 컵대회 MVP에는 전광인이 선정됐다.

한편 대한항공은 2007년부터 2010년까지 LIG손해보험을 맡고 2011년부터 남자배구 대표팀을 이끌어오던 박기원 감독을 새로운 사령탑으로 맞이했다. 또 리베로 최부식이 선수 은퇴한 뒤 '박기원호' 코칭스태프에 합류해 지도자의 길을 걷게 됐다.

10월 24일 신인 드래프트에선 수련선수 5명을 포함해 총 21명이 지명됐다. KB손해보험이 전체 1순위로 황택의를 뽑았다. 신인 드래프트 사상 처음으로 전체 1순위로 지명된 센터였다. 2순위로 우리카드에 뽑힌 하승우도 센터였다. 선발된 선수들은 다음과 같다: 황택의, 신해성, 박민범, 백민규(이상 KB손해보험), 하승우, 김량우, 송지민(이상 우리카드), 허수봉, 석정현, 박대웅, 정진연(이상 한국전력), 김성민, 추도빈(이상 대한항공), 정준혁, 임동호, 이창준(이상 삼성화재), 이시우, 차영석(이상 현대캐피탈), 박철영, 조재성, 배인호(이상 OK저축은행).

허수봉은 고교 졸업반 선수로는 처음으로 1라운드에 뽑혔다. 그런데 1라운드 3순위로 지명된 그는 한국전력의 유니폼을 입지 않았다. 지난 시즌 한국전력이 미들 블로커 최석기를 대한항공으로 트레이드하는 과정에서 해당 지명권이 포함됨에 따라 결과적으로 대한항공이 데려갔다. 게다가 대한항공에 머문 시간도 짧았다. 나흘 뒤 현대캐피탈과 대한항공이 트레이드를 단행할 때 허수봉이 현대캐피탈로 가고 미들 블로커 진성태가 대한항공의 유니폼을 입었다.

흔들리는 OK저축은행

외국인 선수 영입 과정에서 잡음이 생긴 OK저축은행은 디펜딩 챔피언으로서 초반 위력을 보여주지 못했다. 10월 15일 안산에서 열린 개막전에서 현대캐피탈에 0-3으로 완패했다. 1세트에 접전을 펼쳤을 뿐 이후 계속 상대 팀에 밀렸다. 마르코도 14점을 올리는 중에 공격성공률이 44.44퍼센트로 썩 좋지 않았다. 반면 현대캐피탈은 문성민이 15점, 박주형이 14점을 올리며 공격을 이끌었다.

OK저축은행은 10월 19일 우리카드와의 원정 경기에서도 0-3으로 지고 10월 23일 대한항공과의 홈경기에서도 풀세트 접전 끝에 2-3으로 고개를 숙였다. 마르코와 강영준이 35점을 합작하며 분전하지만 김학민과 가스파리니, 곽승석이 버티는 대한항공을 넘지 못했다. OK저축은행은 10월 27일 KB손해보험과의 원정 경기에서

3-2 승리를 거둬 3연패를 끊었다. 그러나 반전은 없었다. 곧바로 삼성화재에 0-3으로 덜미를 잡히는 바람에 연승으로 이어가지 못했다. 그렇게 1라운드에 2승 4패를 거뒀다.

반면 박기원 감독은 10월 16일 대전에서 열린 삼성화재와의 원정 경기에서 3-1로 이겨 리그 복귀전 승리를 거뒀다. 대한항공은 김학민과 가스파리니, 곽승석이 각각 19점, 17점, 15점을 내 타이스와 김명진이 버틴 삼성화재에 화력 대결에서 앞섰다. 대한항공은 11월 4일 천안에서 열린 현대캐피탈과의 원정 경기에서도 3-0으로 이기는 등 1라운드에 5승 1패를 거뒀다. 현대캐피탈은 톤의 공격력이 기대만큼 나오지 않아 고민에 빠졌다.

1라운드 MVP는 우리카드를 3승 3패로 이끈 파다르가 차지했다. 파다르는 현대캐피탈전과 삼성화재전에서 풀세트 끝에 패하는 중에도 각각 33점, 41점을 올리는 등 1라운드에만 134점을 기록했다.

OK저축은행은 2라운드에 들어서도 힘을 내지 못했다. 11월 18일 우리카드와의 홈경기에서 3-2로 이겨 연패를 끊은 것이 2라운드에 거둔 유일한 승리였다. 설상가상으로 마르코까지 부상을 당하는 바람에 백업 멤버 전병선이 선발 아포짓으로 출전했다.

2라운드엔 한국전력의 선전이 눈에 띄었다. 전광인과 바로티, 서재덕을 앞세워 2라운드에 5승 1패를 거둠으로써 선두권 순위 경쟁에 뛰어들었다. 11월 25일 수원에서 열린 현대캐피탈과의 홈경기가 백미였다. 그날 서재덕과 바로티가 각각 20점을 올리고 전광인이 12점으로 뒤를 받쳤다. 미들 블로커 윤봉우도 친정 팀을 상대로 블로킹 6개에 12점을 올리며 힘을 실었다. 현대캐피탈은 문성민이 20점, 톤이 18점을 올리고 신영석과 최민호가 8블로킹에 31점을 합작하지만 한국전력의 기세에 눌렸다. 한국전력의 호성적을 이끈 전광인이 2라운드 MVP로 선정됐다.

외국인 선수 교체

반등의 기회를 노리던 OK저축은행은 3라운드에 들어 외국인 선수 교체 카드를 꺼냈다. 부상 중인 마르코와 결별하고 모하메드 알 하차다디(모로코)와 계약했다. 모하메드는 12월 7일 인천에서 열린 대한항공전에 처음 투입돼 34점을 올리며 합격점을 받았다. 하지만 그의 활약에도 대한항공에 2-3으로 패했다. 그날 대한항공은 가스파리니가 30점, 김학민이 20점, 정지석이 10점을 올렸다. OK저축은행은 부상에서 회복한 송명근이 20점을 올린 점이 그나마 위안이 됐다.

3라운드엔 현대캐피탈이 치고 나왔다. 톤이 여전히 공격에서 애를 먹는 중에 문성민과 신영석, 최민호의 높이를 앞세워 12월 8일 한국전력과의 원정 경기(2-3 패)만 빼고 모두 승리해 5승 1패를 거뒀다. 그러면서 1위 자리를 놓고 대한항공과 본격적인 경쟁에 들어갔다. 문성민이 3라운드 MVP에 이름을 올렸다.

4라운드엔 중위권 순위 경쟁도 불이 붙었다. 파다르와 최홍석 쌍포를 앞세운 우리카드가 그 중심에 섰다. 우리카드는 2017년 1월 11일 현대캐피탈과의 홈경기에서 3-0으로 이기고 1월 15일 삼성화재와의 홈경기에서도 3-1로 이겨 4연승으로 내달렸다. 그 두 경기에서 파다르가 각각 37점, 32점을 올렸다. 우리카드는 4라운드에 4승 2패라는 성적을 내고 파다르도 시즌 들어 두 번째로 라운드 MVP에 뽑힐 정도로 맹활약했다.

OK저축은행만 순위 경쟁에서 뒤로 밀리는 가운데 대한항공과 현대캐피탈, 삼성화재, 한국전력이 서로 물고 물렸다. 삼성화재는 코트로 돌아온 박철우와 타이스 좌우 쌍포가 자리를 잡은 덕에 승수를 쌓았다. 대한항공은 가스파리니와 김학민이, 한국전력은 전광인과 바로티가 꾸준한 활약을 보였다. 여기에 KB손해보험도 1월 1일 삼성화재와의 원정 경기에서 3-1로 이겨 고춧가루를 뿌렸다. 김요한의 컨디션이 올라오지 않은 중에 우드리스와 이강원이 쌍포 노릇을 잘했다.

5라운드에 들어 현대캐피탈은 승부수를 던졌다. 공격력에서 아쉬운 모습을 보인 톤과의 계약을 해지하고 새로운 외국인 선수로 크로아티아 출신 다니엘 갈리치(등록명 대니)를 데려왔다. 대니는 2월 9일 대한항공과의 홈경기에 처음 투입돼 16점을 올렸다. 18점을 올린 문성민에 이어 팀 내 두 번째로 많은 득점이지만 눈에 쏙 들어오는 활약은 아니었다. 소속 팀도 1-3으로 졌다. 그날 대한항공은 가스파리니와 김학민 좌우 쌍포가 각각 30점, 22점을 올리고 정지석도 블로킹 2개를 포함해 10점을 올렸다.

대니는 2월 11일 삼성화재와의 홈경기에선 개인 기록이 더 떨어졌다. 14점을 올리는 중에 공격성공률이 38.89퍼센트로 낮았다.

그래도 현대캐피탈은 문성민과 박주형의 활약 덕분에 삼성화재에 3-1로 이겼다. 두 선수가 31점을 합작할 때 삼성화재는 타이스가 36점, 박철우가 12점을 올렸다.

5라운드엔 우리카드가 힘이 빠졌다. 라운드 초반 OK저축은행과 KB손해보험에 연달아 승리를 거둔 뒤 현대캐피탈과 삼성화재에 모두 풀세트 승부 끝에 고개를 숙여 상위권 순위 경쟁에서 밀려났다. 이후 한국전력에 1-3으로 지고 라운드 마지막 상대인 대한항공에도 0-3으로 패해 4연패 부진에 빠졌다. 한편 대한항공의 순항을 이끈 주역인 김학민이 5라운드 MVP에 선정됐다.

삼성화재의 좌절

우리카드는 6라운드 첫 경기인 한국전력과의 수원 원정길에서 3-2로 승리해 연패를 끊었다. 파다르가 33점, 최홍석이 14점, 신으뜸이 알토란 같은 10점을 올리며 연패 탈출을 견인했다. 한국전력은 바로티가 35점, 전광인이 15점, 서재덕이 12점을 올렸다. 그러나 우리카드는 흐름을 바꾸지 못했다. 이후 치른 대한항공, 삼성화재, 현대캐피탈과의 경기에서 모두 덜미를 잡혀 봄배구 진출에 필요한 승수를 쌓지 못했다.

삼성화재 역시 급하기는 마찬가지였다. 라운드 초반 OK저축은행과 KB손해보험에 연달아 승리를 거둔 뒤 2월 26일 한국전력에 0-3으로 완패했다. 특히 3월 7일 대한항공과의 인천 원정 맞대결에서 2-3으로 패한 게 뼈아팠다. 그날 타이스가 29점, 박철우가 23점을 올리고도 5세트 막판 뒷심에서 밀렸다. 대한항공은 가스파리니가 31점, 정지석이 11점, 김학민을 교체로 돌리고 선발로 나온 신영수가 10점을 올렸다. 대한항공은 그날 승리로 정규리그 1위를 확정했다.

그렇게 대한항공이 25승 11패(승점 72)를 거둬 챔피언결정전 직행 티켓을 손에 넣었다. 외국인 선수를 교체한 효과를 못 본 현대캐피탈은 23승 13패(승점 68)로 2위에 올랐다. 한국전력이 22승 14패(승점 62)로 3위가 되어 봄배구로 가는 막차를 탔다.

4위 삼성화재가 18승 18패로 승률 5할을 맞추고도 승점 58을 기록하면서 준플레이오프는 성사되지 못했다. 삼성화재가 리그 출범 이래 봄배구에 나가지 못한 것은 이때가 처음이었다. 5라운드 초중반만 해도 봄배구 진출이 유력해 보이던 우리카드는 시즌 후반에 주저앉아 17승 19패(승점 55)의 성적으로 5위에 만족해야 했다. KB손해보험은 14승 22패(승점 43)를 기록해 6위로 정규리그를 마쳤다. 그리고 2시즌 연속으로 챔피언결정전 우승을 차지한 OK저축은행은 한 시즌 만에 7승 29패(승점 20)로 떨어져 최하위에 머물렀다. 한편 문성민이 3라운드에 이어 다시 한 번 라운드 MVP가 됐다.

세 번째 우승

플레이오프 승부는 예상과 달리 한쪽의 일방적인 흐름으로 진행됐다. 처음엔 정규리그 동안 상대 전적에서 5승 1패로 앞선 한국전력이 우세하리라는 전망이 많았다. 한국전력 입장에선 2014/15시즌 플레이오프에서 OK저축은행에 밀린 아쉬움을 날릴 기회로 보였다. 하지만 막상 뚜껑을 열자 현대캐피탈의 전력이 더 강했다.

3월 19일 천안에서 열린 1차전. 현대캐피탈이 한국전력을 3-0으로 꺾고 기선을 제압했다. 대니가 14점에 공격성공률 63.15퍼센트를 기록하고 문성민과 박주형이 23점을 합작하며 뒤를 받쳤다. 높이 대결에서도 최민호와 신영석이 블로킹 6개에 14점을 합작한 현대캐피탈이 우위를 점했다. 한국전력은 전광인이 14점을 올린 중에 바로티가 10점에 공격성공률 33.33퍼센트로 부진한 게 아쉬웠다.

3월 16일 수원에서 열린 2차전에서도 현대캐피탈이 3-0으로 이겼다. 대니가 부상을 입어 1, 2세트 출전에 그친 중에 문성민이 14점, 교체로 투입된 송준호가 13점, 박주형이 11점을 올렸다. 한국전력은 바로티의 부진이 다시 발목을 잡았다. 서재덕과 전광인이 21점을 합작한 중에 바로티가 10점에 묶이고 공격성공률 29.63퍼센트를 기록해 1차전보다 더 떨어졌다.

챔피언결정전에선 대한항공이 기선을 제압했다. 3월 25일 인천에서 열린 1차전에서 대한항공이 현대캐피탈을 3-0으로 꺾었다. 가스파리니가 21점, 김학민이 13점을 올려 화력 대결에서 앞섰다. 현대캐피탈은 최민호가 14점을 올리는 중에 대니가 부상 여파로 6점에 그치고 문성민도 9득점, 공격성공률 38.10퍼센트에 머물렀다. 활로를 뚫어야 할 박주형도 4점에 공격성공률 33.33퍼센트로 부진했다.

그러나 현대캐피탈은 3월 27일 2차전에서 시리즈 균형을 맞췄다. 1, 2세트를 먼저 내주고 코너에 몰리다가 3~5세트를 연달아 따내 3-2 극적인 역전승을 거뒀다. 문성민이 36점을 올리며 펄펄 날았다. 송준호가 15점을 올리고 최민호와 신영석도 7블로킹에 20점을 합작했다. 대한항공은 가스파리니가 25점을 올리고 미들 블로커진 최석기와 진상헌이 10블로킹에 21점을 합작하며 높이에서 밀리지 않은 중에 김학민과 신영수, 정지석의 공격력이 아쉬웠다.

3월 29일 천안에서 열린 3차전에서 다시 대한항공이 3-1로 이겨 시리즈 전적 2승 1패로 앞서갔다. 그렇게 팀의 첫 챔피언결정전 우승에 단 1승만을 남겨두게 됐다. 가스파리니가 25점, 김학민이 11점을 올리며 팀의 승리에 힘을 실었다. 현대캐피탈은 문성민이 30점을 올리지만 패배로 빛이 바랬다.

현대캐피탈은 그대로 주저앉지 않았다. 4월 1일 4차전에서 3-0으로 대한항공을 꺾어 시리즈 승부를 원점으로 돌렸다. 1, 2세트에 듀스 접전을 모두 따낸 게 결정적이었다. 1세트 24-24 상황에서 대한항공의 서브 범실로 25-24 리드를 잡은 다음 가스파리니가 시도한 퀵오픈을 신영석이 가로막아 26-24로 세트를 따냈다. 2세트 28-28 상황에선 김학민이 때린 스파이크가 아웃된 덕에 29-28 리드를 잡은 다음 가스파리니가 시도한 후위공격을 이번에는 최민호가 가로막아 이번에도 듀스 접전 끝에 웃었다. 문성민이 27점, 박주형이 13점을 올리며 그날 승리의 주역이 됐다. 대한항공은 가스파리니가 23점을 올리는 중에 2차전과 비슷하게 토종 공격수들의 활약도가 떨어졌다. 김학민이 6점, 신영수가 5점, 정지석이 4점에 그쳤다.

마지막 5차전은 4월 3일 장소를 대한항공의 안방인 인천에서 치러졌다. 대한항공이 1세트 24-24 듀스 승부에서 웃으며 4차전 1, 2세트에 듀스 접전 끝에 밀린 패배를 설욕했다. 2세트도 듀스 접전이 벌어지는데 이번엔 현대캐피탈이 세트를 가져갔다. 25-25 상황에서 상대의 서브 범실이 나온 뒤 최민호의 다이렉트 킬이 이어졌다. 기세가 오른 현대캐피탈이 3세트도 따내 세트 리드를 잡았다. 그리고 4세트 후반에 연속 득점하며 승기를 굳혔다. 이때 대니가 활약했다. 19-18 한 점 앞선 상황에서 그의 퀵오픈이 연속으로 터진 덕에 현대캐피탈이 21-18로 치고 나갔다. 서로 한 점씩 주고받은 뒤 대니가 다시 한 번 퀵오픈을 터뜨려 23-19로 우승으로 가는 9부 능선을 넘었다.

현대캐피탈의 마지막 두 점은 신영석이 책임졌다. 속공에 성공해 24-20 매치포인트를 앞둔 다음 가스파리니가 시도한 오픈공격을 블로킹으로 잡아냈다. 결국 현대캐피탈이 3승 2패로 이겨 2006/07시즌 이후 팀 역사상 세 번째 챔피언결정전 우승을 차지하게 됐다. 최태웅 감독도 삼성화재 선수 시절이던 2009/10시즌 우승한 이후 7시즌 만에 지도자로서 다시 한 번 우승의 기쁨을 누렸다. 그는 시즌 내내 '스피드 배구'를 모토로 삼고 경기 중 상황에 맞춰 선수별 포지션에 적극적인 변화를 주는 등 '토탈 배구'를 추구한 끝에 최상의 결과를 손에 넣게 됐다.

대한항공은 고비를 넘지 못하고 팀 통산 네 번째 준우승에 만족해야 했다. 문성민은 정규리그에 이어 챔피언결정전에서도 MVP를 차지해 '별 중의 별'이 됐다. 최태웅 감독이 우승 감독상을 받고 황택의가 신인상을 차지했다. 정규리그 베스트7에는 김광국(세터), 타이스와 전광인(아웃사이드 히터), 문성민(아포짓), 윤봉우와 신영석(미들 블로커), 부용찬(리베로)이 선정됐다. 한상규 주·부심과 이명헌 선심이 심판상을, OK저축은행이 페어플레이상을 받았다.

| V-LEAGUE |
| 2017/18 시즌 | **고공비행** |

 리그가 출범한 이래 줄곧 남녀부의 경기가 함께 편성돼오다가 이때부터 남자부와 여자부로 분리 운영됐다. 즉 평일의 경우 여자부 경기가 먼저 열린 다음 남자부 경기가 이어진 것이 경기 일정이 분리 운영됨에 따라 저녁 7시 같은 시간에 따로따로 열리게 됐다.

 리그 타이틀 스폰서도 NH농협에서 도드람으로 바뀌었다. 한국배구연맹은 도드람과 향후 세 시즌에 걸친 타이틀 스폰서 계약을 맺었다. 오프시즌 동안 연고지를 바꾼 구단도 있었다. KB손해보험은 구미를 떠나 의정부에 새 둥지를 틀고 의정부체육관을 홈코트로 사용하게 됐다.

 사령탑을 교체한 구단도 있다. 삼성화재는 지난 두 시즌 동안 지휘봉을 잡은 임도헌 감독과 헤어지고 선수 시절 왕조의 한 축을 이끌던 신진식 전 코치를 새로운 감독으로 선임했다. 신감독은 선수 은퇴한 뒤 홍익대 배구부 감독과 삼성화재 코치로 활동하다 친정팀의 지휘봉을 잡게 됐다. 임감독은 지난 시즌 봄배구에 나서지 못한 책임을 지고 팀을 떠난 셈. 한국전력도 계약 기간이 끝난 신영철 감독과 재계약하지 않고 내부 승격을 통해 김철수 코치에게 팀 지휘봉을 맡겼다. KB손해보험도 코칭스태프에 변화를 줬다. 강성형 감독과 재계약하는 대신 권순찬 코치를 감독으로 끌어올렸다. 세 감독 모두 리그에서 사령탑을 맡은 건 처음이었다.

분주한 오프시즌

외국인 선수는 3명이 잔류해 다시 한 번 시즌을 맞이했다. 드래프트를 앞두고 삼성화재는 타이스와, 우리카드는 파다르와, 대한항공은 가스파리니와 재계약했다. 드래프트에선 OK저축은행이 1순위로 브람 반 덴 드라이스(벨기에)를, KB손해보험이 2순위로 알레산드르 페헤이라(포르투갈, 등록명 알렉스)를, 한국전력이 4순위로 펠리피 아이르통 반데로(브라질, 등록명 펠리페)를 뽑았다. 예상 밖의 선택을 한 팀도 있다. 디펜딩 챔피언 현대캐피탈은 챔피언결정전에서 알토란 같은 활약을 보인 대니와 재계약하지 않고 지난 시즌 한국전력에서 뛴 바로티를 선택했다.

FA 자격을 얻은 선수들은 김형우와 진상헌(이상 대한항공), 하경민과 유광우, 부용찬, 류윤식, 박철우(이상 삼성화재), 박상하와 신으뜸, 김시훈, 김정환, 최홍석(이상 우리카드), 방신봉과 서재덕(이상 한국전력), 최민호와 박주형, 정성민(이상 현대캐피탈), 한상길(OK저축은행) 등이었다. 그중 미들 블로커 최대어로 꼽힌 박상하가 삼성화재로 이적함에 따라 우리카드가 보상선수로 유광우를 지명했다. 그렇게 세터 유광우는 삼성화재와 FA 계약한 다음 보상선수로 팀을 옮기게 됐다. 김형우와 베테랑 미들 블로커 방신봉은 팀들과의 협상에서 접점을 찾지 못해 결국 미계약자로 남게 됐다. 방신봉은 선수 은퇴하고 김형우는 시즌이 끝난 뒤 KB손해보험으로 팀을 옮겨 코트로 돌아왔다. 나머지 FA 선수들은 원 소속 팀에 남았다.

FA 시장에서 박상하와 유광우만 유니폼을 바꿔 입은 것과 달리 오프시즌 트레이드는 활발히 이뤄졌다. KB손해보험이 먼저 움직였다. KB손해보험은 간판스타인 김요한을 세터 이효동과 묶어 OK저축은행과 2대 2 트레이드를 단행했다. 이를 통해 강영준과 김홍정이 KB손해보험으로 왔다. 리베로 정성민도 대한항공의 그해 시즌 신인 2라운드 지명권을 받는 조건으로 현대캐피탈에서 대한항공으로 트레이드됐다. KB손해보험은 한 번 더 트레이드를 진행했다. 미들 블로커 전진용을 데려오고 베테랑 세터 권영민을 한국전력으로 보냈다. 현대캐피탈도 다시 한 번 선수단에 변화를 줬다. 미들 블로커 우상조와 조근호를 우리카드로 보내고 우리카드의 그해 시즌 신인 2라운드 지명권을 받아 왔다.

얼리 엔트리

9월 23일 천안 유관순체육관에서 열린 결승전에서 한국전력이 우리카드를 3-1로 꺾고 2년 연속으로 컵대회 우승을 차지해 정규리그에 대한 기대치를 올렸다. 신구 외국인 선수들 간의 맞대결이 펼쳐진 중에 펠리페가 30점을 올려 27점을 기록한 파다르를 제쳤다. 한국전력은 펠리페 외에도 전광인이 17점, 서재덕이 14점을 올려 '삼각 편대 시즌 2'를 알렸다. 펠리페가 컵대회 MVP에 선정됐다. 우리카드는 14점을 올린 김은섭이 주목을 받았다. 키 211센티미터인 그는 지금까지 남자부 국내 선수 중 역대 최장신으로 남아 있다. 인하대에 다닐 때부터 대표팀에 뽑힌 장신 아포짓 기대주였지만 대한항공에서 자리를 잡지 못해 방출된 뒤 우리카드로 왔다. 하지만 기량을 떠나 코트 밖 문제로 구설수에 계속 오른 끝에 결국 적응에 실패했다.

신인 드래프트에선 예상 밖으로 우리카드가 전체 1순위 지명권을 가져갔다. 추첨 확률 15퍼센트인 직전 시즌 정규리그 5위 팀이 전체 1순위 지명권을 행사한 건 처음이었다. 우리카드는 공격과 수비 모두에서 다재다능하다는 평가를 받던 아웃사이드 히터 한성정을 뽑았다. 그해 신인 드래프트에선 수련선수 3명을 포함해 모두 27명이 뽑혔다. 선발된 선수는 다음과 같다: 한성정, 이상욱(이상 우리카드), 차지환, 손주형, 문종혁, 조철희(이상 OK저축은행), 최익제, 정수용, 박광희, 채영근(이상 KB손해보험), 김형진, 김정호, 이현우, 장수웅(이상 삼성화재), 이호건, 김인혁, 강승윤, 구영신, 정태성(이상 한국전력), 임동혁, 엄윤식(이상 대한항공), 홍민기, 함형진, 박준혁, 김지한(이상 현대캐피탈).

그해 드래프트에선 얼리 엔트리가 대세였다. 대학 선수는 졸업 예정 선수뿐 아니라 3학년생 셋, 2학년생 셋이 참가하고 고교 졸업 예정 선수도 넷(임동혁과 최익제 등)이 참가했다. 1라운드에 선발된 선수 7명 중 다섯(한성정, 차지환, 최익제, 이호건, 임동혁)이 얼리 엔트리였다. 1라운드에 3, 4, 5순위로 센터가 연달아(최익제, 김형진, 이호건) 뽑힌 점도 눈에 띄었다.

초반 선전

10월 14일 천안에서 현대캐피탈과 대한항공 간 리턴매치로 시즌 개막전이 열렸다. 현대캐피탈이 3-1로 승리해 안방에서 짜릿한 역전승을 거뒀다. 앞서 현대캐피탈은 개막을 코앞에 두고 악재와 마주했다. 바로티가 팀 연습을 하는 도중 발목을 크게 다친 것. 급하게 대체선수로 안드레아스 프라코스(그리스)를 영입하는데 그가 개막전에서 23점을 올리며 제 몫을 했다. 문성민이 18점, 미들 블로커 신영석이 블로킹 5개에 10점을 올리며 뒤를 받쳤다. 가스파리니가 26점을 올린 중에도 대한항공은 1세트를 먼저 가져간 뒤 내리 2~4세트를 내주고 고개를 숙였다.

KB손해보험은 10월 15일 의정부체육관에서 열린 삼성화재와의 맞대결에서 풀세트 접전 끝에 3-2로 이겼다. 권순찬 감독으로선 사령탑으로 부임한 뒤 첫 경기에서 기분 좋은 데뷔승을 거둔 셈. 그날 알렉스가 30점으로 해결사 노릇을 하고 이강원도 18점을 올려 김요한이 떠난 자리를 잘 메웠다. 삼성화재는 박철우가 23점, 타이스가 22점을 올렸다. 신진식 감독은 데뷔승을 올릴 기회를 다음으로 미뤘다. KB손해보험은 10월 18일 현대캐피탈전에서도 3-0으로 이겨 홈에서 2연승을 거두며 신바람을 냈다.

10월 17일 한국전력은 첫 상대인 OK저축은행과의 원정 경기에서 2-3으로 패했다. 그러나 10월 21일 의정부에서 열린 KB손해보험과의 원정 경기에서 3-1로 이겨 김철수 감독도 지휘봉을 잡은 이래 데뷔승을 신고하게 됐다. 펠리페가 24점, 전광인이 18점, 서재덕이 13점을 올리는 등 삼각 편대가 힘을 내고 윤봉우도 블로킹 5개에 10점을 내며 승리에 힘을 실었다.

KB손해보험, OK저축은행에 연달아 덜미가 잡힌 삼성화재의 신진식 감독도 10월 25일 장충체육관에서 열린 원정 경기에서 우리카드를 3-2로 꺾어 세 경기 만에 첫 승을 올렸다. 그날 우리카드는 파다르가 31점, 나경복이 27점을 올리지만 타이스가 34, 박철우가 24점, 류윤식이 10점을 올린 삼성화재에 밀려 개막 후 3연패에 빠졌다. 그러던 중 우리카드는 10월 27일 3연승에 도전하던 OK저축은행을 3-2로 꺾어 연패에서 벗어나고 11월 1일 KB손해보험전에서도 3-1로 이겨 연승으로 분위기 반전에 성공했다.

1라운드엔 삼성화재와 KB손해보험이 각각 4승 2패를 거뒀다. 지난 시즌 최하위로 떨어졌던 OK저축은행은 2연승으로 출발한 뒤 4연패로 라운드를 마쳤다. 라운드 MVP는 우리카드에서 주포로 자리를 굳힌 파다르가 선정됐다.

형제 외국인 선수들

OK저축은행은 11월 8일 2라운드 첫 상대인 KB손해보험과의 원정 경기에서 3-2로 이겨 4연패를 끊었다. 브람이 32점, 송명근이 24점을 올려 알렉스가 24점, 이강원이 18점을 올린 KB손해보험을 화력 대결에서 앞섰다. 그러나 연승으로 분위기를 끌어올리지는 못했다. 이후 현대캐피탈에 0-3, 우리카드에 1-3으로 내리 졌다. 11월 21일 대한항공에 3-1로 이겨 2연패에서 벗어나지만 이후 삼성화재와 한국전력에 모두 0-3으로 고개를 숙여 좀처럼 하위권을 벗어나지 못했다.

결국 OK저축은행은 분위기를 반전할 목적으로 외국인 선수 교체 카드를 꺼냈다. 3라운드를 앞두고 브람과의 계약을 해지하고 마르코 페헤이라(포르투갈)를 데려왔다. 마르코는 KB손해보험 알렉스의 친형이기도 해 화제를 모았다. 페헤이라 형제는 오레올, 오스밀 까메호 형제에 이어 리그에서 뛴 두 번째 형제 외국인 선수들이 됐다(게다가 페헤이라 형제는 같은 시즌 나란히 출전했다).

12월 5일 안산에서 열린 KB손해보험과의 원정 경기에 처음 투입된 마르코는 송명근(24점)에 이어 팀 내 두 번째로 많은 23점을 올려 기량은 합격점을 받았다. 그럼에도 OK저축은행은 1, 2세트를 먼저 따낸 뒤 내리 세 세트를 내줘 KB손해보험에 2-3으로 역전패했다. 공교롭게도 마르코의 데뷔전인 그날 형제가 맞붙었다. KB손해보험은 알렉스가 30점, 이강원이 17점을 올리며 역전승을 이끌었다. OK저축은행은 그날 경기를 포함해 3라운드 전패를 당했다.

반면 삼성화재는 선두 경쟁에서 밀리지 않았다. 주전 세터 유광우가 이적한 뒤 팀 전력이 이전 시즌보다 못하다는 평가를 받는 중에 황동일과 김형진이 해당 포지션에서 비교적 잘 버티고 타이스와 박철우 좌우 쌍포가 힘을 냈다. 고희진이 선수 은퇴하고 팀 코치로 자리를 옮기면서 비게 된 미들 블로커도 이적생 듀오인 박상하와 김규민이 잘 메웠다. 삼성화재는 2라운드 전승(6승)에 이어 3라운드에도 4승 2패라는 좋은 성적을 냈다. 박철우가 2라운드 MVP에 이름을 올렸다.

현대캐피탈도 꾸준히 좋은 성적을 냈다. 3라운드에 들어 3연승으로 내달렸다. 우리카드와 KB손해보험에 연달아 풀세트 접전 끝에 패해 2연패로 주춤하지만 라운드 마지막 상대인 대한항공에 3-0으로 이겨 4승 2패로 3라운드를 마쳤다. 대한항공전에선 문성민과 안드레아스가 32점을 합작해 가스파리니와 정지석, 김학민이 버틴 상대에 화력 대결에서 우위를 점했다. 문성민이 3라운드 MVP에 뽑혔다.

대한항공도 3라운드에 4승 2패를 거뒀다. KB손해보험과 한국전력, 우리카드가 중위권을 형성한 가운데 순위 경쟁은 더욱 치열해졌다.

4라운드에 들어 현대캐피탈이 선두 경쟁에서 치고 나갔다. 현대캐피탈은 문성민과 안드레아스 쌍포의 위력과 신영식이 버티는 미들 블로커진의 활약까지 더해 라운드 전승을 거두며 삼성화재, 대한항공과의 격차를 조금씩 벌렸다. 삼성화재와 대한항공은 모두 현대캐피탈과의 4라운드 맞대결에서 고개를 숙여 나란히 3승 3패라는 라운드 성적표를 받았다. KB손해보험과 우리카드엔 순위를 끌어올릴 기회가 됐다. 그러나 두 팀 모두 4라운드에 2승을 더하는 데 그치는 바람에 순위 변동은 크지 않았다.

OK저축은행은 12월 26일 4라운드 첫 상대인 KB손해보험과의 원정 경기에서 3-1로 이겨 연패를 끊고 귀중한 승점 3점을 얻었다. 그러나 앞선 라운드와 마찬가지로 상승세를 이어가지 못했다. 마르코도 합류한 초반과 달리 득점과 공격성공률이 낮아지는 추세를 보였다. 결국 5연패를 당해 최하위를 벗어나지 못했다. 현대캐피탈이 라운드 전승을 거두는 데 한 축을 맡은 신영석이 4라운드 MVP에 선정됐다.

치열한 2위 경쟁

5라운드에 들어서는 선두가 아니라 2위 자리를 두고 대한항공과 삼성화재 간에 경쟁이 치열했다. 대한항공이 먼저 치고 나갔다. 2018년 1월 24일 인천에서 열린 삼성화재와의 맞대결에서 가스파리니가 16점, 곽승석이 12점, 정지석이 11점을 올리며 타이스와 박철우 쌍포가 버틴 상대를 3-0으로 꺾었다. 대한항공은 1월 27일 현대캐피탈과의 원정 경기에서도 3-0으로 이겼다. 그날 대한항공은 가스파리니와 정지석이 30점을 합작하고 곽승석이 12점, 미들 블로커 진상헌도 12점을 보태는 등 주전 넷이 고르게 활약했다. 그렇게 대한항공은 라운드 전승을 거두며 신바람을 냈다. 정지석이 5라운드 MVP에 선정됐다.

삼성화재는 다소 주춤했다. OK저축은행과 우리카드를 상대로 연거푸 3-2 진땀승을 거둔 뒤 KB손해보험과 한국전력에 연달아 덜미를 잡혀 상승세가 꺾였다. 5라운드 마지막 상대인 현대캐피탈에도 풀세트 접전 끝에 무릎을 꿇었다. 그래도 5세트까지 가는 경기를 많이 치러 승점에서 크게 손해를 입지는 않았다.

우리카드는 한국전력과 KB손해보험을 연달아 꺾어 순위 경쟁에 다시 불을 붙이나 했다. 하지만 2월 6일 대한항공에 풀세트 접전 끝에 2-3으로 지고 2월 9일 OK저축은행과의 홈경기에서도 0-3으로 덜미를 잡혀 추격할 동력을 얻지 못했다. 2월 9일 경기에서 OK저축은행은 마르코가 23점을 올리며 오랜만에 제 몫을 한 덕분에 9연패 사슬을 끊었다. 그날 우리카드는 주포 파다르가 10점에 공격성공률 33.33퍼센트로 부진한 것이 완패의 원인이었다.

현대캐피탈은 선두를 유지했다. 대한항공과 KB손해보험에 패하고도 5라운드에 4승 2패를 거뒀다. 삼성화재와 대한항공의 순위 경쟁은 마지막 6라운드에 희비가 엇갈렸다. 대한항공은 2월 18일 의정부 원정길에서 KB손해보험에 0-3으로 덜미를 잡혔다. 가스파리니가 19점, 곽승석이 12점, 정지석이 11점을 올리지만 알렉스가 23점을 올리고 하현용과 이선규가 5블로킹에 22점을 합작한 KB손해보험에 밀렸다. KB손해보험은 1~3세트 모두 25-23으로 따냈다.

반면 삼성화재는 2월 19일 현대캐피탈과의 원정 경기에서 풀세트 접전 끝에 3-2로 이겼다. 타이스가 32점, 박철우가 20점을 올리고 박상하와 김규민이 5블로킹과 19점을 합작하며 높이 대결에서도 밀리지 않았다. 결국 그때의 승부 결과가 정규리그 최종 순위에 영향을 줬다.

그렇게 대한항공과 삼성화재가 물고 물리는 가운데 현대캐피탈이 승수와 승점을 쌓으며 격차를 벌렸다. 2월 22일 우리카드와의 원정 경기에서 3-0으로 이겨 22승 10패를 기록하며 남은 경기의 결과와 상관없이 대한항공, 삼성화재에 승점에서 앞서게 됐다. 이후 숨고르기에 들어간 현대캐피탈은 4연패를 당하고도 1위를 확정했다.

준플레이오프 성사를 위해 KB손해보험도 마지막까지 힘을 내지만 대한항공, 삼성화재와의 간격을 좁히지 못했다. 우리카드도 OK저축은행과 현대캐피탈, 한국전력에 연달아 패해 실낱같은 희망이 사라졌다. 6라운드 MVP에는 한국전력의 공격을 이끈 펠리페가 선정됐다.

정규리그 마지막 경기를 치르고 보니 세 팀이 승패가 같았다. 현대캐피탈과 삼성화재, 대한항공이 모두 22승 14패를 기록했다. 현대캐피탈이 승점 71점을 거둬 1위가 된 가운데 삼성화재와 대한항공은 승점까지 61점으로 같았다. 결국 세트득실률에서 앞선 삼성화재가 2위를 차지했다. KB손해보험은 19승 17패(승점 54)를 기록해 4위에 자리했다. 봄배구행 티켓을 또다시 얻지 못한 중에 지난 시즌보다 많은 승수를 올린 것에 만족해야 했다. 한국전력이 17승 19패(승점 54)로 5위, 6라운드에 막판 3연승을 거둔 우리카드가 14승

22패(승점 46)로 6위에 머물렀다. OK저축은행은 두 자릿수 승수 (10승)를 달성하지만 26패(승점 36)를 당해 두 시즌 연속으로 최하위를 벗어나지 못했다.

숙원을 풀다

3월 18일 대전에서 열린 플레이오프 1차전에서 삼성화재가 대한항공에 3-1로 이겨 기선을 제압했다. 그날 대한항공은 가스파리니가 18점, 정지석이 18점, 곽승석이 17점을 올리고 세터 한선수도 서브 에이스 3개에 4점을 올리며 공격에 힘을 보탰다. 그러나 삼성화재는 좌우 쌍포가 건재했다. 타이스가 31점, 박철우가 18점을 올리며 승리의 주역이 됐다.

3월 20일 인천 계양체육관에서 열린 2차전에서 대한항공이 시리즈 승부를 원점으로 돌려놨다. 가스파리니가 25점으로 변함없이 활약한 중에 곽승석이 17점, 정지석이 12점을 올리고 미들 블로커 진성태와 진상헌이 5블로킹에 19점을 합작했다. 그렇게 2차전 승리로 반격할 발판을 만들었다.

3월 22일 대전에서 열린 3차전. 삼성화재가 타이스와 박철우를 앞세워 1세트를 먼저 따냈다. 그러나 대한항공은 2차전을 가져온 상승세를 잃지 않았다. 2세트를 가져오며 세트 균형을 맞추고 3세트마저 따내 챔피언결정전으로 가는 9부 능선을 넘었다. 결국 4세트에 듀스 승부를 32-30으로 마치며 시리즈 전적 2승 1패로 삼성화재를 제치고 챔피언결정전에 올라갔다. 4세트 30-30 상황에서 대한항공은 가스파리니가 오픈공격으로 31-30 리드를 잡은 다음 23-22에서 한선수 대신 교체 멤버로 투입된 센터 황승빈이 승부에 마침표를 찍는 2단 패스 페인팅에 성공했다. 그날 가스파리니가 39점으로 펄펄 날고 정지석이 17점, 곽승석이 14점을 올렸다.

그렇게 챔피언결정전은 지난 시즌과 같은 대진이 성사됐다. 3월 24일 천안에서 열린 1차전에서 현대캐피탈이 대한항공에 3-2로 이겨 서전을 장식했다. 안드레아스가 28점, 문성민이 18점을 올리며 승리를 이끌었다. 대한항공도 가스파리니가 29점, 정지석이 24점, 곽승석이 22점으로 맞불을 놓지만 경기를 내줬다.

그러나 현대캐피탈에 비상등이 켜졌다. 주전 센터 노재욱이 허리 부상을 당한 것. 그는 3월 26일 같은 장소에서 열린 2차전에 출전할 때도 컨디션이 좋지 않았다. 대한항공이 그 틈을 놓치지 않고 파고들어 단 한 세트도 내주지 않고 3-0으로 현대캐피탈을 꺾었다. 가스파리니가 31점, 곽승석이 13점을 올렸다. 반면 현대캐피탈은 문성민과 안드레아스의 공격이 잘 풀리지 않아 각각 15점, 9점에 그쳤다.

1승 1패로 맞선 가운데 3월 28일 인천에서 열린 3차전에서도 대한항공이 3-0으로 이겼다. 그날 가스파리니가 22점, 정지석이 10점을 올렸다. 대한항공이 시리즈의 분위기를 가져온 반면 현대캐피탈은 좀처럼 반격할 발판을 마련하지 못했다.

기세가 오른 대한항공은 3월 30일 같은 장소에서 열린 4차전에서 시리즈 승부에 마침표를 찍었다. 2차전, 3차전에 이어 또 한 번

3-0으로 완승을 거뒀다. 가스파리니와 정지석이 3차전과 같은 개인 기록을 작성하며 4차전 승리와 우승 확정을 견인했다. 그날 현대캐피탈은 노재욱이 결장하고 이승원이 출장한 중에 문성민이 9점에 공격성공률 40.91퍼센트로 힘을 내지 못하고 신영석과 차영석, 김재휘가 버틴 미들 블로커진도 높이에서 우위를 점하지 못했다. 그로써 대한항공은 프로 출범 후 처음으로 챔피언결정전 정상에 올라 앞서 4차례 준우승에 그친 아쉬운 마음을 한 번에 풀어냈다.

박기원 감독이 첫 챔피언결정전 우승의 기쁨을 누리고 우승 감독상도 받았다. 챔피언결정전 MVP는 주전 세터인 한선수가 차지했다. 대한항공 선수들과 코칭스태프는 우승을 확정하고 기쁨의 눈물을 흘렸다. 1년 전 같은 장소에서도 눈물을 흘렸지만 그 의미가 달랐다.

정규리그 MVP는 신영석이 받았다. 미들 블로커가 MVP에 이름을 올린 건 리그 사상 처음이었다. 신인상은 한국전력의 세터 이호건이 받았다. 베스트7은 다음과 같았다: 유광우(세터), 타이스와 전광인(아웃사이드 히터), 파다르(아포짓), 신영석과 김규민(미들 블로커), 부용찬(리베로). 그리고 최재효 주·부심과 정준호 선심이 심판상을, 한국전력이 페어플레이상을 수상했다.

네 번째 우승

V-LEAGUE 2018/19 시즌

지난 시즌 정규리그를 마치고 플레이오프를 앞둔 3월 중순 김상우 감독이 지휘봉을 내려놓으면서 우리카드는 새로운 사령탑을 찾아야 했다. 곧 신영철 전 한국전력 감독을 새로운 사령탑으로 선임했다. 2016/17시즌을 마치고 물러난 신감독은 한 시즌 만에 다시 리그로 돌아오게 됐다. 김감독은 이후 KBSN 스포츠 배구해설위원으로 자리를 옮겼다.

남녀부의 경기 일정을 분리하고 두 번째 시즌을 맞은 가운데 요일별 경기 편성에도 변화를 줬다. 남자부가 평일 수요일을 휴식일로 지정한 한편 해당 요일에 여자부가 두 경기를 열었다. 개막전도 남자부가 10월 13일, 여자부는 10월 22일로 정해 각자 따로 열었다.

한국배구연맹은 비디오 판독 관련 규정에도 변화를 줬다. 인·

아웃 판정 기준이 변경됐다. 기존에 공의 둘레를 기준으로 삼던 것을 공이 코트에 닿는(접지면) 지점으로 바꿨다. 그리고 지난 시즌 장충체육관과 인천 계양체육관 두 곳에서 시범 운영한 주·부심석 태블릿 PC를 전 구장으로 확대 적용하기로 했다. 포지션 폴트와 서브 순서를 따지는 로테이션 폴트를 좀 더 자세하고 정확하게 확인하기 위해서였다.

외국인 선수는 타이스와 가스파리니, 알렉스가 남아 각각 삼성화재, 대한항공, KB손해보험의 유니폼을 다시 입었다. 파다르는 우리카드와 재계약하지 못한 뒤 이탈리아 몬차에서 열린 트라이아웃과 드래프트를 거쳐 현대캐피탈에 지명돼 리그에서 선수 경력을 이어가게 됐다. 파다르를 붙잡지 않은 우리카드는 2013/14시즌과 2014/15시즌 2라운드까지 현대캐피탈에서 뛴 아가메즈와 손을 잡았다. 그렇게 아가메즈까지 포함하면 무려 5명이 리그 유경험자였다.

트라이아웃과 드래프트 통해 새로운 얼굴을 선택한 팀은 OK저축은행과 한국전력이다. OK저축은행은 요스바니 에르난데스(쿠바)를, 한국전력은 장신 아포짓 시몬 히르슈(독일)를 지명했다. 시몬은 컵대회에서 3경기를 통해 38점을 올려 어느 정도 기대를 높였다. 하지만 10월 초 구단은 그와의 계약을 해지하며 무릎 건염 때문이라고 이유를 밝혔다. 그러나 공식 발표와 달리 그가 배구 외적인 부분에서 문제가 있음을 확인하고 계약 해지를 결정한 것이었다. 한국전력은 시즌 개막을 사흘 앞두고 아르템 수시코(러시아, 등록명 아팀)를 영입했다. KB손해보험도 알렉스와 시즌을 완주하지 못했다. 그가 복근을 다치는 바람에 구단은 시즌이 개막한 뒤 교체 카드를 꺼냈다. 지난 시즌 한국전력에서 뛴 펠리페가 KB손해보험의 유니폼을 입게 됐다.

FA 규정 변화

한국배구연맹은 시즌을 앞두고 FA 규정에 변화를 줬다. 1차 협상은 원 소속 팀과 하고 2차 협상은 다른 팀과 하게 해 교섭 기간 중 원 소속 팀에 우선 협상 기간을 주던 것을 폐지하고 시기에 상관없이 처음부터 모든 팀과 자유롭게 협상할 수 있게 했다.

FA 자격을 얻은 선수는 다음과 같다: 신영수, 한선수, 최석기, 김형우(이상 대한항공), 김강녕, 김규민, 김나운(이상 삼성화재), 신동광(현대캐피탈), 정민수(우리카드), 이승현, 박상률, 전광인(이상 한국전력), 하현용, 한기호, 강영준, 전진용, 김홍정, 이강원(이상 KB손해보험), 이효동, 이민규, 송명근, 정성현, 송희채(이상 OK저축은행).

신영수는 선수 은퇴를 결정한 뒤 구단 프런트 근무를 선택해 제2의 인생을 시작했다. 지난 시즌 FA 미계약 선수로 남은 김형우는 대한항공과 재계약한 뒤 KB손해보험으로 유니폼을 바꿔 입었다. 최석기도 대한항공을 떠나 FA로 3년 만에 한국전력으로 복귀했다. 대한항공은 주전 세터 한선수를 붙잡는 데 성공했다. 삼성화재는 김강녕과 김나운을 잡고 김규민을 놓쳤다. 김규민은 대한항공과 FA 계약을 맺어 이적했다.

현대캐피탈은 유일한 FA인 신동광과 재계약하지 않았다. 그 대신 주전 리베로 정민수가 KB손해보험으로 이적해 포지션 보강이 필요해진 우리카드가 신동광을 붙잡았다. KB손해보험은 내부 FA를 모두 붙잡았다. 한국전력은 이승현, 박상률과는 재계약하지만 한선수와 함께 FA 최대어로 꼽히던 전광인을 놓쳤다. 전광인은 현대캐피탈로 이적했다. OK저축은행도 전력 손실이 있었다. 주전 세터 이민규와 백업 세터 이효동, 주전 아웃사이드 히터 송명근, 주전 리베로 정성현을 지키지만 또 다른 아웃사이드 히터 송희채를 놓쳤다. 송희채는 삼성화재와 FA 계약을 맺었다.

오프시즌 트레이드도 있었다. 삼성화재는 정동근을 현금 트레이드 방식으로 한국전력으로 보냈다. 정동근은 다시 한 번 팀을 옮기는데 한국전력이 김진만을 데려올 때 KB손해보험에 둥지를 틀게 됐다. 한국전력은 바쁘게 움직였다. 이후 베테랑 미들 블로커 윤봉우를 우리카드로 보내고 신으뜸과 조근호를 영입했다. FA 이적에 따른 보상선수 이동도 있었다. 전광인을 놓친 한국전력은 세터 노재욱을 현대캐피탈에서 데려오고, OK저축은행은 송희채 이적에 대한 보상선수로 리베로 부용찬을 삼성화재에서 영입했다.

2018년부터는 컵대회도 남녀부가 나뉘어 열렸다. 9월 16일 충북 제천에서 열린 결승전에서 삼성화재가 KB손해보험을 3-0으로 꺾고 우승 트로피를 품에 안았다. 삼성화재로선 2009년 이후 오랜만에 차지한 팀 통산 두 번째 컵대회 우승이었다. 삼성화재는 타이스가 뛰지 않은 중에 이적생 송희채가 17점, 박철우가 12점을 올렸다.

KB손해보험은 황두언이 10점, 알렉스가 9점을 기록했다. 송희채가 컵대회 MVP에 뽑혔다.

얼리 엔트리 바람

신인 드래프트에선 수련선수 6명을 포함해 25명이 선발됐다. OK저축은행이 전체 1순위로 전진선을 지명하는데 드래프트 역사상 처음 1라운드 1순위로 뽑은 미들 블로커였다. 선발된 선수는 다음과 같다: 전진선, 이승준, 이창윤(이상 OK저축은행), 황경민, 이수범, 최현규, 김석민(이상 우리카드), 이태호, 이광호, 박태환, 금태용(이상 한국전력), 한국민, 채진우, 이상혁(이상 KB손해보험), 이지석, 박상준, 김정윤(이상 삼성화재), 이원중, 강병모, 이대성, 최명근, 이여송(이상 현대캐피탈), 최진성, 이지훈, 이승호(이상 대한항공).

지난 시즌과 마찬가지로 이번에도 드래프트에 참가한 선수들 중 얼리 엔트리가 주목을 받았다. 고교 졸업 예정자 2명, 대학교 3학년생 7명 등 총 9명이 얼리 엔트리였다. 전진선도 대학 졸업반이 아닌 얼리 엔트리였다.

또 드래프트 역사상 처음으로 형제 선수가 같은 해 지명을 받았다. 형 이지훈이 2라운드 1순위로 대한항공에 뽑히고 동생 이지석이 1라운드 5순위로 삼성화재에 뽑혔다. 한편 201센티미터 최장신이자 고교 졸업 예정자인 이태호는 지명 순번에서 앞선 한국전력에 1라운드 3순위로 뽑혀 당시 유력하던 삼성화재행이 불발됐다.

서브 에이스 18개

전광인과 파다르를 영입해 팀 전력을 보강한 현대캐피탈은 10월 13일 대한항공과의 개막전에서 원정길인데도 3-0으로 이겼다. 파다르가 26점으로 주포 노릇을 하고 전광인이 9점으로 뒤를 받치며 부상 중인 문성민의 빈자리를 잘 메웠다.

아팀은 10월 19일 인천에서 열린 대한항공과의 원정 경기에 처음 투입돼 26점을 올리며 합격점을 받았다. 그러나 소속 팀의 승리로 이어지지는 않았다. 대한항공이 한국전력에 3-1로 이겼다. 정지석이 22점, 가스파리니가 18점을 올리며 승리를 이끌었다. 한국전력은 전광인이 떠난 자리가 커 보였다. 공재학이 12점으로 힘을 내는 중에 서재덕이 4점에 그쳐 대한항공을 넘어서지 못했다.

1라운드에 가장 주목받은 팀은 OK저축은행이었다. 주포로 확실히 자리를 잡은 요스바니에 힘입어 현대캐피탈에만 0-3으로 지며 5승 1패로 선전했다. 요스바니가 1라운드 MVP에 선정됐다.

외국인 선수를 교체한 한국전력은 효과를 못 봤다. 1라운드 전패를 당해 분위기가 축 처졌다. 알렉스가 다친 KB손해보험 역시 힘을 내지 못했다. 한국전력과 우리카드에 연승을 거둔 뒤 연패에 빠졌다.

펠리페는 11월 10일 삼성화재와의 원정 경기에 처음 투입돼 11점을 올리는 데 그쳤다. 그날 KB손해보험은 타이스와 박철우가 32점을 합작한 삼성화재에 0-3으로 완패했다. 그러나 펠리페는 11월 15일 한국전력과의 홈경기에서 17점을 올리며 제 몫을 했다. 그날 KB손해보험은 황두언이 18점, 하현용이 9점을 올린 활약까지 더해 한국전력에 3-1로 이기고 분위기 반전에 성공했다.

현대캐피탈은 11월 9일 장충체육관에서 열린 우리카드와의 원정 경기에서 풀세트 접전 끝에 승리했다. 그런 가운데 한 경기 팀 최다 서브 에이스 기록도 작성했다. 그날 파다르가 친정 팀을 상대로 서브 에이스 8개에 38점을 올리고 전광인과 박주형, 신영석, 김재휘가 각각 2개, 이시우와 허수봉이 각각 1개를 올리는 등 서브 에이스 총 18개를 기록했다. 우리카드는 아가메즈가 40점, 나경복이 14점을 올리며 분전하고도 현대캐피탈의 강서브를 당해내지 못했다(우리카드의 팀 서브 에이스는 3개).

트레이드 소식도 전해졌다. 11월 초 삼성화재와 KB손해보험이 김정호와 이강원을 맞바꿨다. 한국전력도 팀 공격력을 보강하기 위해 노재욱을 우리카드로 보내고 최홍석을 영입했다. 그러나 한국전력은 좀처럼 치고 나가지 못했다. 2라운드에도 전패를 당하는데 그중 3패는 모두 풀세트 접전 끝에 고개를 숙인 경기였다.

2라운드엔 대한항공의 고공 행진이 눈에 띄었다. 라운드 마지막 상대인 우리카드에 2-3으로 덜미를 잡힐 뿐 5승 1패라는 좋은 성적을 거뒀다. 가스파리니와 함께 쌍포를 이룬 토종 스파이커 정지석이 2라운드 MVP가 됐다.

우리카드 상승세

아가메즈라는 검증된 외국인 선수의 활약에도 우리카드는 1라운드, 2라운드에 다소 주춤했다. 그러나 3라운드부터 승수와 승점을 쌓으며 순위 경쟁에 뛰어들었다. 12월 2일 3라운드 첫 상대인 삼성화재와의 원정 경기에서 3-1로 이겼다. 좌우 쌍포 맞대결에서 아가메즈가 24점, 나경복이 20점을 올린 우리카드가 타이스가 28점, 박철우가 19점을 올린 삼성화재를 앞섰다.

12월 9일 대한항공과의 홈경기에서 2-3으로 지고도 12월 14일 한국전력과의 원정 경기에서 풀세트 접전 끝에 이겨 연패에 빠지지 않았다. 한국전력전에선 아가메즈가 36점으로 펄펄 날고 나경복이 15점, 황경민이 14점을 올렸다. 그날 한국전력은 서재덕이 37점, 최홍석이 17점, 김인혁이 15점으로 분전하지만 시즌 첫 승을 거둘 기회를 다음으로 미뤘다.

한국전력은 12월 18일 KB손해보험과의 홈경기에서 풀세트까지 가는 긴 승부 끝에 3-2로 이겨 첫 승을 신고했다. 기복 있는 플레이를 보이던 아텀을 빼고 국내 선수들만 뛰어 거둔 결과라 기쁨이 더욱 컸다. 서재덕이 30점을 올리며 아텀의 빈자리를 완벽하게 메우고 최홍석이 20점, 김인혁이 16점으로 뒤를 받쳤다. KB손해보험은 펠리페가 32점, 손현종이 13점, 하현용이 9점을 올렸다.

우리카드는 12월 17일 현대캐피탈과의 원정 경기에서 0-3으로 진 뒤 OK저축은행에 3-2, KB손해보험에 3-1로 이겨 다시 연승으로 분위기를 끌어올렸다. 아가메즈는 연승한 두 경기에서 각각 30점, 31점을 올렸다. 이런 활약을 펼친 아가메즈가 3라운드 MVP에 선정됐다.

반면 OK저축은행은 12월 7일 한국전력에 3-0으로 이기고 12월

16일 대한항공에도 3-1로 이기지만 분위기를 바꾸지 못했다. 요스바니와 아포짓으로 나온 조재성의 활약에도 3라운드에 2승 4패를 거두는 데 그쳤다. 앞선 라운드와 마찬가지로 연승보다 연패를 당하는 횟수가 더 많았다.

4라운드엔 우리카드와 현대캐피탈의 상승세가 눈에 띄었다. 라운드 전승을 한 팀이 나오지 않은 가운데 우리카드가 4승 2패, 현대캐피탈이 5승 1패를 거뒀다. 우리카드는 대한항공과 현대캐피탈에 질 때도 모두 5세트까지 끌고 가며 승점을 챙겼다. 현대캐피탈은 12월 27일 4라운드 첫 상대인 삼성화재와의 경기에서 1-3으로 덜미를 잡힌 뒤 이후 5경기를 모두 승리로 장식하며 연승으로 내달렸다.

대한항공은 4라운드에 유독 힘든 경기를 자주 치렀다. 4라운드 6경기 중 5차례나 풀세트까지 가는 장기전을 가졌다. 그래도 그 5경기에서 3승 2패로 선전해 선두 경쟁에서 밀리지 않았다. 한국전력은 긴 연패를 끊지만 분위기를 바꾸지 못하고 다시 연패에 빠졌다. 우리카드의 주포 아가메즈가 다시 4라운드 MVP로 뽑혔다.

시즌 후반부인 5라운드엔 KB손해보험이 선전했다. 2019년 1월 25일 5라운드 첫 상대인 대한항공과의 홈경기에서 3-2로 이겼다. 펠리페가 34점으로 힘을 낸 덕에 가스파리니(34점), 김규민(14점), 정지석(11점)이 버티는 대한항공의 발목을 잡았다. 펠리페의 활약은 1월 28일 원정 경기인 한국전력전에서도 이어졌다. 그가 44점을 올리며 원맨쇼를 펼쳤다. 그날 한국전력은 서재덕이 26점, 최홍석이 17점, 공재학이 14점으로 분전하지만 풀세트 접전 끝에 고개를 숙였다.

KB손해보험은 2월 2일 우리카드전에서 0-3으로 지지만 2월 5일 OK저축은행과의 원정 경기에서 3-0으로 이겨 연패를 피했다. 2월 8일 현대캐피탈에 3-0으로 이기고 2월 12일 삼성화재에도 3-1로 이겨 중위권 순위 경쟁에서 복병으로 자리 잡았다. 펠리페는 연승한 두 경기에서 각각 23점, 24점을 올리며 꾸준한 모습을 보였다. 트레이드를 통해 시즌 도중 합류한 김정호도 두 경기에서 연달아 13점을 기록해 팀의 두 번째 공격 옵션 노릇을 했다. KB손해보험의 상승세를 이끈 펠리페가 5라운드 MVP에 이름을 올렸다.

1위 경쟁 최종 승자

선두 경쟁은 치열했다. 현대캐피탈이 치고 나가면 대한항공이 바로 쫓아갔다. 그런 가운데 1위 결정을 앞두고 가장 중요한 맞대결이 펼쳐졌다. 2월 18일 천안에서 현대캐피탈과 대한항공이 만났다. 그날 원정 팀인 대한항공이 3-0으로 이겼다. 가스파리니가 17점을 올리고 곽승석과 정지석이 21점을 합작하며 파다르(16점)와 전광인(12점)이 버티는 현대캐피탈을 제쳤다. 이후 대한항공은 현대캐피탈전을 포함해 5연승으로 내달렸다. 정규리그 최종전인 3월 11일 OK저축은행과의 경기에서 2-3으로 덜미를 잡히지만 승점 1점을 추가해 현대캐피탈과의 격차를 벌렸다.

현대캐피탈은 3월 4일 KB손해보험에, 3월 10일 우리카드에 모두 2-3으로 져 대한항공을 따라잡을 기회를 살리지 못했다. 대한항공과 현대캐피탈은 최종적으로 승패에서 25승 11패 동률을 이루지만 승점에서 희비가 갈렸다. 결국 대한항공(승점 74점)이 현대캐피탈(승점 70)을 제치고 정규리그 1위에 올랐다. 정규리그 1위를 이끈 주역 중 한 명인 곽승석이 6라운드 MVP가 됐다.

우리카드도 승수와 승점 관리를 잘했다. 20승 16패(승점 62)로 3위를 차지해 팀의 전신인 우리캐피탈과 드림식스를 통틀어 처음으로 봄배구행 티켓을 손에 넣었다. 삼성화재는 6라운드에 막판 3연승을 거둬 힘을 내지만 19승 17패(승점 55)에 그쳐 봄배구 진출에 실패했다.

OK저축은행도 봄배구에 나가지 못했다. 그래도 17승 19패(승점 51)를 기록해 5위로 정규리그를 마치며 최하위에선 벗어났다. KB손해보험은 후반기 상승세를 타며 승수를 쌓기는 하지만 앞선 라운드에 당한 패배가 결국 발목을 잡았다. 16승 20패(승점 46)로 6위가 됐다. 외국인 선수 자리를 결국 해결하지 못한 한국전력이 정규리그에서 단 4승(32패)에 그쳐 최하위로 마감했다.

플레이오프에선 현대캐피탈이 2연승으로 우리카드를 제치고 챔피언결정전에 진출했다. 승부처는 3월 16일 천안에서 열린 1차전이었다. 풀세트까지 가는 접전이 펼쳐진 중에 마지막 5세트에 듀스 접전이 이어졌다. 5세트에 우리카드가 문성민의 공격 범실로 먼저 14-13 매치포인트를 앞두게 됐다. 그러나 우리카드 박진우의 서브가 네트에 걸리면서 현대카드가 14-14로 한숨을 돌렸다. 이후 현대카드는 파다르의 오픈공격이 통해 15-14로 앞서간 다음 아가메즈가 듀스를 노리고 시도한 후위공격을 신영석이 블로킹으로 잡아내며 긴 승부에 마침표를 찍었다. 그날 파다르가 서브 에이스 5개에 30점을 올리고 전광인이 15점으로 뒤를 받쳤다. 우리카드는 아가메즈가 29점, 나경복이 19점을 올리나 마지막에 고개를 숙였다. 블로킹에서도 현대캐피탈이 14대 7로 우리카드에 우위를 점했다.

3월 18일 장충체육관에서 열린 2차전은 변수가 있었다. 파다르가 허리 부상으로 결장한 것. 우리카드엔 시리즈 승부를 원점으로 돌릴 기회로 보였다. 하지만 파다르를 대신해 아포짓으로 나온 허수봉이 깜짝 활약했다. 그는 서브 에이스 4개를 포함해 20점에 공격성공률 62.5퍼센트를 기록했다. 결국 현대캐피탈이 3-0으로 우리카드를 꺾고 2연승으로 시리즈를 마쳤다. 그날 전광인이 12점, 문성민이 11점, 신영석이 10점을 올리며 뒤를 잘 받쳤다. 우리카드는 아가메즈가 13점에 공격성공률 32.26퍼센트, 나경복이 10점을 기록하는 등 두 선수가 부진한 게 뼈아팠다. 그리고 1세트가 승부처였다. 30-30 듀스 상황에서 현대캐피탈이 연속 득점하며 흐름을 가져갔다. 문성민이 시도한 퀵오픈이 성공해 31-30 리드를 잡은 다음 아가메즈가 시도한 후위공격을 신영석이 가로막아 32-30으로 세트를 따냈다.

3시즌 연속 챔피언결정전

현대캐피탈과 대한항공이 봄배구 마지막 승부에서 만났다. 이로써 두 팀은 3시즌 연속으로 챔피언결정전 파트너가 됐다. 3월 22일 인천에서 열린 1차전은 명승부로 꼽힌다. 5세트까지 가는 접전이 펼쳐졌다. 대한항공이 듀스 끝에 32-30으로 1세트를 먼저 따냈다. 곧바로 현대캐피탈이 2세트를 만회해 세트 균형을 맞췄다. 다시 대한항공이 3세트를 가져가며 세트 리드를 잡았다. 현대캐피탈 역시 4세트를 따내 승부를 5세트로 끌고 갔다. 5세트 중반까지는 대한항공이 분위기를 이끌었다. 하지만 대한항공이 9-6으로 리드하던 중 현대캐피탈이 상대의 서브 범실에 이어 문성민의 후위공격, 전광인의 오픈공격으로 9-9까지 따라붙었다. 그리고 가스파리니가 때린 스파이크를 허수봉이 블로킹으로 잡아내며 10-9로 역전했다. 이후 현대캐피탈은 신영석이 가스파리니의 공격을 가로막고 대한항공의 범실까지 이어진 끝에 12-9로 치고 나가며 승기를 잡았다. 결국 전광인이 그날 승부에 마침표를 찍는 공격에 성공해 15-10으로 5세트를 마치고 1차전을 가져갔다. 그날 전광인이 22점, 문성민이 21점, 파다르가 20점을 올리며 승리를 이끌었다. 대한항공은 가스파리니가 25점, 정지석이 20점을 올리지만 패배로 빛이 바랬다.

3월 24일 같은 장소에서 열린 2차전에서도 풀세트 승부가 나왔다. 이번에도 현대캐피탈이 3-2로 대한항공을 꺾어 우승으로 가는 9부 능선을 넘었다. 현대캐피탈은 대한항공의 추격을 잘 뿌리쳤다. 1, 2세트를 연달아 가져가며 승기를 굳히나 했는데, 대한항공이 3, 4세트를 따내 승부를 원점으로 돌렸다. 다시 5세트에서 희비가 갈렸다. 현대캐피탈이 5세트에 14-10 매치포인트를 앞뒀다. 그때 대한항공이 임동혁의 공격과 상대의 공격 범실을 묶어 13-14로 추격했다. 하지만 현대캐피탈은 1차전처럼 전광인이 다시 15-13으로 승부에 마침표를 찍었다. 그날 전광인이 13점, 파다르가 21점을 올렸다. 대한항공 입장에선 가스파리니가 부상과 컨디션 난조로 3세트에 출전하지 못하고 4, 5세트엔 교체로 나오며 6점에 그친 게 아쉬웠다. 정지석은 26점, 임동혁은 20점으로 분전했다.

3월 26일 천안에서 열린 3차전에서 현대캐피탈이 3-1로 이겨 3연승으로 시리즈를 마감하며 2016/17시즌에 이어 다시 한 번 대한항공을 꺾고 팀 통산 네 번째 챔피언결정전 우승 트로피를 들어올렸다. 그렇게 지난 시즌 챔피언결정전에서 대한항공에 당한 시리즈 패배를 설욕했다. 그날 파다르가 23점, 전광인이 20점을 올렸다. 문성민과 신영석도 각각 13점을 올리며 우승에 힘을 보탰다. 대한항공은 가스파리니가 22점, 정지석이 13점, 곽승석이 10점을 올리나 현대캐피탈 쪽으로 기운 승부의 무게 중심을 되돌리지 못했다.

챔피언결정전 MVP는 전광인이 차지했다. 최태웅 감독은 개인 두 번째로 감독상을 받았다. 정지석은 준우승에 그친 중에도 정규리그 MVP에 선정되며 팀과 리그를 대표하는 토종 스파이커로 자리매김했다.

베스트7은 다음과 같이 발표됐다: 세터에 한선수, 아웃사이드 히터에 전광인과 정지석, 아포짓에 아가메즈, 미들 블로커에 신영석과 김규민, 리베로에 정민수가 선정됐다. 한편 남영수 주·부심과 차영민 선심이 심판상을, 한국전력이 두 시즌 연속으로 페어플레이상을 받았다.

| V-LEAGUE 2019/20 시즌 | # 첫 우승 기회 |

오프시즌에 들어 사령탑 교체가 있었다. 한국전력은 김철수 감독이 성적 부진에 대한 책임을 지고 물러나자 장병철 수석코치를 새로운 사령탑으로 선임했다. 김감독은 구단 단장으로 자리를 옮겼다. 그로써 그는 한국전력 한 팀에서만 선수와 코치, 감독, 단장 등을 모두 거치게 됐다. OK저축은행도 김세진 감독이 내려놓은 지휘봉을 석진욱 수석코치에게 맡겼다. 그렇게 최태웅 현대캐피탈 감독과 함께 장감독, 석감독 셋은 1976년생 동갑내기로 삼성화재에서 오랜 기간 함께 뛴 인연을 사령탑으로도 이어가게 됐다.

남자부 경기 휴식일이 종전 수요일에서 월요일이 바뀌었다. 비디오 판독 규정에도 다시 변화가 있었다. 첫 번째 판독 결과 번복이나 판독 불가가 나올 경우 세트당 비디오 판독 횟수가 하나 더해

지고 두 번째 판독 이후에는 추가 요청이 불가하던 것이, 판독 결과 번복이나 판독 불가일 경우 요청 횟수에 관계없이 얼마든지 요청할 수 있는 것으로 바뀌었다. 물론 판독 결과가 번복되지 않을 경우 추가 요청은 종전과 마찬가지로 받지 않는다. 그리고 비디오 판독 영상을 전광판을 통해 송출하기로 해 체육관을 찾은 관중들도 해당 영상을 볼 수 있게 했다.

FA와 외국인 선수

그해 FA 시장에선 대어급으로 평가받는 선수들이 많이 나왔다. 특히 디펜딩 챔피언 현대캐피탈에선 리베로 여오현과 문성민, 신영석 등 주전이자 핵심 멤버인 셋이 나란히 FA 자격을 얻었다. 현대캐피탈은 당연히 셋 모두 붙잡았다. 대한항공에선 주전 아웃사이드 히터 정지석과 곽승석, 베테랑 스파이커 김학민, 백업 세터 황승빈, 미들 블로커 진성태, 또 다른 아웃사이드 히터 손현종 등이 FA가 됐다. 대한항공 역시 집토끼 단속에 성공했다. 손현종만 사인 앤 트레이드 형식으로 KB손해보험으로 이적했다. 삼성화재는 세터 황동일과 이민욱, 아웃사이드 히터 고준용이 FA 자격을 얻은 중에 이민욱이 한국전력과 FA 계약을 맺고 팀을 옮겼다. 우리카드는 세터 노재욱과 베테랑 미들 블로커 윤봉우를 모두 붙잡았다. OK저축은행도 내부 FA들인 세터 곽명우, 미들 블로커 박원빈, 리베로 조국기, 아웃사이드 히터 심경섭 등과 재계약했다. 손현종을 영입한 KB손해보험도 베테랑 미들 블로커 이선규와 리베로 곽동혁, 세터 양준식 등과 재계약했다.

　대한항공에선 사인 앤 트레이드 형식으로 팀을 옮긴 사례가 한 번 더 나왔다. 김학민이 정든 대한항공을 떠나 KB손해보험의 유니폼을 입었다. 이민욱을 FA 시장에서 놓친 삼성화재는 트레이드를 통해 세터 전력을 보강했다. 세터 권준형과 리베로 이승현이 삼성화재로 오고 리베로 김강녕과 208센티미터의 장신 미들 블로커 정준혁이 한국전력으로 갔다.

　KB손해보험은 트레이드에도 적극적으로 임했다. 미들 블로커 구도현과 박진우, 아웃사이드 히터 김정환을 영입하고 베테랑 미들 블로커 하현용, 또 다른 미들 블로커 자원 이수황, 아웃사이드 히터 겸 리베로 박광희를 우리카드로 보냈다. 대한항공은 시즌 개막을 한 달여 앞둔 9월 초 우리카드와의 현금 트레이드를 통해 베테랑 세터 유광우를 영입하며 해당 포지션 전력을 보강했다.

　외국인 선수 트라이아웃과 드래프트에선 가빈이 한국전력과 계약하며 리그로 돌아왔다. 2013/14시즌부터 2015/16시즌까지 대한항공에서 뛴 마이클도 KB손해보험에 지명돼 다시 한국 팬들과 만나게 됐다. 아가메즈는 우리카드와 재계약하고 요스바니는 현대캐피탈에 뽑혀 둘 모두 리그에서 계속 뛰게 됐다. OK저축은행과 대한항공, 삼성화재는 새로운 얼굴을 데려왔다. OK저축은행은 레오 안드리치(크로아티아), 대한항공은 안드레스 비예나(스페인)를 선택했다. 삼성화재는 조지프 노먼(미국)을 드래프트에서 지명했다.

　그런데 그들 중 아가메즈와 마이클, 노먼은 시즌 개막을 함께하지 못했다. 마이클은 어깨를 다치고 노먼은 부상과 함께 기량 미달 판정을 받아 계약 해지됐다. 아가메즈도 허리 부상 때문에 계약 해지됐다. 우리카드는 제임스 랭글로이스(미국)를 대체선수로 영입하는데 그도 기량 미달 판정을 받아 팀을 떠나야 했다. 급기야 우리카드는 컵대회를 앞두고 지난 시즌 KB손해보험에서 뛴 펠리페를 다시 데려왔다. 요스바니는 시즌 개막을 맞이하기는 하나 발목 부상으로 2경기 출전에 그쳤다. 이후 현대캐피탈은 대체선수로 다우디 오켈로(우간다)를 데려오고, 삼성화재는 새로운 외국인 선수를 영입하는 데 어려움을 겪다 안드레스 산탄젤로(이탈리아)와 계약했다.

KB손해보험은 시즌이 개막된 뒤 한 차례 더 외국인 선수 교체를 경험했다. 마이클과 헤어진 뒤 OK저축은행에서 뛴 적이 있는 브람을 데려왔다가 다시 마테우스 크라우첵(브라질)을 영입했다. 결과적으로 가빈과 레오, 비예나만 그해 드래프트부터 시즌 종료까지 교체 없이 원 소속 팀에서 뛰었다.

귀화 선수 첫 지명

신인 드래프트에선 수련선수 8명을 포함해 총 30명이 지명됐다. 드래프트를 앞두고 관심을 모은 선수는 경기대 졸업반의 196센티미터 장신 세터 김명관과 홍콩 국적 신분으로 특별 귀화해 참가한 미들 블로커 알렉스(진지위로 개명)였다. 알렉스는 지난해 신인 드래프트에 참가하려다 당시 귀화 절차가 마무리되지 않아 1년을 미룬 끝에 V리거가 됐다.

김명관은 전체 1순위로 한국전력에, 알렉스는 1라운드 6순위로 대한항공에 뽑혔다. 얼리 엔트리에 대한 관심은 이번에도 이어졌다. 참가 선수 중 11명이 얼리 엔트리였다. 그중 9명이 프로 입단에 성공하는데 다섯이 1라운드에 뽑혔다. 그러나 2015/16시즌부터 지난 시즌까지 이어지던 '얼리 엔트리 선수 전체 1순위 지명'이 이번엔 끊겼다.

선발된 선수는 다음과 같다: 김명관, 박지윤, 구본승, 김준홍, 이병준(이상 한국전력), 홍상혁, 김동민, 김지승, 김승태(이상 KB손해보험), 김웅비, 정성환, 이태봉, 조성찬(이상 OK저축은행), 정성규, 김동영, 신장호, 배성근, 이정후, 김재남(이상 삼성화재), 장지원, 임승규, 이재준(이상 우리카드), 알렉스, 오은렬, 정태현(이상 대한항공), 최은석, 송원근, 강대운, 구자혁, 김상윤(이상 현대캐피탈).

10월 6일 전남 순천에서 열린 컵대회 결승에선 대한항공이 OK저축은행을 3-0으로 꺾고 우승을 차지했다. 대한항공으로선 2014년 안산 대회 이후 5년 만이자 팀 통산 네 번째 컵대회 우승이었다. 비예나는 2005/06시즌 LG화재에서 뛴 키드 이후 V리그에 온 외국인 선수 중 두 번째로 신장이 작은(193센티미터) 선수이지만 아포짓으로 결승에서 27점을 올리며 해결사 노릇을 했다. 역시 그가 컵대회 MVP에 선정됐다. 아웃사이드 히터 정지석도 17점을 올리며 우승에 힘을 보탰다. OK저축은행에선 토종 스파이커 송명근이 19점으로 분전했다.

엇갈린 외국인 선수 전력

10월 12일 천안 유관순체육관에서 시즌 개막전이 현대캐피탈과 대한항공 간 리턴매치로 열렸다. 원정 팀 대한항공이 3-1 승리를 거둔 그날 비예나가 30점을 올리며 컵대회에서의 활약을 이어갔다. 현대캐피탈은 새로 합류한 요스바니(당시 등록명은 에르난데스)가 22점을 올리며 16점을 기록한 문성민과 쌍포를 이뤘다. 그러나 요스바니는 10월 17일 우리카드와의 시즌 두 번째 경기에서 큰 부상을 당했다. 경기 도중 착지하는 과정에서 발목을 다친 것. 그날 경기에서 현대캐피탈은 2-3으로 지는데 문제는 요스바니의 회복 기간이었다. 결국 시즌 아웃 판정이 나오면서 현대캐피탈은 대체선수를 찾아야 하는 상황을 맞이했다.

외국인 선수 문제로 걱정하는 팀은 현대캐피탈뿐만이 아니었다. 삼성화재는 시즌 개막을 앞두고 데려온 산탄젤로가 기대에 미치지 못했다. 주전 아포짓 박철우와 아웃사이드 히터 김나운의 깜짝 활약을 앞세워 KB손해보험에 3-2로 이기고 대한항공에도 3-1로 이기지만 1라운드부터 패하는 경기가 많아졌다.

KB손해보험은 이적생이자 베테랑인 김학민이 분전하는 중에도 브람의 기량과 컨디션이 올라오지 않은 탓에 고전했다. 1라운드 내내 뒷심 부족을 겪는데 5경기 연속으로 풀세트 접전을 치르는 동안 한국전력에만 승리하고 4경기에서 고개를 숙였다.

반면 각각 비예나와 레오를 앞세운 대한항공과 OK저축은행이 1라운드에 선두 경쟁을 펼쳤다. 한국전력은 좀처럼 힘을 내지 못했다. 10월 29일 현대캐피탈과의 원정 경기에서 가빈이 28점을 올린 덕에 3-1로 이긴 것이 1라운드에 거둔 유일한 승리였다. 주포 역할을 한 가빈도 삼성화재 시절만큼의 임팩트를 보여주지는 못했다. 한편 레오와 함께 OK저축은행의 공격을 책임진 송명근이 1라운드 MVP가 됐다.

현대캐피탈은 비어 있는 외국인 선수 자리를 다우디를 영입해 메웠다. 11월 24일 OK저축은행과의 홈경기에 처음 투입된 다우디는 22점을 올리며 3-0 승리의 주역이 됐다. 현대캐피탈은 요스바니가 결장하고 다우디가 합류하기 전까지 수확도 있었다. 그 기간 문성민도 부상으로 결장하는 경우가 많은 중에 아웃사이드 히터 김지한이 전광인과 함께 팀의 공격을 이끌었다. 그래도 2라운드에 한국전력과 우리카드, 삼성화재에 연달아 덜미를 잡혀 좀처럼 순위를 끌어올리지 못했다. 다행히 2라운드 마지막 상대인 대한항공과의 원정 경기에서 3-0으로 이겨 분위기 반전에 성공했다. 그날 다우디가 25점, 전광인이 14점을 올렸다. 대한항공은 그날 경기만 패할 뿐 앞서 2라운드 5연승으로 내달려 순위표 맨 앞에 자리했다. 주포 비예나가 2라운드 MVP에 이름을 올렸다.

펠리페가 꾸준히 활약한 우리카드도 선두 경쟁에서 밀리지 않았다. 산탄젤로가 공격에서 힘을 보탠 삼성화재도 치고 올라갔다. OK저축은행도 1라운드에 이어 2라운드에도 승점 관리를 잘하며 밀리지 않았다. 그런 가운데 OK저축은행은 11월 중순 한국전력과의 트레이드를 통해 최홍석을 데려오고 아웃사이드 히터 이승준과 미들 블로커 장준호를 떠나보냈다.

현대캐피탈은 3라운드 초반 삐걱거렸다. 12월 2일 천안에서 대한항공과 다시 만난 라운드 첫 경기에서 풀세트 접전 끝에 2-3으로 무릎을 꿇었다. 이후 문성민이 복귀하고 미들 블로커진에 신영석과 최민호, 차영석까지 가세하면서 높이가 보강됐다. 현대캐피탈은 12월 5일 한국전력전을 시작으로 라운드 5연승으로 신바람을 내며 선두 경쟁에 참여했다.

3라운드 초반 미소를 지은 팀이 또 있다. KB손해보험은 라운드 첫 상대인 삼성화재에 2-3으로 져 그날 경기까지 12연패 부진에 빠졌다. 브람이 공격에서 힘을 싣지 못하는 점도 연패의 원인 중 하나였다. 그러다가 12월 3일 안방에서 열린 OK저축은행과의 맞대결에서 국내 선수들로만 경기를 치르고도 3-0으로 이겨 12연패에서 벗어났다. 김학민이 22점, 아포짓으로 나온 한국민이 14점을 올리며 감격스러운 승리를 일궜다. KB손해보험은 이후 대한항공과 우리카드의 발목을 연달아 잡으며 1위 경쟁을 하던 두 팀에 딴지를 제대로 걸었다. 현대캐피탈의 상승세를 이끈 다우디가 3라운드 MVP가 됐다.

KB손해보험은 고민 끝에 브람을 교체하기로 결정했다. 구단은 4라운드 초반이던 2020년 1월 초 마테우스 영입을 공식 발표했다. 한편 당시 임도헌 감독이 지휘봉을 잡고 있던 국가대표팀이 2020년 도쿄 올림픽 세계예선전 참가를 위해 선수들을 소집하면서 4라운드가 잠시 중단됐다. 대표팀이 예선전에 참가하는 동안 리그는 휴식기를 가졌다. '임도헌호'는 올림픽 본선행 티켓을 손에 넣지 못했다. 이란과의 마지막 승부에서 2-3으로 무릎을 꿇었다.

1월 14일 다시 시작된 리그 일정에선 우리카드가 치고 나갔다. 라운드 전승을 포함해 8연승으로 전력 질주한 끝에 1위가 됐다. 펠리페가 4라운드 MVP로 뽑혔다. 반면 3라운드까지 순위 경쟁에서 밀리지 않던 삼성화재가 부진에 빠졌다. 4라운드에 1승 5패에 그쳐 대한항공, 우리카드, 현대캐피탈과의 격차가 벌어졌다.

대한항공과 우리카드는 치열한 선두 경쟁을 하는 동시에 5라운드에 벌써 남은 정규리그 경기의 결과에 상관없이 최소한 플레이오프 진출을 확정했다. 비예나가 5라운드 MVP가 됐다. 두 팀과 달리 승점과 승수 쌓기에 어려움을 겪은 KB손해보험과 한국전력은 5라운드에 봄배구 진출 가능성이 사라졌다.

코로나19

그러나 그해 시즌엔 봄배구가 열리지 않았다. 코로나19 여파 때문이다. 한국배구연맹은 당시 또 다른 겨울 실내 프로 종목인 남자프로농구와 여자프로농구보다 앞서 방역 조치에 들어갔다. 3라운드에 리그 경기가 열리는 각 체육관마다 열감지 카메라를 설치하고 손 소독제를 구비하는 등 바쁘게 움직였다. 하지만 2월 18일 대구 지역에서 대량 감염 사례가 나온 뒤 상황이 바뀌었다. 당시엔 시즌을 중단하기보다는 밀집도를 최소화하는 방편으로 무관중 경기를 논의했다. 여자프로농구가 무관중 경기를 실시한 것을 계기로 한국배구연맹도 긴급 이사회를 열어 2월 25일 리그 남녀부 전 경기를 무관중 경기로 치르기로 결정했다.

코로나19가 팬데믹으로 확대되면서 해외뿐 아니라 국내 상황도 좀처럼 나아지지 않았다. 2월 말 남자프로농구에서 선수 감염 사례가 나온 뒤 리그도 시즌을 중단해야 한다는 의견이 구체적으로 나왔다. 결국 구단 실무위원회에서 시즌 중단을 한국배구연맹에 요청하고 이사회에서 이를 받아들여 3월 3일 정규리그가 멈춰 섰다. 정부의 특별 담화에 따라 4월 6일 시즌을 재개할 예정이라는 이야기도 나왔다.

그러나 시즌은 다시 열리지 못했다. 한국배구연맹은 정규리그를 재개할 경우 포스트시즌 일정을 소화하는 데 어려움이 있다고 판단해 3월 23일 조기 종료를 결정했다. 그에 따라 준플레이오프와 플레이오프, 챔피언결정전 등 봄배구도 취소됐다. 2005년 리그가 출범한 뒤 처음으로 파행 운영된 것이다. 한국배구연맹은 시즌 중단 시점이 6라운드 도중이고 팀마다 치른 경기 수가 같지 않다는 점을 고려해 5라운드 종료 기준으로 정규리그 순위를 결정했다. 가장 아쉬움이 큰 팀은 우리카드였다. 시즌 중단 직전까지 5연승으로 내달리며 25승 7패(승점 69)의 성적에 1위 확정을 눈앞에 둔 순간 봄배구에 도전할 기회 자체가 사라졌다. 우리카드는 '팀 창단 후 첫 정규리그 1위'에 만족해야 했다.

대한항공이 23승 8패(승점 65)로 2위, 현대캐피탈이 19승 13패(승점 56)로 3위, 3연승을 하며 순위 상승을 노리던 OK저축은행이 16승

16패(승점 50)로 4위가 됐다. 5연패를 당해 순위 경쟁에서 밀린 삼성화재가 13승 19패(승점 41)로 5위, KB손해보험이 10승 23패(승점 31)로 6위, 한국전력이 6승 26패(승점 24)로 최하위가 됐다.

해당 순위는 다음 시즌 외국인 선수 트라이아웃과 신인 드래프트 지명 순위에 그대로 적용됐다. 또 정규리그 1위~3위 팀에 주어지는 상금은 구단들의 동의하에 코로나19 극복을 위한 성금으로 기부하기로 하고 한국배구연맹 전문위원과 심판, 기록원 등을 위한 생활자금으로도 지원됐다.

MVP를 비롯해 신인상과 개인상 시상도 5라운드까지의 기록을 기준으로 진행되고 누적 기록도 정규리그가 최종 진행된 경기까지 인정됐다. FA 자격 요건은 소속 팀이 치른 경기를 기준으로 40퍼센트를 소화했을 경우 한 시즌을 뛴 것으로 인정하기로 조정됐다.

코로나19 방역 상황과 조치에 따라 비대면으로 진행된 시상식에선 우리카드가 정규리그 1위를 차지하는 데 펠리페와 함께 힘을 보탠 토종 아웃사이드 히터 나경복이 MVP를 차지했다. 786점을 기록한 비예나는 득점 부문 1위에 올랐다. 그는 공격성공률(56.3퍼센트)과 서브(세트당 0.559개)에서도 부문 1위가 됐다. 베스트7엔 아포짓에 비예나, 세터에 한선수, 리베로에 이상욱, 아웃사이드 히터에 나경복과 정지석, 미들 블로커에 신영석과 김규민이 선정됐다. 정규리그 1위로 시즌을 마친 신영철 감독이 처음으로 감독상 수상자가 됐다. 최재효 주·부심과 심재일 선심이 심판상을 받고, 현대캐피탈과 우리카드가 페어플레이상을 공동 수상했다.

새로운 왕조

V-LEAGUE
2020/21 시즌

　오프시즌은 사령탑 변화로 시작했다. 삼성화재는 신진식 감독이 지휘봉을 내려놓고 내부 승격에 따라 고희진 코치가 그 자리로 이동했다. KB손해보험은 전신인 LG화재 시절 팀을 대표하던 스타플레이어를 권순찬 감독의 후임으로 선임했다. 선수 시절 긴 머리를 휘날리며 코트를 누비던 이상렬 경기대 감독이었다. 대한항공은 파격적인 결정을 내렸다. 계약 기간이 만료된 박기원 감독과 재계약하지 않고 외국인 사령탑을 영입했다. 이탈리아 출신 로베르토 산틸리 감독. 리그 남자부에서 감독대행이 아니라 정식 사령탑으로 처음 선임된 외국인 감독이었다(최초의 외국인 감독대행은 2012/13시즌 LIG손해보험에서 이경석 감독이 사임한 뒤 대행한 조제).

　외국인 선수는 팬들에게 익숙한 얼굴이 많았다. 코로나19가 대유행한 영향으로 트라이아웃이 열리지 못해 드래프트가 비대면으로 진행된 까닭에 각 구단은 선수들을 파악하기 힘들었다. 전체 1순위로 KB손해보험은 노우모리 케이타(말리)를 뽑았다. 당시 열아홉 살 나이의 그는 리그 역사상 최연소 외국인 선수였다. 삼성화재는 바르토시 크시시에크(폴란드, 등록명 바르텍), 우리카드는 지난 2017/18시즌 KB손해보험에서 뛴 알렉스를 지명했다. 가빈과 재계약하지 않은 한국전력은 카일 러셀(미국)을 뽑고, 현대캐피탈은 지난 시즌 대체선수로 합류해 좋은 활약을 보인 다우디와 재계약했다. 대한항공도 비예나와 한 시즌 더 함께하기로 했다. OK저축은행은 시작부터 삐끗했다. 사전 접촉을 못 하고 뽑은 사정상 나중에 신체검사를 하던 중 미하우 필립(폴란드)에게서 부상이 발견됐다. 미하우는 지난 시즌 우리카드에서 뛴 펠리페로 교체됐다.

박철우 이적과 대형 트레이드

FA 시장에서 선수 이동이 유독 많았다. 지난 시즌이 끝난 뒤 FA 자격을 얻은 선수는 다음과 같다: 나경복, 이수황(이상 우리카드), 진상헌, 조재영, 정성민, 유광우(이상 대한항공), 박진우, 김정환(이상 KB손해보험), 최홍석, 한상길, 이시몬(이상 OK저축은행), 박철우, 박상하, 백계중, 권준형(이상 삼성화재), 신으뜸, 장준호, 조근호, 오재성(이상 한국전력), 박주형(현대캐피탈). 이들 중 6명이 유니폼을 바꿔 입었다.

우선 베테랑 아포짓 박철우가 삼성화재를 떠나 한국전력과 FA 계약을 맺었다. 박철우의 이적에 따라 보상선수로 센터 이호건이 삼성화재로 옮겼다. 박철우를 잡은 한국전력과 OK저축은행이 그해 FA 시장에서 가장 적극적으로 움직였다. 한국전력은 미들 블로커 장준호가 우리카드로 이적한 중에도 신으뜸과 조근호, 오재성 등 내부 FA를 잡고 아웃사이드 히터 이시몬을 외부 FA로 영입했다. 이수황은 대한항공으로, 진상헌은 OK저축은행으로 이적했다. 세터 권준형도 OK저축은행의 유니폼을 입었다.

박철우를 붙잡지 못한 삼성화재는 FA 시장이 마무리된 뒤 트레이드를 통해 전력 보강에 나섰다. 선수 7명이 포함된 우리카드와의 대형 트레이드였다. 보상선수인 이호건과 아웃사이드 히터 송희채, 류윤식을 우리카드로 보내고 아웃사이드 히터 황경민, 미들 블로커 김시훈, 세터 노재욱과 김광국을 데려왔다. 현대캐피탈과도 트레이드를 단행했다. 세터 김형진을 세터 이승원과 맞바꾸는 내용이었다.

대한항공과 현대캐피탈도 트레이드를 통해 선수단 구성에 변화를 줬다. 대한항공은 OK저축은행의 미들 블로커 한상길을 현금 트레이드로 영입했다. 김형진을 데려온 현대캐피탈은 신인 드래프트를 앞두고 군 복무 중이던 미들 블로커 김재휘를 KB손해보험으로 보내고 그해 신인 1라운드 지명권을 손에 넣었다. 이로써 현대캐피탈은 1라운드에 지명권 2장을 사용할 수 있게 됐다.

코로나19 상황이 이어지는 중에도 컵대회는 정상적으로 열렸다. 8월 29일 충북 제천에서 열린 결승에서 한국전력이 풀세트 접전 끝에 대한항공을 3-2로 꺾고 우승을 차지했다. 러셀이 29점, 박철우가 24점을 올리며 우승의 주역이 됐다. 외국인 선수가 뛰지 않은 대한항공도 선전했다. 임동혁이 26점, 정지석이 19점을 올리며 좌우 쌍포 노릇을 잘하고 곽승석과 진지위도 각각 14점, 11점을 올렸다. 러셀이 컵대회 MVP에 이름을 올렸다. 팀 통산 세 번째 컵대회 우승을 거머쥔 한국전력은 정규리그에서 기대치를 끌어올렸다.

신인 드래프트에선 수련선수 4명을 포함해 총 26명이 지명됐다. 선발된 선수는 다음과 같다: 김선호, 박경민, 이준승, 박건휘, 노경민(이상 현대캐피탈), 여민수, 김도훈, 이성호(이상 KB손해보험), 박창성, 황동준, 최찬울, 문지훈(이상 OK저축은행), 김우진, 박지훈, 이하늘, 제경목, 이현승(이상 삼성화재), 홍기선, 김광일, 김동선(이상 우리카드), 임재영, 이지율(이상 대한항공).

드래프트 지명 순위 추첨에서 KB손해보험이 전체 1순위 지명권을 손에 넣는데 그 권리를 드래프트에 앞서 단행된 트레이드를 통해 현대캐피탈이 가져갔다. 현대캐피탈은 전체 1순위로 당초 지명 후보로 유력하던 임성진이 아니라 아웃사이드 히터 김선호를 뽑았다. 또 1라운드에 대학 무대 최고의 리베로로 꼽히던 박경민도 뽑아 여오현 플레잉코치를 대신할 자원을 손에 넣으며 세대교체에 방점을 찍었다. 현대캐피탈의 이런 움직임은 시즌 개막 후에도 이어진다.

여전한 코로나19

시즌 개막일인 10월 17일을 앞두고 코로나19 상황으로 인해 무관중 경기로 치러질 수 있다는 예상이 나왔다. 그러나 당시 정부와 방역 당국이 그 무렵 사회적 거리두기를 1단계로 조정하고 배구를 포함한 스포츠 경기에서 관중 입장을 허용하면서 무관중 경기로 개막하는 상황은 피했다. 경기장이 수용할 수 있는 관중의 규모는 사회적 거리두기 단계에 따라 30퍼센트에서 50퍼센트로 확대했다. 11월 중순 다시 코로나19 상황이 악화돼 사회적 거리두기가 2단계로 올라간 뒤에는 무관중 경기로 전환되기도 했다.

코로나19로 인해 시즌 일정이 중단되는 일도 있었다. 12월 26일 OK금융그룹과 KB손해보험과의 경기에서 현장 중계진 중 한 명이 코로나19 양성 판정을 받음에 따라 현대캐피탈-KB손해보험(1월 2일), 우리카드-한국전력(1월 3일) 경기가 연기됐다. 한국배구연맹은 곧바로 남녀 구단의 선수 및 관계자, 이벤트·경호 관련 업체 직원들까지 전수 검사를 진행하고 해당 인원 전원이 음성 판정을 받은 뒤에야 1월 5일 시즌 일정을 재개했다.

당시 무관중 경기가 이어지던 상황이 고려돼 올스타전도 취소됐다. 2007/08시즌과 2019/20시즌 당시 올림픽 세계예선전에 참가하는 일정 때문에 열리지 않은 것에 이어 세 번째였다. 그리고 올스타 휴식기에 해당하는 1월 23일과 24일에 앞서 연기된 두 경기가 재편성됐다.

시즌은 또다시 멈춰 섰다. 2월 22일 KB손해보험의 미들 블로커 박진우가 리그 선수로는 최초로 코로나19 양성 판정을 받은 이후 2주 동안 중단됐다. 3월 3일 대한항공 구단 관계자가 양성 판정을 받았을 때도 중단되어 3월 11일 재개됐다. 그렇게 시즌 일정이 자꾸 밀리면서 플레이오프 일정도 바뀌었다. 1차전과 2차전을 정규리그 2위 팀의 홈구장에서 치르기로 조정했다.

1라운드엔 대한항공이 힘을 냈다. 10월 17일 우리카드와의 개막전에서 풀세트 접전 끝에 3-2로 이겼다. 10월 21일 삼성화재와의 홈경기에서도 3-1로 이겨 2연승으로 산뜻하게 출발했다. 정지석과 비예나 좌우 쌍포가 제 역할을 했다. 10월 25일과 10월 30일 각각 OK저축은행과 KB손해보험에 덜미를 잡혀 2연패를 당하지만 이후 치른 현대캐피탈, 한국전력과의 경기에서 모두 이겨 분위기 반전에 성공했다. 4승 2패.

우리카드는 1라운드 내내 주춤했다. 초반 3연패를 당한 끝에 2승 4패로 라운드를 마감했다. 그러나 11월 5일 1라운드 마지막 상대인 한국전력과의 경기에서 3-0으로 이긴 뒤 2라운드에 본격적으로 순위 경쟁에 뛰어들었다. 반면 삼성화재는 첫 경기인 10월 18일 한국전력과의 경기에서 3-2로 승리한 뒤 내리 5연패를 당하는 부진에 빠졌다. 연패 기간 중 3차례나 풀세트 접전을 내주는 등 뒷심 부족에 시달렸다.

1라운드에 가장 눈에 띈 팀은 KB손해보험이었다. KB손해보험은 11월 1일 라운드 마지막 상대인 OK저축은행과의 경기에서 1-3으로 덜미를 잡히기 전까지 5연승으로 신바람을 냈다. 그 중심엔 공격을 전담하는 케이타가 있었다. 10월 23일 우리카드와의 원정 경기에 처음 투입된 날 그는 40점에 공격성공률 53.85퍼센트를 기록하며 3-1 승리를 이끌었다. 역시 그가 1라운드 MVP에 선정됐다.

빅딜

삼성화재는 2라운드에 들어 세터진 교통정리에 들어갔다. 오프시즌 트레이드를 통해 영입한 베테랑 세터 김광국을 한국전력으로 보내고 아웃사이드 히터 김인혁과 미들 블로커 안우재, 세터 정승현을 데려왔다. 1대 3 트레이드로 삼성화재는 선수 셋과 함께 현금(이적료)도 받아 왔다.

이틀 뒤에는 리그 판도를 바꿀 만한 트레이드가 발표됐다. 세대교체에 초점을 맞춘 현대캐피탈이 즉시 전력감이자 주전 미들 블로커인 신영석을 비롯해 백업 세터 황동일, 아웃사이드 히터 김지한을 한국전력으로 보내는 트레이드를 단행했다. 한국전력은 아웃사이드 히터 이승준과 장신 세터 김명관 그리고 다음 시즌 신인 1라운드 지명권을 현대캐피탈로 보냈다.

신영석은 11월 15일 수원체육관에서 열린 대한항공과의 홈경기를 통해 트레이드 이후 첫 경기를 가졌다. 한국전력이 3-1로 대한항공에 이긴 그날 그는 블로킹 3개에 8점을 올렸다. 박철우와 러셀이 각각 25점으로 공격을 이끌며 정지석과 비예나가 버틴 대한항공을 꺾었다. 한국전력은 그 경기를 포함해 3연승으로 내달리며 2라운드를 마쳤다. 러셀이 2라운드 MVP로 뽑혔다.

반면 현대캐피탈은 좀처럼 치고 올라가지 못했다. 11월 27일 우리카드와의 원정 경기에서 3-1로 이겨 라운드 전패의 위기는 벗어났다. 삼성화재도 마찬가지였다. 2라운드 첫 상대인 현대캐피탈에 3-0으로 이기지만 이후 내리 패했다. 1라운드 때와 마찬가지로 풀세트 접전을 계속 내준 탓이었다.

　대한항공은 3라운드에 들어 비예나를 교체했다. 무릎 부상으로 인해 경기에 결장하는 횟수가 늘자 대체선수를 영입했다. 12월 중순 구단은 지난 시즌 초반 현대캐피탈에서 뛴 요스바니와의 계약을 공식 발표했다. 대한항공은 비예나가 빠지고 요스바니가 자가격리 기간 때문에 합류가 늦어지는 중에도 좋은 성적을 냈다. 토종 아포짓 임동혁과 정지석이 쌍포 노릇을 잘해줬다. 12월 27일 우리카드에 2-3으로 패해 라운드 전승에는 실패하지만 5승 1패를 거두며 선두 경쟁에서 밀리지 않았다.

　우리카드도 3라운드에 본격적으로 승수를 쌓았다. 12월 27일 대한항공전에서 이긴 것을 포함해 5승 1패로 힘을 내는 중에 주포 알렉스가 3라운드 MVP에 선정됐다. 요스바니는 1월 22일 OK저축은행과의 홈경기에 교체로 투입돼 컨디션을 점검하며 5점을 올렸다. 그날 대한항공은 정지석과 곽승석이 각각 11점을 올리며 3-0 승리를 이끌었다.

　현대캐피탈은 4라운드에 들어 조금씩 힘을 냈다. 특히 2021년 1월 13일 삼성화재전(3-0 승)을 제외하고 5경기 모두 5세트까지 가는 장기전을 치르는데 그때 3승 2패로 선전하며 승점을 쌓았다. 그 기간에 현대캐피탈의 주포 노릇을 한 다우디가 4라운드 MVP로 뽑혔다.

　한편 오프시즌부터 선수단 변화 폭이 크던 삼성화재도 외국인선수 교체 카드를 꺼냈다. 12월 중순 기량이 부족하다는 판단하에 바르텍과의 계약을 해지하고 지난 시즌 후반 KB손해보험에서 뛴 마테우스를 영입했다.

학교 폭력 후폭풍

5라운드에 들어 리그는 학교 폭력 사태에 휘말렸다. 여자부 흥국생명 소속인 이재영과 이다영이 중학교 시절 학교 폭력을 저지른 사실이 인터넷 커뮤니티를 통해 폭로돼 파문이 커졌다. 남자부에도 영향이 있었다. 송명근와 심경섭, 배홍희(이상 OK저축은행), 박상하(삼성화재)가 중학교와 고등학교 시절 학교 폭력에 연루됐다는 의혹이 제기됐다. 결국 네 선수는 2월 20일 이후 치르는 남은 정규리그에 출전하지 않기로 했다. 박상하와 심경섭, 배홍희는 은퇴를 선택했다(박상하는 학교 폭력 논란에 대한 의혹과 오해를 풀고 다음 시즌 현대캐피탈과 계약하며 코트로 복귀했다. 송명근도 다음 시즌 코트로 돌아오지만 심경섭과 배홍희는 선수 생활을 접었다).

선수에게만 영향이 있는 게 아니었다. KB손해보험은 사령탑이 교체됐다. 이상렬 감독이 대표팀 코치 시절인 2009년 일어난 박철우에 대한 사건이 재조명됐다. 이 감독은 결국 3월 12일 "당시 부적절한 행동에 대해 다시 한 번 선수와 배구 팬들에게 사죄를 드린다"고 밝히고 자진 사임했다. KB손해보험은 이경수 수석코치가 감독대행을 맡게 됐다.

학교 폭력 파문으로 리그가 뒤숭숭한 가운데 우리카드가 5라운드에 선전했다. 1월 31일 현대캐피탈과의 경기에서 2-3으로 덜미를 잡힌 게 5라운드에 당한 유일한 패배였다. 우리카드는 라운드 마지막 상대인 대한항공과의 홈경기에서 3-0으로 이겨 선두 경쟁에 불을 댕겼다. 알렉스가 23점, 나경복이 17점을 올리며 승리의 주역이 됐다. 알렉스가 5라운드 MVP에 선정됐다.

그러나 치열한 선두 다툼에서 웃은 팀은 대한항공이었다. 3월 29일 대한항공은 우리카드와의 원정 맞대결에서 3-1로 이겨 정규리그 1위를 확정했다. 1세트를 먼저 내주고 끌려가다 그날 30점을 올린 요스바니를 앞세워 2~4세트를 연달아 가져가며 짜릿한 역전승을 거뒀다. 우리카드는 알렉스가 25점, 나경복이 14점을 올리며 맞불을 놓지만 역부족이었다. 그렇게 대한항공은 6라운드에 6전 전승을 거두며 고공비행한 끝에 26승 10패(승점 76)로 1위를 차지해 챔피언결정전 직행 티켓을 손에 넣었다. 요스바니가 6라운드 MVP로 뽑혔다. 우리카드는 23승 13패(승점 67)로 2위가 됐다.

막판엔 준플레이오프 티켓을 두고 치열한 접전이 펼쳐졌다. KB손해보험과 OK저축은행, 한국전력이 3위 자리를 두고 경쟁하는 중에 KB손해보험이 간발의 차로 두 팀을 제쳤다. 케이타를 앞세운 KB손해보험은 삼성화재에 3-2, 현대캐피탈에 3-1로 승리해 3위를 확정했다. 19승 17패(승점 58). 2006/07시즌 이후 오랜만에 봄배구에 나서게 됐다.

OK저축은행과 한국전력은 마지막 경기에서 희비가 엇갈렸다. 4월 1일 OK저축은행이 대한항공에 1-3으로 져 한국전력에 마지막 기회가 생겼다. 그러나 한국전력은 정규리그 최종전이던 4월

2일 우리카드와의 원정 경기에서 0-3으로 패해 승점과 승수를 추가하지 못했다. 두 팀이 승점 55점으로 동률을 이룬 상태에서 OK저축은행이 19승 17패로 한국전력(18승 18패)을 제치고 4위가 됐다. 그렇게 준플레이오프가 열리게 되면서 OK저축은행도 2015/16시즌 이후 다시 한 번 봄배구에 초대를 받았다.

반면 현대캐피탈과 삼성화재는 리그 출범 후 처음으로 나란히 봄배구에 오르지 못하게 됐다. 현대캐피탈이 15승 21패(승점 41)로 6위에 머물고 삼성화재가 6승 30패(승점 26)를 기록해 최하위로 떨어졌다. 삼성화재가 최하위가 떨어진 건 프로 출범 후 처음이었다.

통합우승

단판 승부는 4위 팀이 가져갔다. 4월 4일 의정부체육관에서 열린 준플레이오프에서 OK저축은행이 KB손해보험을 3-1로 이기고 플레이오프에 올라갔다. 펠리페가 22점을 올리고 최홍석과 미들블로커 진상헌이 15점을 합작했다. KB손해보험은 케이타(37점)와 김정호(15점)가 분전했다.

하지만 OK저축은행은 플레이오프까지 상승세를 이어가지는 못했다. 플레이오프에서 만난 우리카드에 2연패로 고개를 숙였다. 4월 6일 장충체육관에서 열린 플레이오프 1차전에서 우리카드가 3-1로 이겨 기선을 제압했다. 그날 알렉스가 30점, 나경복이 18점, 한성정이 10점을 올렸다. OK저축은행은 조재성이 18점, 차지환이 12점을 올리는 중에 펠리페가 10점에 공격성공률 40.91퍼센트로 다소 부진한 게 뼈아팠다.

 4월 7일 같은 장소에서 열린 2차전에서도 같은 결과가 나왔다. 우리카드가 OK저축은행에 3-1로 이겨 팀 역사상 처음으로 챔피언결정전 진출에 성공했다. 2차전에서도 알렉스가 24점으로 활약하고 나경복이 16점, 한성정이 13점으로 뒤를 잘 받쳤다. OK저축은행은 펠리페가 1차전과 달리 21점에 공격성공률 45퍼센트를 기록하며 수치를 끌어올리지만 우리카드의 기세를 넘지 못했다.

 4월 11일 챔피언결정전의 막이 올랐다. 인천 계양체육관에서 열린 1차전에서 예상과 달리 우리카드가 대한항공을 3-0으로 꺾어 플레이오프 2연승의 상승세를 이어갔다. 알렉스가 22점, 나경복이 12점을 올리며 다시 한 번 승리의 주역이 됐다. 대한항공은 요스바니가 32점, 정지석이 16점을 올리며 화력 대결에서 밀리지 않은 중에도 승부처로 꼽힌 1세트를 내준 뒤 분위기가 넘어갔다. 1세트 26-26 듀스 상황에서 나온 요스바니의 포 히트 범실이 대한항공 입장에선 아쉬웠다. 27-26으로 앞선 우리카드는 다음 랠리에서 세터 하승우가 세트 승부를 결정짓는 2단 패스 페인팅에 성공했다. 3세트 접전 상황에서도 우리카드가 뒷심을 발휘했다. 23-23에서 미들 블로커 하현용이 시도한 다이렉트 킬이 성공해 24-23 리드를 잡은 다음 대한항공의 미들 블로커 이수황이 블로킹을 시도하는 중 네트터치를 범한 끝에 3세트를 가져갔다.

 하지만 대한항공은 그대로 주저앉지 않았다. 4월 12일 같은 장소에서 열린 2차전에서 풀세트 접전 끝에 3-2로 이겨 시리즈 승부에 균형을 맞췄다. 요스바니가 40점을 올리고 정지석이 23점, 곽승석이 12점으로 뒤를 받치며 알렉스(34점)와 나경복(16점), 한성정(13점)이 버틴 우리카드와의 화력 대결에서 밀리지 않았다. 2차전의 승부처는 5세트 접전 상황이었다. 5세트 13-13에서 대한항공은 미들 블로커 진성태가 시도한 속공이 통해 14-13 리드를 잡은 다음 우리카드의 나경복이 시도한 오픈공격이 라인을 벗어난 끝에 15-13으로 마무리했다.

4월 14일 장충체육관에서 열린 3차전에선 우리카드가 3-0으로 승리해 다시 시리즈 리드를 잡았다. 무엇보다 화력 대결에서 앞섰다. 알렉스가 20점, 나경복이 14점, 한성정이 11점을 올리며 요스바니와 정지석이 28점을 합작한 대한항공을 제쳤다. 승부처는 1세트 듀스 상황이었다. 우리카드는 23-24로 끌려가는 중에 알렉스의 서브 에이스가 성공해 24-24 듀스를 만든 다음 정지석의 더블 콘택트 범실로 25-24 리드를 잡았다. 그리고 알렉스가 다시 한 번 서브 에이스에 성공해 세트 승부를 결정지었다. 우리카드는 '창단 첫 챔피언결정전 우승'에 단 1승을 남겨두게 됐다.

그날 산틸리 감독과 신영철 우리카드 감독 모두 2세트에 레드카드를 받는 등 벤치 신경전도 치열했다. 1세트가 끝난 뒤엔 양 팀이 코트를 교체하는 과정에서 알렉스와 산틸리 감독이 서로 언쟁을 벌이며 충돌했다. 알렉스가 1세트 승부를 결정짓는 서브 에이스에 성공한 뒤 대한항공 벤치를 향해 세리머니를 한 게 불씨가 됐다.

하지만 우리카드는 4월 15일 같은 장소에서 열린 4차전에서 우승 트로피를 들어 올리지 못했다. 대한항공이 3-0으로 이겨 시리즈를 원점으로 돌렸다. 역시 토종 쌍포가 힘을 냈다. 정지석과 임동혁이 각각 18점을 올리며 승리의 주역이 되고 요스바니가 11점에 공격성공률 55퍼센트로 제 몫을 했다. 우리카드는 컨디션 난조를 보인 알렉스가 1세트만 뛰고 무득점에 묶인 게 결정적이었다. 4차전도 3차전과 마찬가지로 1세트가 승부처였다. 대한항공이 요스바니의 공격에 힘입어 24-21 세트포인트를 앞섰다. 그때 우리카드가 대한항공의 연속 범실을 틈타 23-24까지 따라붙었다. 하지만 알렉스의 서브가 네트에 걸린 끝에 대한항공이 25-23으로 1세트를 가져가며 반격의 발판을 만들었다.

4월 17일 장소를 다시 계양체육관으로 옮겨 치른 최종 5차전. 결국 대한항공이 3-1로 우리카드를 꺾고 3승 2패로 챔피언결정전 우승을 차지했다. 2017/18시즌 이후 거둔 팀 통산 두 번째 우승이었다. 정규리그 1위에 이어 챔피언결정전 정상에 올라 통합우승도 달성했다. 5차전에서도 요스바니가 27점, 정지석이 20점을 올리며 일등 공신이 됐다. 정지석은 정규리그 MVP와 챔피언결정전 MVP를 모두 차지하며 개인 최고의 피날레를 달성했다. 곽승석과 임동혁도 각각 10점, 8점으로 힘을 보탰다. 우리카드는 알렉스가 26점, 나경복이 16점, 한성정이 10점을 올렸다.

5차전은 1~3세트 내내 듀스까지 가는 접전이었다. 1세트 24-24에서 하현용의 속공에 이어 상대 범실이 나와 우리카드가 26-24로 먼저 웃었다. 2세트 듀스에선 우리카드의 범실로 대한항공이 세트를 가져갔다. 26-26에서 한성정의 포 히트 범실이 나오고 최석기가 시도한 속공이 아웃된 끝에 우리카드가 고개를 숙였다. 3세트 듀스에서도 대한항공이 웃으며 흐름을 가져갔다. 25-25에서 정지석이 때린 스파이크가 블록 아웃되며 대한항공의 득점이 됐다. 다음 랠리에서 알렉스가 때린 후위공격이 라인을 벗어난 끝에 27-25로 대한항공이 세트를 가져갔다. 그리고 4세트 중후반 정지석의 공격과 상대 범실을 묶어 20-14로 치고 나가고 요스바니의 2연속 서브 에이스로 23-16까지 점수 차를 벌리며 승기를 굳혔다.

베스트7에는 KB손해보험 선수 둘이 포함됐다. 황택의가 세터에서, 케이타가 아포짓 포지션에서 선발됐다. 정지석과 알렉스가 아웃사이드 히터에, 신영석과 하현용이 미들 블로커에, 한국전력의 오재성이 리베로에 뽑혔다. 김선호가 신인상을 받고 산틸리 감독이 외국인 사령탑으론 최초로 감독상을 수상했다. 삼성화재가 페어플레이상을, 권대진 주·부심과 정준호 선심이 심판상을 받았다.

V-LEAGUE 2021/22 시즌

다시 순항

　디펜딩 챔피언 대한항공은 오프시즌에 색다른 결정을 내렸다. 통합우승을 달성한 사령탑을 바꾼 것. 로베르토 산틸리 감독과의 계약을 연장하지 않고 새로운 얼굴을 영입했다. 이번에도 국내 지도자가 아니라 외국인 지도자를 선택했다. 일본리그 나고야에서 코치와 감독을 역임한 핀란드 국적의 토미 틸리카이넨이었다.

　이경수 감독대행으로 지난 시즌을 마친 KB손해보험은 후인정 경기대 감독을 새로운 사령탑으로 맞이했다. 후감독은 선수 시절 현대자동차써비스와 현대캐피탈, 한국전력에서 뛰고 경기대 재학 중 태극 마크를 단 이래 오랜 기간 대표팀에서도 활약했다. 은퇴한 뒤 한국전력에서 코치로 활동하고 모교 배구부 감독을 맡았다가 KB손해보험의 지휘봉을 잡으며 다시 리그로 돌아왔다.

FA 시장은 비교적 조용했다. FA 자격을 얻은 선수는 다음과 같다: 한선수, 백광현(이상 대한항공), 하현용, 최석기(이상 우리카드), 이민규, 송명근, 부용찬, 조재성(이상 OK저축은행), 김홍정, 김재휘, 구도현, 정동근, 황택의(이상 KB손해보험), 김광국, 공재학(이상 한국전력), 이시우, 송준호(이상 현대캐피탈), 안우재(삼성화재). 이들 중 리베로 백광현만 삼성화재로 이적하고 나머지 선수들은 모두 원 소속팀과 재계약했다.

오프시즌 트레이드도 있었다. 삼성화재는 대한항공의 세터 황승빈을 영입하는 대가로 리베로 박지훈과 그해 신인 1라운드 지명권을 대한항공에 넘겼다. 삼성화재는 이후에도 바쁘게 움직였다. 아포짓 김동영을 한국전력으로 보내고 현금을 받아 왔다(지난 시즌 두 팀의 합의에 따라 결정됨). 또 다른 아포짓 자원인 이강원은 우리카드로 보내고 다음 해 2라운드 지명권을 받아 왔다. 그리고 대한항공과 다시 한 번 트레이드를 단행했다. 미들 블로커 한상길을 데려오는 대신 그해 신인 3라운드 지명권을 대한항공에 넘겼다.

신인 드래프트에서 앞서 KB손해보험의 연고지인 의정부에서 컵대회가 열렸다. 이번엔 상무가 초청팀으로 참가한 가운데 8월 23일 결승전에서 우리카드가 OK저축은행을 3-0으로 꺾고 우승했다. 우리카드는 그로써 2015년 이후 6년 만에 다시 한 번 컵대회 정상에 올랐다. 나경복이 22점을 올리고 한성정과 장준호가 각각 10점으로 지원했다. 활약이 큰 나경복이 컵대회 MVP로 뽑혔다. OK저축은행은 조재성이 19점, 차지환이 13점으로 분전했다. 외국인 선수들은 각 팀에 합류한 상태였으나 국제이적동의서(ITC)가 발급되기 전이라 대회에 출전하지 못했다.

돌아온 레오

또다시 비대면 방식으로 진행된 외국인 선수 드래프트에선 2014/15시즌 이후 6년 만에 리그로 돌아온 레오(쿠바)가 가장 큰 관심을 모았다. 추첨 확률상 지난 시즌 최하위인 삼성화재에 다시 입단할 것이 유력해 보였지만 그는 다른 팀의 유니폼을 입었다. 지명권 추첨에서 1순위 가능성이 제일 낮은 OK저축은행의 구슬이 가장 먼저 나왔다. 석진욱 OK저축은행 감독은 주저하지 않고 레오의 이름을 불렀다. 이로써 석감독과 레오는 2012/13시즌 삼성화재에서 동료 선수로 한솥밥을 먹은 이후 다시 한 번 감독과 선수로 같은 팀에서 인연을 맺었다.

삼성화재는 2순위도 아니고 3순위로 밀려나는 '불운'에 시달렸다. 고희진 삼성화재 감독은 지난 시즌 한국전력에서 뛴 러셀을 지명했다. 케이타와 알렉스는 각각 KB손해보험, 우리카드와 재계약했다. 한국전력과 대한항공, 현대캐피탈은 새 얼굴을 선택하기로 해 각각 바르디아 사닷(이란), 링컨 윌리엄스(호주), 보이다르 뷰세비치(세르비아)를 지명했다. 그러나 사닷은 부상으로 인해, 뷰세비치는 기량도 기량이지만 불성실한 태도가 문제가 되어 계약이 해지됐다. 한국전력은 지난 시즌 현대캐피탈에서 뛴 다우디를 대체선수로 뽑고 현대캐피탈은 로날드 히메네스(콜롬비아, 등록명 히메네즈)로 교체했다.

신인 드래프트에선 수련선수 5명을 포함해 총 25명이 선발됐다. 뽑힌 선수들은 다음과 같다: 홍동선, 정태준, 이상우, 김승빈(이상 현대캐피탈), 강우석, 김인균, 조용석(이상 한국전력), 이수민, 김규태(이상 삼성화재), 이상현, 김영준, 김완종(이상 우리카드), 박승수, 강정민, 윤길재, 한광호, 문채규(이상 OK저축은행), 신승훈, 양희준, 손준영, 양인식(이상 KB손해보험), 정한용, 이준, 정진혁, 김민재(이상 대한항공).

지난 시즌 한국전력과의 트레이드에 따라 전체 1순위 지명권을 행사하게 된 현대캐피탈은 홍동선을 뽑았다. 두 시즌 연속으로 전체 1순위 지명 선수를 선발한 셈. 게다가 1라운드 2순위로 정태준을 뽑았다. 그로써 현대캐피탈은 2005시즌 대한항공, 2009/10시즌 우리캐피탈에 이어 세 번째로 신인 드래프트에서 1라운드 1순위와 2순위를 연속으로 지명한 팀이 됐다. 대한항공은 이경수 영입에 대한 조건으로 LG화재가 1순위 지명권을 양보한 경우이고, 우리캐피탈은 신생 팀 지원 방안으로 1~4순위에 대한 우선 지명권이 주어진 케이스다. 지명권 추첨 방식으로 1순위와 2순위를 연달아 뽑은 건 현대캐피탈이 최초였다.

대한항공도 삼성화재와의 트레이드를 통해 받은 1라운드 3순위 지명권, 3라운드 3순위 지명권을 행사했다. 얼리 엔트리 열풍은 여전했다. 참가한 42명 중 19명이 얼리 엔트리 선수였다. 1라운드에 지명된 7명 모두 얼리 엔트리였는데 이는 신인 드래프트 사상 처음이었다.

한편 그해 시즌부터 주심이 직접 재량으로 신청하는 셀프 비디오 판독이 컵대회의 시범 도입을 거쳐 정규리그에서도 실시됐다.

케이타 열풍

10월 16일 인천 계양체육관에서 대한항공과 우리카드의 리턴매치로 개막전이 열렸다. 대한항공이 3-1로 우리카드를 꺾었다. 대한항공은 정지석이 사생활 문제 때문에 징계를 받아 코트에 나오지 못한 중에 링컨과 임동혁 쌍포를 앞세워 우리카드의 추격을 잘 뿌리쳤다. 링컨이 31점, 임동혁이 19점을 올리며 승리의 주역이 됐다. 우리카드는 알렉스와 나경복이 각각 26점, 17점으로 힘을 내지만 대한항공을 넘어서지 못했다.

그러나 이후 대한항공은 힘겨운 1라운드를 보냈다. 10월 22일 다음 상대로 만난 삼성화재와의 원정 경기에서 0-3으로 지고 10월 27일 현대캐피탈과의 맞대결에서도 풀세트 접전 끝에 2-3으로 고개를 숙였다. 10월 30일 OK저축은행전에서 3-0으로 이겨 연패를 끊지만 11월 3일 KB손해보험에 1-3으로 져 상승세를 이어가지 못했다.

반면 KB손해보험은 리그 2년차 시즌을 맞은 케이타를 앞세워 라운드 성적 3승 3패로 선전했다. 케이타는 첫 경기인 현대캐피탈전(3-2 승)에서 43점을 올린 것을 시작으로 1라운드 6경기 모두에서 31점 이상씩 올리는 괴력을 보였다. 그가 1라운드 MVP에 선정됐다.

공교롭게도 지난 시즌 챔피언결정전에 오른 대한항공과 우리카드 모두 1라운드에 고전했다. 각각 2승 4패, 1승 5패를 거뒀다. 1라운드에 전승을 거둔 팀은 없었다. 삼성화재는 아포짓으로 포지션을 바꿔 효과를 본 러셀을 중심으로 3승 3패를 거둬 기대 이상으로 선전했다. 레오가 주포로 자리 잡은 OK저축은행과 군 복무를 마치고 돌아온 서재덕의 한국전력이 각각 4승 2패를 거둬 가장 좋은 라운드 성적을 냈다.

초반 기세

2라운드에도 특정 팀이 치고 나가지는 못했다. 그래도 서재덕과 다우디, 신영석, 신인 임성진이 공격에서 힘을 실은 한국전력이 2라운드 후반 대한항공과 현대캐피탈을 연달아 풀세트 접전 끝에 물리치고 1위에 올랐다. 하지만 승점 차는 크지 않았다. 2라운드 종료 시점(12월 3일)을 기준으로 한국전력과 6위 KB손해보험 간의 승점 차는 5점에 불과했다. 매 경기 결과에 따라 순위가 뒤바뀌는 상황이 이어졌다.

반면 우리카드는 2라운드에도 2승 4패를 기록하며 좀처럼 힘을 내지 못했다. 대한항공은 한국전력과 마찬가지로 4승 2패를 거둬 상위권에 자리 잡았다. 2라운드를 3연패로 시작한 KB손해보험은 케이타가 여전히 힘을 낸 덕에 남은 3경기를 모두 이겨 3승 3패로 5할 승률을 맞췄다. 삼성화재도 1라운드와 같이 3승 3패로 선전하며 순위 경쟁에서 밀리지 않았다. 강서브를 자랑하는 러셀이 2라운드 MVP가 됐다.

3라운드엔 트레이드와 외국인 선수 교체 소식이 전해졌다. 현대캐피탈은 12월 중순 부상을 당한 히메네즈를 교체하기로 한 뒤 대체선수 전문으로 자리 잡은 펠리페와 계약했다. KB손해보험은 우리카드와의 트레이드를 통해 아웃사이드 히터 한성정을 영입하고 다음 시즌 신인 2라운드 지명권도 받아 왔다. 그 대가로 미들 블로커 김재휘와 아웃사이드 히터 김동민(당시 군 복무 중)을 우리카드로 보냈다. KB손해보험은 군 복무를 마치고 돌아온 미들 블로커 우상조를 선수 등록하기 위해 로스터에 자리를 만드는 차원에서 미들 블로커 구도현을 자유신분 선수로 공시했다.

우리카드는 3라운드에 분위기를 바꿨다. 12월 4일 라운드 첫 상대인 대한항공과의 경기에서 0-3으로 지고 두 번째로 만난 12월 10일 KB손해보험과의 경기에서도 1-3으로 패하지만 이후 4연승을 거두며 신바람을 냈다. 대한항공도 순항했다. 12월 15일 OK저축은행전 1-3 패배를 제외하고 3라운드에 5승을 거두며 1위를 지켰다. 징계에서 해제돼 코트로 돌아온 정지석이(12월 4일 우리카드전이 시즌 첫 출전) 링컨과 함께 쌍포를 이뤄 승리에 힘을 실었다.

KB손해보험은 3라운드 초반 3경기를 연달아 패하지만 이후 케이타를 앞세워 3연승을 올리며 분위기를 반전했다. 케이타는 12월 28일 라운드 마지막 상대인 한국전력과의 원정 경기에서 서브 에이스 7개를 포함해 52점으로 맹활약했다. 역시 그가 3라운드 MVP

에 선정됐다.

OK저축은행은 3승 3패로 라운드 승률 5할을 유지하는데 3승 모두 풀세트 접전 끝에 거둔 승리라 승점을 많이 쌓지는 못했다. 반면 외국인 선수 전력에서 구멍이 난 현대캐피탈은(펠리페는 입국 후 자가격리 기간을 거쳐 4라운드 삼성화재와의 원정 경기에 처음 투입됨) 3라운드에 2승 4패로 부진했다. 그마나 4연패를 당하다가 라운드 후반 삼성화재전과 OK저축은행전에서 모두 3-0으로 이겨 한숨을 돌렸다. 삼성화재도 2승 4패로 주춤하며 중위권 순위 경쟁에서 힘이 부치는 모습을 보였다.

1위 경쟁

케이타는 리그 최고의 외국인 선수로 자리매김했다. OK저축은행 레오가 여전한 기량을 보이는 중에 공격력만 놓고 보면 케이타도 삼성화재 시절의 레오만큼이나 대단한 퍼포먼스를 보였다. KB손해보험은 4라운드에 2승 4패로 다소 주춤하지만 케이타는 펄펄 날았다. 1월 5일 삼성화재전에서 45점, 1월 16일 한국전력전에서 48점을 올리는 등 리그 전체에 걸쳐 가장 뛰어난 공격을 자랑했다. 4라운드 MVP도 그가 차지했다.

우리카드는 1월 15일 OK저축은행에, 1월 19일 현대캐피탈에 연달아 덜미를 잡히지만 그 전까지 4연승을 거뒀다. 3라운드의 4연승까지 포함해 8연승으로 질주하며 대한항공과 1위 경쟁을 이어갔다. 패한 두 경기도 모두 풀세트까지 경기를 끌고 가며 각각 승점

1점을 챙겨 4라운드 모든 경기에서 승점을 수확했다.

대한항공도 좋은 흐름을 이어갔다. 세터 한선수의 안정적인 토스와 경기 운영에 힘입어 정지석과 임동혁이 공격에서 힘을 발휘했다. 두 선수는 부상과 기복 있는 플레이가 단점으로 꼽히는 링컨이 빠진 자리를 잘 메웠다. 대한항공은 4라운드에 4승 2패를 거둬 우리카드와의 격차를 유지했다.

현대캐피탈도 1월 19일 우리카드와의 홈경기에서 3-2로 이기며 4라운드를 4승 2패로 마감했다. 그날 펠리페가 20점을 올리고 미들 블로커 박상하가 6블로킹에 14점으로 힘을 냈다. 현대캐피탈은 1, 2세트를 먼저 내주고 코너에 몰리다가 3~5세트를 연달아 따내 짜릿한 역전승을 거뒀다.

한국전력과 삼성화재는 각각 3승 3패를 거두며 잘 버텼다. 하지만 OK저축은행은 4라운드에 들어 힘이 쑥 빠졌다. 우리카드전(3-2 승)을 제외하고 4라운드에 치른 6경기 중 5차례나 패했다. OK저축은행은 이때의 성적이 결국 봄배구행에 큰 걸림돌이 됐다.

8연속 서브 에이스

삼성화재의 러셀은 5라운드 2022년 2월 3일 한국전력과의 홈경기에서 리그 역사에 남을 기록 하나를 작성했다. 그날 그는 서브 에이스 11개를 포함해 35점을 올리며 3-1 승리를 거두는 데 일등 공신이 됐다. 그런데 2세트 12-8로 앞선 상황에서 서버로 나와 '8연속 서브 에이스'에 성공했다. 이는 2024/25시즌 기준 리그 남녀부를 통틀어 한 세트이자 한 경기 최다 연속 서브 에이스 기록으로 남아있다.

코로나19 상황은 그해 시즌에도 이어졌다. 2월 13일 우리카드 선수 중 한 명이 양성 반응이 나왔다. 현대캐피탈은 코칭스태프 4명이 양성 판정을 받았다. 경기에 참여한 심판도 확진 판정을 받았다. 2월 14일에는 1위로 달리고 있던 대한항공에서 선수와 코칭스태프가 집단으로 감염됐다는 소식이 전해졌다. KB손해보험에서도 집단으로 양성 판정이 나왔다. 결국 2월 16일 한국배구연맹은 대한항공-삼성화재전, 2월 20일 대한항공-한국전력전을 순연 결정했다.

그래도 코로나19의 영향이 좀처럼 사그라들지 않았다. 2월 15일과 16일에도 코트에서 감염자가 속출하면서 현대캐피탈은 선수 4명이 빠져 경기를 치르기 위한 최소 엔트리 정원인 12명을 채우지 못하게 됐다. 연맹은 결국 리그 일정을 잠시 중단했다. 2월 18일 다시 시즌을 재개하지만 팀마다 최소 엔트리 구성에 어려움을 겪었다. 2월 19일 연맹은 경기 중 코트 체인지를 하지 않고 마퍼와 볼 리트리버를 최소한도로 줄이는 등 경기 운영 가이드라인을 재조정했다. 그런 가운데 2월 22일 삼성화재에서 집단 감염이 발생했다. 전체 엔트리 17명 중 10명이 자가격리되면서 삼성화재도 정상적인 경기를 할 수 없게 됐다. 연맹은 3월 4일까지 정규리그 경기를 치르지 않기로 결정하고 포스트시즌 일정을 축소했다. 즉 준플레이오프와 플레이오프는 단판 승부로, 챔피언결정전은 3전 2승제로 줄였다. 3월 5일 재개되는 시즌에서는 휴식일 없이 일정을 소화하기로 했다.

어수선한 가운데 치른 5라운드는 우리카드, OK저축은행, 한국전력의 중위권 순위 경쟁이 치열했다. 레오를 앞세운 OK저축은행은 5승 1패를 거두며 치고 올라갔다. 레오가 5라운드 MVP에 이름을 올렸다. 그러나 OK저축은행은 6라운드에 들어 극과 극을 달리는 모습을 보였다. 1승 5패를 기록하며 앞선 라운드의 좋은 흐름을 이어가지 못했다.

그해 코로나19로 큰 타격을 받은 팀은 삼성화재였다. 5라운드에 3승 3패를 거두며 봄배구행을 꿈꾸다가 6라운드에 1승 5패로 부진한 끝에 준플레이오프에 진출할 가능성이 사라졌다. 현대캐피탈도 5라운드에 1승 5패, 6라운드에 2승 4패에 그쳐 순위표 가장 아랫자리로 내려갔다. 우리카드는 봄배구 진출을 위해 승부수를 던졌다. 3월 26일 알렉스를 내보내고 2019/20시즌 OK저축은행에서 뛴 레오 안드리치를 영입했다.

KB손해보험과 선두 경쟁을 펼친 대한항공은 3월 25일 OK저축은행과의 원정 경기에서 3-0으로 이겨 정규리그 1위를 확정했다. KB손해보험은 케이타가 6라운드 MVP로 선정되는 활약을 펼치는 중에도 라운드 마지막 3경기에서 모두 패해 팀의 첫 정규리그 1위에 대한 기대를 접었다. 한국전력은 3월 30일 KB손해보험과의 정규리그 최종전에서 3-1로 이겨 4위로 봄배구행 막차를 탔다. 즉 3위 우리카드와의 승점 차가 3점 이내로 좁아진 끝에 준플레이오프가 성사됐다.

최종 순위는 다음과 같았다: 1위 대한항공(24승 12패 승점 70), 2위 KB손해보험(19승 17패, 승점 62), 3위 우리카드(17승 18패 승점 59), 4위 한국전력(20승 16패 승점 56), 5위 OK저축은행(17승 19패 승점 44), 6위 삼성화재(14승 22패 승점 44), 7위 현대캐피탈(15승 21패 승점 43). 현대캐피탈은 리그 출범 후 처음으로 정규리그 최하위라는 불명예를 얻었다.

케이타의 눈물

우리카드의 봄배구 승부수는 통하지 않았다. 4월 1일 장충체육관에서 열린 준플레이오프의 승자는 한국전력이었다. 한국전력이 3-1로 우리카드를 꺾고 플레이오프에 올라갔다. 승부처는 1세트였다. 28-28로 팽팽한 가운데 우리카드의 송희채가 때린 서브가 네트에 걸리면서 한국전력이 29-28 리드를 잡았다. 그다음 레오 안드리치의 후위공격이 한국전력의 미들 블로커 신영석의 손끝에 걸린 끝에 30-29로 한국전력이 세트를 따냈다. 그날 한국전력은 다우디가 10점에 그치는 중에 국내 선수들의 활약이 돋보였다. 서재덕이 14점, 박철우가 13점을 올리고 신영석과 조근호가 7블로킹에 22점을 합작했다. 우리카드는 레오 안드리치가 27점, 나경복이 18점, 김재휘가 8블로킹에 14점으로 분전하지만 단판 승부에서 고개를 숙였다.

한국전력의 봄배구는 플레이오프에서 막혔다. 4월 3일 의정부체육관에서 열린 KB손해보험과의 플레이오프에서 1-3으로 고개를 숙였다. 한국전력이 1세트를 먼저 가져가며 기선 제압하지만 2~4세트를 내리 내줬다. KB손해보험은 30점을 올린 케이타를 앞세워 짜릿한 역전승을 거두며 팀 역사상 처음으로 챔피언결정전행 티켓을 손에 넣었다.

4월 5일 인천 계양체육관에서 열린 챔피언결정전 1차전은 대한항공이 KB손해보험에 3-1로 이겼다. KB손해보험이 1세트를 듀스 접전 끝에 26-24로 따내지만 대한항공은 강했다. 링컨과 정지석, 곽승석 삼각 편대가 힘을 내 역전승으로 서전을 장식했다. 링컨이 31점, 정지석과 곽승석이 각각 15점을 올려 케이타가 27점, 김정호가 15점을 올린 KB손해보험을 화력 대결에서 제쳤다.

KB손해보험은 4월 7일 의정부 안방에서 치른 2차전을 3-1로 잡아내며 시리즈 균형을 맞췄다. 3세트 듀스에서 27-25로 잡아내며 세트 리드를 잡은 게 결정적이었다. 25-25 상황에서 케이타가 시도한 후위공격이 통해 26-25로 앞선 다음 정지석이 때린 스파이크가 라인을 벗어난 끝에 KB손해보험이 웃었다. 35점을 올린 케이타가 해결사 노릇을 했다.

4월 9일 인천에서 열린 최종 3차전은 역대 챔피언결정전 중 최고 명승부로 꼽힌다. 5세트에서 KB손해보험은 12-9까지 달아나며 우승 가능성을 높였다. '첫 챔피언결정전 우승'까지 3점만 남겨두고 있었다. 그때 대한항공이 정지석의 연타 공격이 점수로 연결된 것을 기화로 추격을 시작했다. KB손해보험이 케이타의 공격으로 14-13을 만들지만 다음 랠리에서 정지석이 후위공격에 성공해 14-14

듀스가 됐다. 두 팀은 이후 21-21까지 듀스 접전을 이어갔다. KB손해보험의 세터 황택의가 케이타에게 패스를 몰아주는 가운데 21-21에서 결국 대한항공이 연속 득점에 성공했다. 즉 케이타의 서브가 네트에 걸리면서 대한항공이 22-21 리드를 잡은 다음 그의 후위공격을 다시 곽승석이 블로킹으로 잡아내며 긴 승부에 마침표를 찍었다. 그렇게 그날 대한항공이 3-2 승리를 거두며 2연속 통합우승을 달성했다.

케이타는 경기가 끝난 뒤 한참동안 코트에 무릎을 꿇고 주저앉아 눈물을 흘렸다. 3차전에서 34점을 올린 링컨이 57점을 올린 케이타를 제치고 챔피언결정전 MVP가 됐다. 정지석도 그날 31점으로 뒤를 받쳐 자신이 왜 리그 최고의 아웃사이드 히터인지를 증명했다. 틸리카이넨 감독은 부임 첫 시즌에 정규리그 1위와 챔피언결정전 우승을 이끌어 감독상을 받았다.

정규리그 MVP는 케이타가 차지했다. 베스트7에는 황택의(세터), 나경복과 레오(아웃사이드 히터), 신영석과 현대캐피탈의 최민호(미들 블로커), 케이타(아포짓), 현대캐피탈의 박경민(리베로)이 이름을 올렸다. 신인상은 OK저축은행의 아웃사이드 히터 박승수가 받았다. 삼성화재가 페어플레이상을, 남영수와 곽미정이 심판상을 받았다. 한국배구연맹은 그해 시즌부터 주·부심, 선심을 구분하지 않고 심판상을 수여하기로 했다.

V-LEAGUE
2022/23 시즌

트레블

　오프시즌에 어김없이 사령탑이 바뀐 팀이 나왔다. 삼성화재는 고희진 감독과의 계약을 연장하지 않고 실업 시절과 리그 출범 초기 왕조를 이끈 주역 중 한 명인 김상우 전 우리카드 감독에게 지휘봉을 맡겼다. 김감독은 선수로서 마지막으로 뛴 2006/07시즌 이후 16년 만에 신임 사령탑으로 친정 팀에 돌아오게 됐다. 한국전력도 장병철 감독과 재계약하지 않고 내부에서 권영민 코치를 감독으로 승격했다. 그런데 한국전력이 장감독에게 재계약 의사를 알렸다가 나중에 결정을 번복해 그 과정에서 잡음이 일었다. 고감독은 삼성화재를 떠난 뒤 바로 여자부 정관장의 신임 사령탑으로 자리를 옮겼다.

　FA 시장은 조용했다. FA 자격을 얻은 26명은 다음과 같다: 정지석, 곽승석, 진성태, 김규민(이상 대한항공), 전광인, 최민호, 여오현, 김형진(이상 현대캐피탈), 김정호, 한성정, 정민수, 황두연(이상 KB손해보험), 신영석, 서재덕, 황동일(이상 한국전력), 하승우, 이상욱, 송희채, 류윤식, 이호건(이상 우리카드), 곽명우, 박원빈, 조국기 정성현(이상 OK저축은행), 고준용(삼성화재). 정지석과 신영석, 서재덕, 전광인, 최민호 등이 최대어로 꼽히던 중에 모두 원 소속 팀에 잔류했다. 유니폼을 바꿔 입은 선수는 세터 김형진이 유일했다. 그는 대한항공과 계약해 현대캐피탈을 떠났다.

규정 변화

한국배구연맹은 시즌 개막을 앞두고 규정과 대회 요강에 변화를 줬다. 먼저 비디오 판독 요청을 받아들이는 시점을 명확히 했다. 랠리가 끝나고 한 팀이 선수 교대를 신청한 뒤 상대 팀이 비디오 판독을 요청하는 경우 받아주지 않던 것을, 기록원이 선수 교대 완료를 뜻하는 'OK' 사인을 내기 전이라면 요청을 수용하는 것으로 바꿨다. 추가 비디오 판독이 가능한 항목도 늘어났다. 인·아웃과 터치아웃에만 추가 판독을 받던 것을 모든 비디오 판독에 대해 허용하기로 했다. 주심이 요청한 셀프 비디오 판독 또한 마찬가지다. 비디오 판독 대상에는 오버네트 판정이 다시 포함됐다. 또 비디오 판독 화면을 경기장 전광판에 표출하지 않는 방법도 시범 운영하기로 했다. 비디오 판독시 코칭스태프와 선수, 구단 관계자가 화면을 보고 판독에 대해 이의를 제기하는 상황을 보완하기 위해서였다.

선수 유니폼의 등번호와 공식 포지션 명칭에도 변화가 있었다. 유니폼 등번호는 1~20번까지 사용할 수 있던 것을 국제배구연맹의 적용 범위 확대에 따라 1~99번까지 확대했다. 국제배구연맹은 앞서 2021년 발리볼네이션스리그에서 해당 사항을 시범 적용하고 이후 연맹이 주최하는 모든 국제 대회에 허용했다. 그런데 우연히도 그해 시즌 남자부 7개 구단에 걸쳐 등번호 2번을 사용하는 선수는 모두 포지션이 센터였다.

그리고 한국배구연맹은 포지션 명칭과 표기법을 국제배구연맹의 기준에 따르기로 정했다. 이에 따라 레프트는 아웃사이드 히터(OH)로, 라이트는 아포짓(OP), 센터는 미들 블로커(MB)로 공식 기록지에 표시된다. 센터(S)는 그대로이지만 리베로의 경우 종전 'Li'에서 'L'로 바뀌었다. 경기에 출전할 수 있는 등록 엔트리도 확대했다. 외국인 선수를 제외하고 14~18명이던 것을 14~21명으로 늘렸다. 또 경기가 시작하기 3시간 전에 외국인 선수를 제외한 최대 14명 출전 선수를 등록 시스템을 통해 제출하도록 변경했다.

팀 태블릿 PC도 도입됐다. 선수 교체 요청에 한해 태블릿을 활용할 수 있게 했다. 이에 따라 기존에 선수를 교대할 때 사용하던 번호판이 코트에서 사라지게 됐다. 또 대회 운영 요강을 바꿔 경기에 참여하는 감독의 복장도 자율화하기로 했다. 정장뿐 아니라 캐주얼과 운동복 차림도 허용했다.

새로운 얼굴들

외국인 선수 드래프트에서 트렌드는 명확했다. 구관이 명관이라는 말이 어울릴 정도로 리그 유경험자들이 구단들로부터 낙점을 받았다. 새로운 얼굴을 선택한 곳은 단 두 팀뿐이었다. 삼성화재는 아흐메드 이크바이리(리비아)를, KB손해보험은 니콜라 멜라냑(세르비아)을 지명했다. 특히 KB손해보험은 두 시즌 동안 주포로 활약하며 리그 최고의 외국인 선수로 자리매김한 케이타와의 재계약을 추진하지만 성사시키지 못했다. 당초 드래프트에 참가 신청을 냈다가 이탈리아리그 베로나와 사인한 책임을 물어 한국배구연맹은 향후 2년 동안 그의 트라이아웃 참가 자격을 제한했다.

대한항공은 링컨, 우리카드는 레오 안드리치, OK저축은행은 레오와 각각 재계약했다. 다우디와 재계약하지 않은 한국전력은 지난 2018/19시즌 삼성화재에서 뛴 타이스와 계약하고, 현대캐피탈은 자유선발 시절인 2015/16시즌 영입했던 오레올과 다시 인연을 맺었다.

오프시즌 동안 대형 트레이드도 있었다. 삼성화재와 우리카드는 선수 7명이 포함된 트레이드를 단행했다. 삼성화재는 세터 이승원과 황승빈, 아웃사이드 히터 정성규를 우리카드로 보내고, 우리카드는 세터 이호건, 아웃사이드 히터 류윤식, 미들 블로커 하현용, 리베로 이상욱을 삼성화재로 보냈다.

우리카드는 다시 한 번 트레이드를 실시해 선수단 구성에 변화를 줬다. 한국전력에서 리베로 오재성과 아웃사이드 히터 김지한을 영입하고 세터 하승우와 리베로 장지원을 한국전력으로 보냈다. 한국전력도 OK저축은행과의 트레이드를 통해 세터 황동일을 보내고 미들 블로커 정성환을 데려왔다. 황동일은 당시 이적으로 리그 남녀부를 통틀어 최초로 전 구단에 걸쳐 뛴 독특한 이력을 갖게 됐다.

컵대회는 전남 순천에서 열렸다. 지난해와 마찬가지로 상무가 초청팀으로 참가해 프로팀과 경기를 치렀다. 8월 28일 순천체육관에서 열린 한국전력과의 결승전에서 대한항공이 3-0으로 이겨 팀 통산 다섯 번째로 컵대회 우승컵을 들어 올렸다. 좌우 쌍포 정지석과 임동혁이 각각 16점, 20점으로 활약하고 정한용이 12점으로 뒤를 받쳤다. 한국전력은 서재덕이 14점, 김지한이 9점으로 분전하지만 준우승에 만족해야 했다. 임동혁이 컵대회 MVP에 뽑혔다.

신인 드래프트에선 수련선수 5명을 포함해 22명이 지명됐다. OK저축은행이 전체 1순위로 인하대 출신의 왼손잡이 아포짓 겸 아웃사이드 히터 신호진을 뽑았다. 선발된 선수들은 다음과 같다: 신호진, 이진성, 나두환, 오준영(이상 OK저축은행), 이현승, 이준협, 김민, 고우진(이상 현대캐피탈), 김준우, 안지원, 박성진(이상 삼성화재), 한태준, 황준태(이상 우리카드), 김주영, 구교혁, 우병헌(이상 한국전력), 박현빈, 배상진, 최요한, 배민서(이상 KB손해보험), 송민근, 강승일(이상 대한항공).

KB손해보험이 1라운드 6순위로 지명한 세터 박현빈은 당시 여자부 흥국생명에서 뛰던 박현주의 친동생으로 화제를 모았다. 그런데 그는 드래프트 신청에 앞서 중학교 때 학교 폭력에 연루된 사실을 자진 신고했다. 한국배구연맹은 드래프트를 앞두고 상벌위원회를 열어 그가 해당 사안에 대해 학교 내 징계를 받고 자진 신고한 점을 들어 드래프트 참가 자격을 유지했다. 그 대신 지명될 경우 정규리그 두 라운드 출장정지 처분을 내렸다. 한편 대한항공은 신인 드래프트에서 지명한 선수 2명 모두 리베로 포지션이라 눈길을 모았다.

시즌 초반 트레이드

10월 22일 인천 계양체육관에서 열린 개막전에서 디펜딩 챔피언 대한항공이 KB손해보험을 상대로 3-1로 이겼다. 링컨이 19점, 정지석이 12점을 올리고 미들 블로커 김규민이 블로킹 4개에 10점으로 힘을 냈다. KB손해보험은 니콜라가 리그 데뷔전에서 20점을 올리지만 공격성공률이 36.59퍼센트로 다소 낮았다. 이후 대한항공은 1라운드에 고공비행했다. 11월 11일 우리카드에 2-3으로 덜미를 잡히기 전까지 5연승으로 내달렸다.

오레올과 다시 손잡은 현대캐피탈이 4승 2패라는 라운드 성적을 내며 대한항공의 뒤를 쫓았다. KB손해보험과 한국전력, 우리카드 모두 각각 3승 3패로 선전했다. 반면 레오를 앞세운 OK저축은행은 2승 4패로, 삼성화재는 1승 6패로 처졌다. 한편 니콜라가 조금씩 리그에 적응하는 모습을 보이는 중에 KB손해보험의 3승을 이끈 주역으로 1라운드 MVP에 선정됐다.

트레이드 소식도 또 전해졌다. 11월 중순 우리카드는 미들 블로커 박준혁을 영입하는 조건으로 현금과 함께 2024/25시즌 신인 1라운드 지명권을 현대캐피탈에 양도했다. 삼성화재도 아웃사이드 히터 김정호를 다시 데려왔다. 2라운드 초반에 KB손해보험과의 트레이드를 통해 김정호와 세터 최익제, 미들 블로커 양희준을 영입하고 그 대신 아웃사이드 히터 황경민과 리베로 백광현을 보냈다. 트레이드를 활발히 진행한 우리카드는 외국인 선수도 교체했다. 부상을 당한 레오 안드리치를 내보내고 11월 18일 지난 2018/19시즌 함께한 아가메즈를 다시 영입했다.

대한항공은 2라운드에도 순항했다. 1라운드와 마찬가지로 5승 1패라는 좋은 성적을 냈다. 승리를 거둔 5경기 모두 3-0으로 깔끔하게 마무리했다. 주전 세터 한선수가 2라운드 MVP에 이름을 올렸다. 현대캐피탈도 4승 2패를 거두며 대한항공과 선두 경쟁을 이어가고 아가메즈 합류를 기다리던 우리카드도 나경복과 김지한 등 토종 스파이커의 활약 덕분에 4승 2패를 거둬 분위기 반전에 성공했다.

1라운드에 주춤하던 OK저축은행도 아웃사이드 히터에서 아포짓으로 포지션을 바꾼 레오가 힘을 내며 2라운드에 4승 2패라는 좋은 성적을 냈다. 한국전력은 1라운드와 같이 3승 3패를 거두며 중위권 순위 경쟁에서 밀리지 않았다.

반면 KB손해보험은 라운드 전패를 당했다. 1라운드에 좋은 모습을 보인 니콜라가 힘이 뚝 떨어진 뒤 좀처럼 승리와 인연이 닿지 않았다. KB손해보험은 케이타의 빈자리를 뼈저리게 느낀 끝에 결국 니콜라와의 계약을 해지하고 지난 2019/20시즌 대한항공에서 뛴 비예나를 영입했다. 삼성화재도 좀처럼 부진의 사슬을 못 끊어냈다. 1라운드와 마찬가지로 2라운드에도 단 1승만을 거뒀다. 2라운드에 당한 5패 중 3차례나 풀세트 접전 끝에 내주며 고질적인 뒷심 부족에 시달렸다.

4경기 연속 트리플 크라운

OK저축은행은 3라운드에 3연승을 거두며 순위 경쟁에 참여했다. 석진욱 감독은 아웃사이드 히터가 주 포지션인 레오를 경기 상황에 따라 아포짓으로 기용하는데 이 부분이 잘 맞아떨어졌다. 레오의 활약을 발판 삼아 OK저축은행은 3라운드에도 4승 2패를 유지했다. 특히 대한항공, 현대캐피탈과의 맞대결에서 각각 3-0, 3-1로 이겼다. 레오는 그 두 경기에서 각각 26점, 31점을 올리며 승리의 주역이 됐다. 그는 또 2라운드 삼성화재전(12월 2일)과 우리카드전(12월 6일)전, 3라운드 한국전력전(12월 11일)과 KB손해보험전(12월 16일)에서 연달아 트리플 크라운을 달성하는데 '4경기 연속 트리플 크라운'은 리그 남녀부를 통틀어 최초였다. 역시 그가 3라운드 MVP에 뽑혔다.

우리카드와 현대캐피탈도 각각 4승 2패를 거두며 1위 대한항공을 압박했다. 대한항공은 1, 2라운드에 이어 다시 한 번 5승 1패를 기록하며 2위 현대캐피탈과의 격차를 유지했다.

KB손해보험은 3라운드에 지긋지긋한 연패의 사슬을 끊었다. 12월 27일 비예나의 리그 복귀전이기도 한 한국전력과의 홈경기에서 KB손해보험이 3-1로 이겨 8연패에서 벗어났다. 비예나는 33점에 공격성공률 61.54퍼센트를 기록해 기대에 부응했다. 한국전력은 타이스가 40점, 서재덕과 임성진이 각각 13점을 올리지만 비예나를 넘어서지 못했다. 한국전력은 그날 패배를 포함해 3라운드에 전패를 당해 힘이 뚝 떨어졌다. 그나마 고무적인 건 6차례 패배 중 한 번도 0-3 완패는 없었다는 점이다. 두 차례는 풀세트 접전을 치르며 승점 2점을 챙겼다. 삼성화재는 3라운드에도 2승 4패에 머물러 여전히 최하위를 벗어나지 못했다.

뒷심 승부

한국전력은 4라운드 첫 상대로 삼성화재를 만났다. 2023년 1월 5일 대전에서 열린 원정 경기에서 타이스가 25점, 서재덕이 18점, 신영석이 블로킹 4개에 11점을 올리지만 이크바이리(28점)와 신장호(15점), 김정호(12점), 김준우(7블로킹 12점)가 고르게 활약한 삼성화재에 2-3으로 져 7연패를 당했다. 그러나 1월 10일 장충체육관에서 열린 우리카드와의 원정 경기에서 풀세트 접전 끝에 승리를 거둬 연패를 끊었다. 그날 우리카드의 아가메즈에게 40점을 내주는 중에도 타이스가 25점, 서재덕이 17점, 임성진이 16점, 신영석이 13점을 올리며 반전의 발판을 마련했다.

한국전력은 1월 23일 만난 현대캐피탈에도 3-1로 이기는데 그날도 타이스(28점)와 임성진(18점), 서재덕(16점), 신영석(5블로킹 13점)이 힘을 냈다. 또 대한항공전에서도 풀세트까지 경기를 끌고 가 2-3으로 패한 중에 승점 1점을 얻었다. 한국전력은 4라운드에 4승 2패를 거둬 다시 중위권 순위 경쟁에 탄력을 받았다. 타이스가 4라운드 MVP에 선정됐다.

반면 평소 리그 후반부로 갈수록 힘이 빠지던 OK저축은행은 이번에도 4라운드에 주춤하며 2승 4패를 기록했다. 비예나 효과를 본 KB손해보험은 4라운드에 3승 3패로 선전했다. 한국전력에 덜미를 잡히긴 하지만 현대캐피탈도 오레올과 허수봉을 앞세워 3승 3패로 승률 5할을 지켰다. 대한항공은 라운드 성적 4승 2패를 거두며 여전히 선두를 지켰다. 삼성화재도 4라운드에 2승을 챙겼다. 4라운드는 특정 팀이 앞으로 치고 나가지도 않고 크게 밀리지도 않은 채 서로 물리고 물리는 경기 결과가 자주 나왔다.

대한항공과 우리카드는 5라운드에 들어 흔들렸다. 대한항공은 링컨의 부상과 컨디션 난조에 타격을 받아 5라운드에 2승에 그치고, 우리카드는 1승 5패에 그쳐 2위 현대캐피탈과의 격차를 허용했다. 현대캐피탈은 5라운드 MVP에 뽑힌 허수봉에 힘입어 5승 1패를 거두며 대한항공을 추격했다.

삼성화재와 KB손해보험도 선전했다. 삼성화재는 여전히 7위를 벗어나지 못하는 중에 5라운드에 3승 3패로 마침내 라운드 승률 5할을 맞췄다. 비예나의 활약이 이어진 KB손해보험은 5라운드에 대한항공과 현대캐피탈에 패하지만 다른 팀들에 모두 이겨 4승 2패로 중위권 순위 경쟁에서 캐스팅보터 역할을 했다. 한국전력도 4라운드에 이어 5라운드에도 다시 4승 2패를 유지해 봄배구에 진출하는 희망을 이어갔다.

마지막 6라운드에 대한항공과 현대캐피탈은 희비가 엇갈렸다. 3월 5일 대한항공은 현대캐피탈과의 맞대결에서 3-0으로 완승을 거둬 1위 경쟁에서 유리한 고지에 올랐다. 링컨이 20점, 정지석이 14점으로 활약했다. 현대캐피탈은 허수봉과 오레올이 각각 14점을 내지만 화력 대결에서 밀렸다. 대한항공은 6라운드에 5승 1패로 재도약했다(3월 19일 정규리그 최종전인 삼성화재전에서 패하지만 경기 결과와 상관없이 1위를 확정했다). 주전 세터 한선수는 대한항공의 상승세를 이끈 주역으로서 6라운드 MVP에 뽑혔다.

반면 현대캐피탈은 1위 등극이 불가능해지자 일찌감치 봄배구 준비로 들어가며 6라운드를 4연패로 마쳤다. 결국 대한항공이 26승 10패(승점 76)를 거둬 지난 시즌에 이어 다시 한 번 정규리그 1위에 자리했다. 현대캐피탈이 22승 14패(승점 67)로 2위, 우리카드가 19승 17패(승점 56)로 3위에 자리하며 봄배구행 티켓을 손에 넣었다.

한국전력은 6라운드에 3승 3패를 거둬 17승 19패로 최종 승률 5할을 달성하지는 못해도 승점 관리에는 성공했다. 승점 53점으로 4위에 올라 우리카드와의 준플레이오프를 성사시켰다. 반면 OK저축은행은 6라운드에 들어서도 2승 추가에 그쳐 16승 20패(승점 48)로 5위가 됐다. KB손해보험은 15승 21패(승점 42)로 6위가 됐다. 비예나가 분전한 중에도 케이타의 빈자리를 크게 느낀 시즌이었다.

삼성화재는 11승 25패(승점 36)에 머물러 다시 한 번 최하위로 떨어지는 수모를 당했다.

왕조는 진행형

봄배구는 이변으로 시작됐다. 3월 23일 장충체육관에서 열린 우리카드와 한국전력의 준플레이오프 단판 승부가 그랬다. 두 팀의 정규리그 동안 상대 전적은 3승 3패로 팽팽하지만 대결을 앞두고 홈팀 우리카드가 좀 더 유리하다는 예상이 많았다. 그러나 막상 뚜껑을 열자 타이스와 서재덕 좌우 쌍포가 힘을 낸 한국전력이 1, 2세트를 연달아 가져갔다. 우리카드가 아가메즈를 앞세워 3세트를 만회하나 기세가 이어지지 않았다. 결국 한국전력이 우리카드에 3-1로 이겨 플레이오프로 향했다. 그날 타이스가 27점을 올리고 서재덕과 임성진이 24점을 합작해 승리에 힘을 실었다. 아가메즈와 나경복이 각각 30점, 14점을 기록한 우리카드는 그렇게 봄배구 일정을 일찍 마쳤다.

현대캐피탈과 한국전력이 맞붙은 플레이오프는 치열했다. 3월 24일 천안 유관순체육관에서 열린 1차전에서 현대캐피탈이 풀세트 접전 끝에 한국전력을 3-2로 꺾었다. 1, 2세트 연속으로 듀스 승부가 펼쳐진 중에 서로 나눠 가지고 3, 4세트도 연달아 25-23 스코어가 나오며 한 세트씩 주고받았다. 마지막 5세트에서 웃은 쪽은 현대캐피탈이었다. 한국전력 입장에선 13-13 상황에서 연달아 나온 범실이 아쉬웠다. 하승우의 서브 범실에 이어 타이스가 때린 오픈공격이 라인을 벗어났다. 현대캐피탈은 오레올(23점)과 문성민(18점), 허수봉(17점) 삼각 편대가 제 몫을 했다. 한국전력은 임성진이 22점, 서재덕이 19점, 타이스가 17점으로 분전했다.

3월 26일 장소를 수원체육관으로 이동해 치른 2차전도 풀세트까지 진행됐다. 한국전력이 2-1로 세트 리드를 잡는데 현대캐피탈이 4세트 듀스 승부를 27-25로 가져가 다시 균형을 맞췄다. 그리고 5세트. 이번에는 한국전력의 뒷심이 더 돋보였다. 16-16 상황에서 조근호가 시도한 서브가 에이스로 연결돼 17-16으로 앞선 다음 서재덕의 후위공격이 통한 끝에 2차전 승부에 마침표를 찍었다.

3월 28일 천안에서 열린 3차전. 현대캐피탈이 상대의 추격을 잘 뿌리쳤다. 계속된 접전 때문인지 한국전력 선수들의 움직임이 둔해졌다. 결국 현대캐피탈이 3-1로 한국전력을 꺾고 챔피언결정전행 티켓을 손에 넣었다. 오레올이 26점으로 활약하고 허수봉이 15점으로 뒤를 받쳤다. 특히 장신 세터 김명관이 상대 공격을 5차례나 가로막는 등 8점을 올리며 승리의 감초 노릇을 했다. 문성민과 미들 블로커 최민호도 14점을 합작하며 힘을 실었다. 한국전력은 타이스가 18점, 서재덕이 16점, 임성진이 11점으로 맞불을 놓지만 아무래도 높이에서 밀렸다. 현대캐피탈이 블로킹에서 12대 4로 우위를 점했다.

챔피언결정전 승부는 일방적이었다. 대한항공이 3연승으로 내달린 끝에 우승 트로피를 들어 올리는 동시에 통합우승도 달성했다. 3월 30일 인천에서 열린 1차전에서 현대캐피탈이 1세트를 먼저 가져가지만 대한항공이 2~4세트를 내리 따내며 3-1로 역전승했다. 그날 링컨이 28점, 정지석이 16점, 곽승석이 14점을 올리며 삼각 편대의 위력을 보였다. 부상 중인 전광인의 출전 여부가 불투명하던 가운데 결국 그는 코트에 못 나오고 관중석에서 현대캐피탈 동료들의 경기를 지켜봐야 했다. 현대캐피탈은 허수봉이 24점으로 제 몫을 하지만 각각 16점과 5점에 그친 오레올과 문성민이 아쉬운 부분이 됐다. 깜짝 선발 출전한 아웃사이드 히터 이시우가 서브 에이스 2개에 8점을 기록한 게 그나마 소득이었다.

4월 1일 열린 2차전도 대한항공이 3-0으로 이겨 우승으로 가는 9부 능선을 넘었다. 정지석이 9점으로 주춤하지만 링컨이 24점으로 변함없는 활약을 보였다. 현대캐피탈은 허수봉이 16점을 기록한 중에 오레올이 6점에 머물고 문성민마저 부상으로 결장했다.

4월 3일 천안 유관순체육관으로 이동해 치른 3차전. 출발은 현대캐피탈이 좋았다. 허수봉과 오레올을 앞세워 1, 2세트를 연달아 가져갔다. 하지만 대한항공은 시리즈 승부를 4차전까지 끌고 가지 않았다. 3세트부터 반격을 시작해 해당 세트와 4세트를 만회하고 마지막 5세트에 돌입했다. 5세트 중반에 대한항공이 승기를 잡았다. 미들 블로커 조재영의 속공과 상대의 공격 범실을 묶어 11-6까지 치고 나갔다. 현대캐피탈도 그대로 주저앉지 않았다. 세트 후반 허수봉의 연속 공격이 통해 11-14까지 따라붙었다. 그러나 추격은 거기까지였다. 세터 한선수가 연결한 공을 링컨이 퀵오픈으로 마무리하며 챔피언십 포인트를 따냈다.

한선수는 정규리그에 이어 챔피언결정전에서도 MVP로 뽑혀 자신이 리그 최고의 세터임을 증명했다. 토미 틸리카이넨 감독은 대한항공에 부임하고 2시즌 연속으로 감독상 수상자가 됐다. 대한항공은 트레블뿐 아니라 삼성화재(2011/12~2013/14시즌)에 이어 '3시즌 연속 통합우승'이라는 기록을 썼다. 베스트7엔 센터에 KB손해보험의 황택의, 리베로에 우리카드의 오재성, 아포짓에 레오, 아웃사이드 히터에 정지석과 타이스, 미들 블로커에 신영석과 최민호가 이름을 올렸다. 신인상은 삼성화재의 미들 블로커 김준우가 수상했다. 최재효와 황은지가 심판상, 한국전력이 페어플레이상을 받았다.

2023/24 시즌 — 4연속 통합우승

　OK저축은행은 오프시즌에 들어 새로운 사령탑을 선임했다. 계약 기간이 만료된 석진욱 감독과 결별하고 일본 출신 오기노 마사지 감독과 계약했다. 2013/14시즌 개막에 앞서 창단할 당시 수석코치로 온 석감독은 그렇게 10년 만에 OK저축은행과의 인연에 마침표를 찍게 됐다. 그는 이후 프랑스로 단기 배구 연수를 떠났다.

　리그에도 변화가 있었다. 경기 사용구가 기존 국내산인 '스타'에서 국제배구연맹 공인구인 '미카사'로 변경됐다. 남녀 대표팀을 위한 국제 경쟁력 강화 조치 중 하나였다. 미카사 공은 그해 컵대회부터 채택됐다.

아시아쿼터

가장 큰 변화는 아시아쿼터(AQ) 도입이다. 아시아쿼터는 당초 여자부에서 먼저 논의돼 2021/22시즌 개막을 앞두고 7번째 구단 페퍼저축은행 창단을 위한 지원 방법 중 하나로 거론되다가 도입이 추후로 미뤄졌다. 그런데 지난 시즌 신인 드래프트를 앞두고 당시 국내 대학팀에서 뛰고 있던 몽골 출신 선수들의 특별귀화가 난항을 겪자 남자부에서 다시 도입 논의가 급물살을 탔다. 결국 그해 시즌부터 남녀부 모두 아시아쿼터를 도입하기로 결정했다.

팀당 1명씩 아시아쿼터 선수를 보유하고 외국인 선수와 마찬가지로 드래프트로 뽑기로 했다. 직전 시즌 순위와 상관없이 구단별로 동일하게 구슬 10개를 부여받아 추첨 방식으로 지명 순위를 정했다. 남자부 아시아쿼터는 4월 25일 제주 한라체육관에서 트라이아웃과 드래프트가 진행됐다.

삼성화재가 1순위 지명권을 행사해 에디 자르가차(몽골, 아웃사이드 히터/미들 블로커)를 뽑고, 한국전력이 이가 료헤이(일본, 리베로), 대한항공이 마크 에스페호(필리핀, 아웃사이드 히터), OK저축은행이 바야르사이한 밧수(몽골), 현대캐피탈이 차이페이창(중국, 미들 블로커), KB손해보험이 리우훙민(대만, 아웃사이드 히터), 우리카드가 오타케 잇세이(일본, 아포짓)를 선발했다.

외국인 선수는 '구관이 명관' 트렌드가 지속되는 중에 링컨과 레오, 비예나, 타이스 등이 원 소속 팀과 재계약했다. 지난 시즌 삼성화재에서 뛴 아흐메드 이크바이리는 현대캐피탈의 유니폼을 입게 됐다(등록명을 아흐메드로 바꿈). 삼성화재는 앞서 OK저축은행과 현대캐피탈, 대한항공 등에서 뛴 요스바니를 다시 불렀다. 새로운 얼굴은 우리카드와 계약한 마테이 쾨크(슬로베니아)뿐이었다.

FA 시장에선 임동혁, 조재영, 유광우(이상 대한항공), 문성민, 박상하, 허수봉(이상 현대캐피탈), 박철우, 조근호(이상 한국전력), 나경복, 황승빈, 오재성(이상 우리카드), 박진우, 황경민, 우상조(이상 KB손해보험), 신동광(삼성화재), 진상헌(OK저축은행) 등 16명이 FA 자격을 얻었다. 이들 중 군 입대를 앞두고 KB손해보험으로 옮긴 아웃사이드 히터 나경복을 빼고 모두 원 소속 팀과 재계약했다. 나경복의 이적에 따라 미들 블로커 박진우가 보상선수로 다시 우리카드로 돌아갔다.

우리카드는 바쁜 오프시즌을 보냈다. 세터 황승빈과 FA 계약을 한 뒤 KB손해보험으로 트레이드하고 아웃사이드 히터 한성정을 다시 데려왔다. 결과적으로 우리카드는 KB손해보험에 나경복과 황승빈을 보내고 박진우와 한성정을 데려오는 2대 2 트레이드한 셈이 됐다. 우리카드는 다시 움직였다. 아웃사이드 히터 송희채를 OK저축은행으로 보내고 그 대신 아웃사이드 히터 송명근을 데려왔다. 대한항공과 삼성화재도 트레이드를 단행했다. 대한항공은 아웃사이드 히터 손현종과 함께 그해 시즌 신인 1라운드 지명권을 보내고, 삼성화재는 다음 시즌 신인 1라운드 지명권을 대한항공에 넘겼다.

구미에서 열린 컵대회엔 파나소닉(일본)이 초청팀으로 참가했다. 일본팀이 다시 초청팀으로 온 것은 지난 2018년 컵대회에 JT 썬더스가 참가하고 5년 만이었다. 8월 13일 결승전에선 OK저축은행이 삼성화재를 3-1로 꺾었다. 당시 대회는 외국인 선수와 아시아쿼터 선수들이 뛰지 않았다. OK저축은행은 결승에서 신호진과 차지환 좌우 쌍포가 각각 34점, 23점으로 힘을 냈다. 삼성화재도 박성진이 30점, 신장호가 16점, 김정호가 13점을 올리지만 화력 대결에서 밀렸다. 우승 주역이 된 신호진이 대회 MVP에 선정됐다. 오기노 감독은 리그 공식 데뷔 무대가 된 컵대회에서 정상에 올라 정규리그에 대한 기대치를 끌어올렸다.

10월 30일 신인 드래프트가 열렸다. 그러니까 신인 드래프트가 시즌 개막 이후 열린 건 지난 2016/17시즌 이후 7년 만이었다. 대학과 고등학교 등 15개 학교와 일반 참가자(부산시체육회)를 포함해 총 42명이 참가한 중에 수련선수 2명을 포함해 총 20명이 지명됐다. 지명률은 47.6퍼센트로 역대 신인 드래프트 사상 최저였다. 삼성화재가 전체 1순위로 경기대 출신 아웃사이드 히터 이윤수를 뽑았다. 얼리 엔트리 강세는 여전했다. 1라운드에 뽑힌 7명 중 6명이, 지명된 선수 20명 중 13명이 얼리 엔트리였다.

선발된 선수들은 다음과 같다: 이윤수, 양수현, 이재현, 박휴현, 이현진(이상 삼성화재), 김형근, 김대환(이상 우리카드), 박태성, 김건우, 이재서(이상 OK저축은행), 김준호(대한항공), 윤서진, 권태욱, 장하량, 성한희, 진종녕(이상 KB손해보험), 신성호, 김건희(이상 한국전력), 김진영, 임성하(이상 현대캐피탈).

불안한 출발

10월 14일 인천 계양체육관에서 시즌 개막전이 대한항공과 현대캐피탈의 리턴매치로 열렸다. 대한항공의 3-0 승리. 1세트 듀스 접전에서 27-25로 이긴 게 승부처였다. 정지석이 결장한 중에 링컨이 19점, 정한용이 12점, 김규민이 블로킹 4개에 10점을 올리며 승리를 이끌었다. 현대캐피탈은 아흐메드가 30점, 허수봉이 10점을 올리지만 대한항공의 기세를 넘지 못했다. 블로킹 득점에서도 4대 8로 열세였다.

개막전을 내준 현대캐피탈은 연패에 빠졌다. 5연패를 당하다 11월 4일 KB손해보험과의 홈경기에서 3-0으로 이겨 간신히 라운드 전패를 면했다. 한국전력도 10월 26일 현대캐피탈과의 홈경기에서 풀세트 접전 끝에 이긴 게 1라운드의 유일한 승리였다. KB손해보험도 한국전력을 상대로 거둔 3-2 승리가 유일했다. 그렇게 세 팀이 모두 1승 5패에 그쳐 하위권으로 처졌다.

반면 삼성화재와 우리카드는 각각 라운드 성적 5승 1패로 신바람을 냈다. 디펜딩 챔피언 대한항공과 레오가 버티는 OK저축은행은 각각 4승 2패를 거둬 상위권에 자리했다. 삼성화재의 초반 돌풍을 이끈 요스바니가 1라운드 MVP에 이름을 올렸다.

한국전력은 2라운드에 반전에 성공했다. 11월 9일 장충체육관에서 열린 우리카드와의 라운드 첫 경기에서 1-3으로 패하지만 이후 치른 5경기에선 타이스와 서재덕, 임성진 삼각 편대를 앞세워 모두 이겼다. 상위권에 자리한 대한항공, OK저축은행과의 맞대결에서도 모두 3-0 승리를 거둬 5승 1패로 단숨에 중위권 순위 경쟁에 참여했다.

우리카드도 상승세를 유지했다. 한국전력전 승리를 포함해 2라운드에도 5승 1패라는 좋은 성적을 냈다. 대한항공도 한국전력에 덜미를 잡히긴 해도 4승 2패를 거두고 2위에 올라 1위 우리카드를 추격했다. OK저축은행도 4승 2패를 거둬 순위 경쟁에서 밀리지 않았다. 삼성화재는 3승 3패로 다소 주춤하지만 중위권 순위 경쟁을 버텨냈다.

반면 현대캐피탈과 KB손해보험은 좀처럼 부진에서 벗어나지 못했다. 현대캐피탈은 2라운드에 들어 기분 좋게 출발했다. 11월 8일 의정부체육관에서 열린 KB손해보험과의 원정 경기에서 접전 끝에 3-2로 이겨 한숨을 돌렸다. 그날 아흐메드가 40점, 허수봉이 15점을 올리고 박상하와 전광인이 20점을 합작하며 귀중한 승리를 손에 넣었다. 하지만 분위기를 반전하지 못하고 다시 5연패에 빠졌다. KB손해보험은 비예나의 활약을 승리로 연결하지 못했다. 라운드 전패를 당해 7개 팀 중 제일 먼저 두 자릿수 패배를 당했다. 한국전력의 임성진이 2라운드 MVP가 됐다.

지휘봉을 내려놓다

KB손해보험은 12월 2일 수원체육관에서 열린 한국전력과의 3라운드 첫 경기에서 0-3으로 고개를 숙였다. 그로써 팀 창단 후 단일 시즌 최다 연패 타이인 12연패를 기록했다. 그러나 최다 연패 기록 경신은 피했다. 12월 6일 OK저축은행과의 홈경기에서 3-0으로 이겨 12연패 사슬을 기어이 끊었다. 그날 비예나가 28점을 올리고 홍상혁이 11점으로 뒤를 받쳤다. OK저축은행은 주포 레오가 18점을 올리는 중에도 공격성공률이 42.42퍼센트로 다소 저조해 상대에 덜미를 잡히는 빌미가 됐다. KB손해보험은 12월 10일 인천 원정길에서 만난 대한항공에도 3-1로 이겨 시즌 개막 후 처음으로 연승의 기쁨을 누렸다. 비예나가 친정 팀을 상대로 43점을 올리며 승리의 주역이 됐다.

대한항공은 링컨이 부상으로 빠진 중에 토종 아포짓 임동혁이 42점으로 제 몫을 했다. 대한항공은 이후에도 임동혁이 링컨의 빈자리를 잘 메운 덕에 3라운드를 3승 3패로 잘 버텼다. 그러나 링컨의 결장 기간이 길어지자 구단은 대체선수를 영입하기로 결정했다. 대한항공은 12월 22일 무라드 칸(파키스탄)의 영입을 공식 발표했다. 무라드는 시즌 개막에 앞서 열린 2023년 광저우 아시안게임에서 한국과 만난 8강전 중에 맹활약하기도 했다. 당시 한국은 파키스탄에 패한 끝에 아시안게임 참가 사상 처음으로 노메달 수모를 당했다.

12월 21일 현대캐피탈 구단은 시즌 개막 후 좀처럼 힘을 내지 못하던 중에 3라운드에 들어서도 2승 2패를 기록하자 최태웅 감독 경질을 발표했다. 이후 진순기 코치가 감독대행을 맡게 됐다. 최감독은 12월 20일 장충체육관에서 치른 우리카드와의 원정 경기(2-3 패)를 끝으로 정든 현대캐피탈을 떠났다.

3라운드에 가장 눈에 띈 팀은 모두 5승 1패를 거둔 우리카드와 삼성화재였다. 우리카드는 마테이가 나경복이 떠난 자리를 잘 메우고, 삼성화재는 요스바니가 주포로 자리를 잡았다. 마테이가 3라운드 MVP가 되며 활약을 인정받았다. 한국전력은 2라운드와 달리 다소 주춤하지만 3승 3패를 거둬 라운드 승률 5할을 지켰다.

반면 OK저축은행은 흔들렸다. 라운드 전패를 당했다. 6패 중 5차례나 0-3으로 고개를 숙였다. 그때부터 오기노 감독과 레오 간의 불화설이 솔솔 흘러나오기 시작했다. 또 삼성화재와 OK저축은행이 트레이드에 합의하면서 미들 블로커 전진선이 삼성화재로, 아웃사이드 히터와 아포짓을 겸하는 박성진이 OK저축은행으로 갔다.

최장 시간 경기 기록

레오의 포지션이 아웃사이드 히터로 다시 고정되자 OK저축은행은 4라운드에 전혀 다른 팀이 됐다. 3라운드 전패로 순위 경쟁에서 밀리는 것 같던 중에 4라운드에 전승을 거뒀다. 12월 29일 안방에서 라운드 첫 상대로 만난 대한항공에 3-0으로 이겼다. 대한항공은 팀에 합류한 무라드가 28점을 올리지만 패배로 빛이 바랬다. 레오는 그날 20점을 올리는데 이후에도 2024년 1월 2일 삼성화재전(3-2)에서 47점, 1월 6일 한국전력전(3-1)에서 39점, 1월 10일 우리카드전(3-1)에서 36점, 1월 13일 KB손해보험전(3-0)에서 23점, 1월 17일 현대캐피탈전(3-1)에서 36점을 올렸다. 그렇게 절정에 선 그가 4라운드 MVP에 선정됐다.

진순기 대행체제로 4라운드를 맞이한 현대캐피탈도 승수를 쌓아 4승 2패를 거뒀다. 그러나 5위 한국전력과의 격차를 좀처럼 좁히지 못했다. 한국전력도 현대캐피탈과 같은 라운드 성적표를 받았다. 대한항공은 3라운드에 이어 4라운드에도 3승 3패를 거둬 우리카드와의 격차를 많이 좁혔다. 그 사이 우리카드가 1승에 그쳤기 때문이다. KB손해보험도 역시 1승에 그쳐 좀처럼 분위기를 끌어올리지 못했다. 삼성화재도 4라운드에 들어 그전에 벌어놓은 승수와 승점을 많이 까먹었다. 3위를 지키지만 2승 4패로 정체해 OK저축은행 측의 추격 가시권에 들었다.

한편 1월 12일 천안 유관순체육관에서 열린 현대캐피탈과 대한항공의 경기는 리그 역대 남자부 한 경기 최장 시간을 기록했다. 대한항공이 3-2로 이긴 그날 경기 시간만 171분이 소요됐다. 종전 기록은 2023년 10월 25일 우리카드(3-2 승)와 대한항공의 경기에서 나온 165분이었다. 같은 시즌에 최장 시간 경기 기록이 경신된 것이다.

5라운드에 들어 대한항공이 다시 높게 날아올랐다. 1월 30일 라운드 첫 상대인 현대캐피탈과의 경기에서 2-3으로 덜미를 잡히지만 이후 5경기에서 모두 승리를 거뒀다. 그 과정에서 팀의 주 공격수로 자리를 잡은 임동혁이 5라운드 MVP에 선정됐다.

우리카드도 5승 1패라는 좋은 성적을 냈다. 마테이가 발목 부상을 당하는 악재에도 불구하고 잇세이와 김지한이 힘을 내고 송명근도 조커로 쏠쏠한 활약을 보인 덕에 순위 경쟁에서 밀리지 않았다. 2월 중순 우리카드는 결국 마테이를 교체하기로 결정하고 지난 2018/19시즌 한국전력에서 뛴 아르템을 영입했다.

중위권 경쟁은 혼전 양상을 보였다. 4라운드에 잘나가던 OK저축은행이 5라운드에 2승 4패로 주춤하며 다시 흔들렸다. 그 틈을 타 한국전력이 OK저축은행을 4위로 끌어내리고 3위로 5라운드를 마쳤다. 5위, 6위 경쟁도 치열했다. 삼성화재는 후반기에 들어 힘이 빠졌다. 2월 20일 현대캐피탈과의 5라운드 마지막 경기에서 3-2 승리를 거두긴 하지만 2승 4패에 그쳤다. 현대캐피탈이 4승 2패로 선전한 것과 대조적이다. 그렇게 6위에 자리한 현대캐피탈이 5위 삼성화재를 추격 가시권에 뒀다.

반면 KB손해보험은 라운드에 전패하는 수모를 당했다. 결국 2월 14일 후인정 감독이 성적 부진에 대한 책임을 지고 중도 사퇴했다. 봄배구 탈락과 리그 최하위가 그렇게 확정된 가운데 구단은 김학민 코치에게 감독대행을 맡기고 남은 시즌을 치르기로 했다.

마지막에 웃은 대한항공

OK저축은행은 6라운드에 레오를 앞세워 다시 힘을 낸 끝에 4승 2패를 거뒀다. 5승 1패를 거둔 현대캐피탈에 이어 두 번째로 좋은 성적이었다. OK저축은행은 뒷심에서 종종 밀리던 과거와는 달리 마지막까지 순위 경쟁을 이어갔다. 레오도 6라운드 MVP에 이름을 올리며 다시 한 번 라운드 최고 선수로 뽑혔다.

현대캐피탈은 리그 도중 사령탑 경질이라는 상황을 겪는 중에도 감독대행 체제에서 흔들리지 않고 18승 18패(승점 55)를 기록해 승률 5할을 맞췄다. 그렇게 최종 순위에서 4위를 차지해 3위 OK저축은행(20승 16패 승점 58)과의 준플레이오프에 나서게 됐다.

반면 6라운드에 각각 2승 4패라는 성적표를 받은 한국전력과 삼성화재는 봄배구에 진출하지 못했다. 한국전력은 18승 18패로 현대캐피탈과 동률을 이루지만 승점 53점에 그쳐 아깝게 5위로 밀렸다.

삼성화재는 더 아쉬웠다. 19승 17패(승점 50)로 승패에서 현대캐피탈과 한국전력 모두에 앞서고도 승점에서 밀려 6위가 됐다. 2017/18시즌 이후 오랜만에 봄배구 진출에 대한 기대를 높이지만 5, 6라운드에 승수와 승점 관리를 못 한 끝에 다음 시즌을 기약하게 됐다. 그런데 삼성화재는 선두 경쟁에서 고춧가루를 제대로 뿌렸다. 3월 16일 대전에서 치른 우리카드와의 팀 최종전에서 3-1로 이겼다. 그날 요스바니가 45점, 에디가 14점을 올리고 김정호와 김준우가 18점을 합작했다. 우리카드는 잇세이가 20점, 송명근이 16점을 올리지만 가장 중요한 경기에서 고개를 숙였다. 마테이를 대체한 아르템은 한계가 있었다. 그 경기에서 우리카드가 이겼다면 대한항공을 제치고 1위로 정규리그를 마칠 수 있었다.

대한항공과 우리카드가 23승 13패로 동률을 이룬 중에 대한항공(승점 71)이 승점에서 간발의 차로 우리카드(승점 70)를 제치고 1위가 됐다. 우리카드로선 마지막 삼성화재전에서 승점을 추가하지 못한 것이 뼈아플 수밖에 없었다. 대한항공이 4시즌 연속으로 챔피언결정전 직행 티켓을 손에 넣었다.

3월 21일 안산 상록수체육관에서 OK저축은행과 현대캐피탈의 준플레이오프가 시작됐다. 풀세트까지 가는 접전 끝에 OK저축은행이 웃었다. 무엇보다 레오와 송희채, 신호진 공격진이 화력 대결에서 현대캐피탈에 앞섰다. 레오가 43점으로 펄펄 날고 송희채와 신호진이 각각 16점, 12점으로 뒤를 받쳤다. 송희채는 2015/16시즌 챔피언결정전에서처럼 현대캐피탈을 상대로 다시 한 번 활약했다. 그날 아흐메드가 29점, 허수봉이 23점, 전광인이 18점을 올린 현대캐피탈은 5세트 막판 고비를 넘지 못했다. 13-13 상황에서 전광인이 때린 서브가 네트에 걸리면서 OK저축은행이 14-13 매치포인트를 앞두게 되고 다음 랠리에서 신호진이 오픈공격에 성공해 승부에 마침표를 찍었다.

플레이오프에선 1차전이 승부처였다. 3월 23일 장충체육관에서 열린 우리카드와 OK저축은행의 1차전은 5세트에서 승부가 갈렸다. OK저축은행이 우리카드의 추격을 잘 뿌리쳤다. OK저축은행이 1, 2세트를 연달아 따내자 우리카드도 반격에 나서 3, 4세트를 가져갔다. 그리고 5세트 후반 OK저축은행이 승기를 잡았다. 바야르사이한의 속공과 송희채의 퀵오픈이 통해 13-10을 만들었다. 김지한의 후위공격이 통해 우리카드가 한 점을 따라붙지만 14-11에서 송희채가 퀵오픈에 성공해 1차전을 마무리했다. 그날 레오가 29점, 신호진이 24점, 송희채가 13점, 바야르사이한이 11점을 올렸다. 우리카드는 김지한과 송명근이 각각 18점, 17점을 올린 중에 1~2세트만 뛰고 12점에 그친 아르템의 활약이 아쉬웠다.

3월 25일 안산에서 열린 2차전은 다소 싱겁게 끝났다. 경기 내내 OK저축은행이 우리카드에 흐름을 내주지 않고 리드를 유지해 3-0 승리로 마무리했다. 그렇게 2015/16시즌 이후 8시즌 만에 팀 통산 세 번째로 챔피언결정전행 티켓을 손에 넣었다.

레오라는 확실한 카드가 있기에 챔피언결정전에서 OK저축은행의 선전을 예상하는 이들도 있었다. 그러나 챔피언결정전 승부는 일방적으로 진행됐다. 대한항공이 봄배구 마지막 승부에서 3연승으로 내달린 끝에 우승 트로피를 들어 올렸다. 리그 남녀부를 통틀어 최초로 달성한 '4시즌 연속 통합우승'이다.

대한항공은 챔피언결정전을 앞두고 승부수를 던졌다. 부상으로 제 컨디션이 아닌 무라드와의 계약을 해지하고 왼손잡이 아포짓인 막심 지갈로프(러시아)로 외국인 선수를 교체했다. 막심은 3월 29일 인천 계양체육관에서 열린 1차전에서 20점을 올려 31점을 기록한 정지석과 함께 좌우 쌍포 노릇을 톡톡히 하며 3-1 승리를 견인했다. 반면 레오는 22점을 올리는 중에도 공격성공률이 41.67퍼센트로 저조했다.

3월 31일 같은 장소에서 치른 2차전도 대한항공이 3-0으로 가져가며 우승으로 가는 9부 능선을 넘었다. 막심은 19점에 공격성공률 50퍼센트로 제 몫을 했다. OK저축은행은 레오의 기록이 22점에 공격성공률 45.59퍼센트로 1차전보다 좀 더 오르지만 패배를 면치 못했다.

　4월 2일 홈코트 안산으로 돌아온 OK저축은행은 대한항공을 끝까지 물고 늘어졌다. 1세트는 듀스 접전 끝에 대한항공이 먼저 따냈다. 이후 OK저축은행이 레오와 신호진, 박성진이 힘을 낸 덕에 추격에 성공해 2, 3세트를 따내고 세트 리드를 잡았다. 그러나 대한항공은 더 이상 따라붙는 상황을 만들지 않았다. 4세트를 만회하며 승부 균형을 맞췄다. 5세트는 마지막까지 접전이 펼쳐졌다. 대한항공이 도망가면 OK저축은행이 바로 쫓아갔다. 그래도 뒷심에서 앞선 대한항공이 13-13 상황에서 연속 득점에 성공했다. 정한용이 시도한 시간차공격이 성공해 14-13 챔피언십 포인트를 앞둔 다음 막심의 디그에 이어 조재영이 2단 연결한 공을 미들 블로커 김민재가 속공으로 마무리해 긴 승부에 마침표를 찍었다. 그날 대한항공은 정지석과 임동혁이 각각 18점, 막심이 13점, 정한용이 10점으로 고르게 활약했다. OK저축은행은 레오가 33점을 올린 중에 후위공격 5점, 블로킹 5개, 서브 에이스 5개로 트리플 크라운을 달성하고 신호진과 박성진이 각각 18점, 14점으로 맞불을 놓지만 고배를 마셨다.

　정지석이 챔피언결정전 세 경기에서 총 12세트에 나와 블로킹 11개에 59점, 공격성공률 57.5퍼센트를 기록하며 MVP에 선정됐다. 그렇게 그는 팀 동료인 세터 한선수와 함께 역대 다섯 번째로 챔피언결정전 MVP를 2회 수상한 선수가 됐다. 한선수와 정지석에 앞서 해당 기록을 달성한 선수는 루니와 가빈, 레오다.

레오는 챔피언결정전 준우승에 그치지만 정규리그 MVP가 됐다. 개인 통산 네 번째 수상이자 남자부 기준 정규리그 3위 팀에서 MVP가 나온 첫 사례이기도 하다. 레오는 베스트7 아포짓에도 이름을 올렸다. 베스트7 중 다른 포지션은 요스바니와 허수봉이 아웃사이드 히터에, 신영석과 우리카드의 이상현이 미들 블로커에, 료헤이가 리베로에, 우리카드의 한태준이 세터에 뽑혔다. 토미 틸리카이넨 대한항공 감독이 3시즌 연속으로 감독상을 받고 대한항공이 페어플레이상도 수상했다. 최재효와 김동환이 심판상을 받았다. 한편 눈에 띄는 신인 선수가 없다는 평가가 나온 중에 정규리그 동안 꾸준히 코트에 나온 삼성화재의 세터 이재현이 신인왕을 받았다.

| V-LEAGUE 2024/25 시즌 | 다시 트레블 |

트렌드가 바뀌었다. 오프시즌에 들어 사령탑 자리가 여럿 바뀌는데 그 자리에 모두 외국인 감독이 선임됐다. 우리카느는 봄배구를 마친 뒤 신영철 감독과 재계약하지 않고 브라질 출신 마우리시우 파에스 감독에게 지휘봉을 맡겼다. 파에스 감독은 우리카드로 오기 전 이란 남자 대표팀을 이끌었다. 김학민 코치의 감독대행 체제로 시즌을 마친 KB손해보험, 진순기 감독대행이 이끈 현대캐피탈도 새로운 사령탑을 맞이했다. KB손해보험은 스페인 출신 미겔 리베라 감독에게, 현대캐피탈은 프랑스 출신 필립 블랑 감독에게 지휘봉을 맡겼다. 리베라 감독도 스페인 대표팀을 맡은 경험이 있었다. 이름값과 커리어를 놓고 보면 블랑 감독이 리그에 온 외국인 사령탑 중 가장 앞섰다. 2001년부터 2012년까지 프랑스 대표팀을

이끈 그는 2022년 일본 대표팀을 맡아서는 2023년 발리볼네이션스리그 3위, 2024년 2위에 오르는 등 눈에 띄는 성적을 냈다.

이로써 토미 틸리카이넨 대한항공 감독과 오기노 마사지 OK저축은행 감독까지 포함해 7개 팀 중 5개 팀이 외국인 사령탑 체제가 됐다. 국내 사령탑은 김상우 삼성화재 감독과 권영민 한국전력 감독 둘뿐이었다.

한편 한국배구연맹은 그해 시즌부터 신인상을 '영플레이어상'으로 이름을 바꿨다. 자격도 프로팀에 입단한 뒤 3년차까지로 완화했다. 최근 신인 선수들이 코트에 나서는 기회가 주는 추세를 반영한다는 이유였다.

아시아쿼터 규정도 일부 조정해 지원할 수 있는 선수의 국적을 아시아배구연맹 소속의 회원국 전체로 확대했다. 연차별 연봉도 조정했다. 남자부는 1년차 시즌에는 10만 달러, 2년차에는 12만 달러(여자부는 1년차 12만 달러, 2년차 15만 달러로 조정)를 받을 수 있게 했다.

비디오 판독 기회도 팀당 2회로 늘어났다. 판독에 성공하면 그 기회가 유지되고 실패하면 한 회 줄어든다. 또 랠리 도중에도 비디오 판독을 신청할 수 있게 됐다. 이른바 '중간 랠리' 판독 도입이다. 랠리가 진행되는 도중에 심판이 판정하지 못한 반칙이 나올 경우 랠리를 끊고 비디오 판독을 신청할 수 있는 것. 이 경우 판독에 실패하면 신청한 팀은 판독 기회가 한 회 줄어들 뿐 아니라 1점 실점하게 된다.

그린카드 제도도 도입됐다. 심판 판정이나 비디오 판독이 나오기 전에 선수가 자신의 반칙이나 범실을 인정하고 손을 들 경우 해당 선수에게 그린카드를 제시한다. 연맹은 그린카드 횟수를 페어플레이상 시상에서 평가 기준으로 활용하기로 했다.

현대캐피탈의 레오

FA 시장은 선수들의 이동이 적어 예년처럼 조용했다. 최대어로 꼽히던 베테랑 센터 한선수도 소속 팀에 잔류할 가능성이 높았다. FA 자격을 얻은 선수는 다음과 같다: 한선수, 오은렬(이상 대한항공), 차지환, 부용찬(이상 OK저축은행), 정성규(우리카드), 김명관, 차영석(이상 현대캐피탈), 이시몬, 김광국(이상 한국전력), 노재욱, 신장호, 손태훈, 손현종, 전진선(이상 삼성화재), 김홍정, 한국민, 홍상혁(이상 KB손해보험). 그런 가운데 리베로 오은렬이 현대캐피탈로, 아웃사이드 히터 신장호가 OK저축은행으로 이적했다. 김광국은 미계약 선수로 남게 되자 은퇴를 결정했다.

이시몬은 한국전력과 계약한 뒤 삼성화재로 트레이드됐다. 한국전력은 그해 신인 2라운드 지명권도 함께 넘기고, 삼성화재는 미들 블로커 전진선과 그해 신인 3라운드 지명권을 보냈다. OK저축은행은 트레이드에 적극적으로 임했다. FA 시장이 닫히자마자 리베로 조국기를 삼성화재로 보내는 현금 트레이드를 단행했다. 또 대한항공의 미들 블로커 진성태를 트레이드를 통해 영입하는 대신 그해 신인 1라운드 지명권을 양도했다.

각 팀 코칭스태프에도 변동이 있었다. 지난 시즌을 끝으로 선수 은퇴한 하현용과 전병선이 각각 KB손해보험과 OK저축은행에서 코치로 제2의 배구 인생을 시작했다. 삼성화재와 현대캐피탈을 거치며 최고의 리베로로 자리매김한 여오현도 선수 은퇴하고 여자부 IBK기업은행에서 코치로 새로 출발했다.

외국인 선수는 오랜만에 새로운 얼굴이 제법 들어왔다. 우리카드는 미힐 아히(네덜란드), 한국전력은 루이스 엘리안 에스트라다(쿠바), OK저축은행은 마누엘 루코니(이탈리아)를 뽑았다. 역시 가장 많은 관심을 끈 건 레오의 이동 여부였다. OK저축은행은 세 시즌을 함께한 레오와의 동행에 마침표를 찍었다. 그런 이유로 드래프트 지명 순서가 중요해졌다. 구슬 추첨을 통해 1순위 지명권을 얻은 대한항공이 레오를 건너뛰고 지난 시즌 삼성화재에서 뛴 요스바니를 선택했다. 그러자 2순위 지명권을 얻은 현대캐피탈이 주저 없이 레오를 선택했다. KB손해보험은 비예나와 재계약했다. 6순위로 밀린 삼성화재는 지난 시즌 우리카드에서 뛴 마테이를 지명했다. 그런데 마테이는 발목 부상을 이유로 시즌 개막을 앞두고 블라니미르 그로즈다노프(불가리아)로 교체됐다.

아시아쿼터엔 원 소속 팀과 재계약한 선수가 없는 중에 참가국 범위 확대에 따라 이란 출신 선수 셋이 나란히 리그에 입성했다. 알리 파즐리가 삼성화재와, 아레프 모라디가 대한항공과, 알리 하그파라스트가 우리카드와 계약했다. 중국 출신 선수도 둘이 들어와 장빙룽이 OK저축은행에, 덩신펑(등록명 신펑)이 현대캐피탈에 지명됐다. 한국전력은 두 시즌 연속으로 일본 선수를 데려왔다. 이번에는 센터 나가노 야마토를 지명했다. KB손해보험은 호주 출신 맥스 스테이플즈를 선택했다.

외국인 사령탑 데뷔전

컵대회는 외국인 선수와 아시아쿼터 선수 모두 출전한 가운데 경남 통영에서 열렸다. 9월 21일 막을 올려 9월 28일까지 진행됐다. 현대캐피탈을 이끈 블랑 감독은 9월 21일 OK저축은행과의 조별리그에서 3-0으로 이겨 공식전 데뷔승을 올렸다. 반면 KB손해보험의 리베라 감독은 같은 날 대한항공과의 조별리그에서 1-3으로 져 쓴맛을 봤다. 우리카드의 파에스 감독도 마찬가지였다. 9월 22일 삼성화재와의 조별리그에서 풀세트 접전 끝에 2-3으로 졌다.

9월 28일 결승전에선 현대캐피탈이 풀세트까지 가는 긴 승부 끝에 대한항공을 3-2로 꺾고 팀 통산 다섯 번째로, 2013년 이후 11년 만에 다시 컵대회 우승 트로피를 품에 안았다. 현대캐피탈은 레오와 허수봉, 신영 삼각 편대가 힘을 냈다. 허수봉이 21점, 신영이 17점, 레오가 14점을 올리며 요스바니와 이준이 각각 21점, 17점을 올린 대한항공과의 화력 대결에서 앞섰다. 그리고 컵대회 MVP엔 허수봉이 뽑혔다. 초청팀으로 참가한 상무의 선전도 눈에 띄었다. 상무는 대회 참가 사상 처음으로 준결승(대한항공 3-0 승)에 진출했다.

컵대회가 끝난 뒤 현대캐피탈과 KB손해보험은 트레이드를 진행했다. 현대캐피탈의 센터 이현승과 미들 블로커 차영석이 KB손해보험으로 가고 KB손해보험의 세터 황승빈이 현대캐피탈로 이적했다.

신인 드래프트는 시즌 개막 후인 10월 20일 열리는데 휴일(일요일)에 열린 건 드래트프 역사상 처음이었다. 대한항공이 전체 1순위로 장신 세터로 주목을 받은 김관우를 지명했다. 또 대한항공은 보유한 전체 2순위 지명권으로 장신 미들 블로커 최준혁도 선택했다. 1순위, 2순위 지명권 모두 트레이드를 통해 확보한 것이었다. 선발된 선수는 다음과 같다: 김관우, 최준혁, 최원빈, 서현일(이상 대한항공), 윤하준(한국전력), 진욱재, 조승연(이상 OK저축은행), 김요한, 박준서(이상 삼성화재), 이준영, 나웅진, 박예찬, 선홍웅, 지은우(이상 KB손해보험), 이재현, 손찬홍, 배준솔(이상 현대캐피탈), 이유빈, 서원진, 배해찬솔(이상 우리카드).

한국전력 돌풍

10월 19일 인천 계양체육관에서 열린 시즌 개막전에선 홈팀 대한항공이 웃었다. 정지석이 부상과 컨디션 난조 때문에 주 포지션인 아웃사이드 히터가 아니라 리베로로 출전한 중에 요스바니가 24점을 올리고 이준이 25점으로 깜짝 활약한 덕에 OK저축은행에 3-1로 이겼다. OK저축은행은 루코니가 16점을 올리지만 공격성공률 42.42퍼센트에 7범실로 부진했다. 장빙룡도 10점에 공격성공률 39.13퍼센트로 비교적 낮았다. 오히려 2, 3세트에 교체로 나오고 4세트엔 선발 출전한 신호진이 14점을 올리며 활약했다. 이후 시즌 초반 OK저축은행은 루코니와 장빙롱의 부진에 막혀 골머리를 앓게 된다.

현대캐피탈도 출발이 좋았다. 10월 20일 첫 상대인 우리카드와의 원정 경기에서 3-2 귀중한 승리를 거뒀다. 레오와 허수봉, 신평이 각각 26점, 21점, 13점을 올리며 제 몫을 했다. 우리카드의 아히는 30점을 올리며 기대감을 높였다. 1라운드에 현대캐피탈은 5승 1패를 거둬 '1강'이라는 평가를 받으며 순항했다. 허수봉이 1라운드 MVP가 됐다.

우리카드도 4승 2패라는 좋은 성적을 냈다. 반면 디펜딩 챔피언 대한항공은 1라운드에 4차례나 풀세트 승부를 치르는 과정에서 1승 3패를 기록해 3승 3패로 라운드를 마쳤다. 삼성화재도 외국인 선수 자리에서 아쉬움을 절감하며 역시 두 차례 2-3 패배를 겪고 3승 3패로 라운드를 마쳤다.

한국전력은 5연승으로 내달리며 1라운드에 가장 주목을 받았다. 그러나 11월 6일 현대캐피탈과의 원정 경기에서 3-2로 이겨 5연승을 거둔 그날 불운을 만났다. 5세트 듀스에서 24-22로 승부에 마침표를 찍는 오픈공격에 성공한 엘리안이 착지하는 과정에서 왼쪽 무릎 부상을 당했다. 왼쪽 무릎 슬개건과 측부 인대가 파열됐다는 진단을 받은 뒤 그는 결국 시즌 아웃됐다. 잘나가던 한국전력과 선수 입장에선 날벼락이나 다름없었다. 그가 빠진 한국전력은 11월 9일 원정길에 의정부체육관에서 열린 KB손해보험과의 1라운드 마지막 경기에서 0-3으로 졌다.

KB손해보험은 그날 승리로 5연패에서 벗어났다. 사실 KB손해보험은 시즌 개막을 앞두고 팀 분위기가 어수선했다. 결국 리베라 감독이 건강상 이유로 팀을 떠나고 마틴 블랑코 코치가 감독대행을 맡았다. 나중에 알려진 바에 따르면 리베라 감독은 단순히 건강 문제로 지휘봉을 내려놓은 게 아니었다. 오프시즌 트레이드 등 선수단 운영을 두고 마찰이 있었다.

　OK저축은행은 해결사 부재에 시달린 중에 1승 5패에 그쳐 하위권으로 처졌다. 결국 루코니를 발 빠르게 교체하고 11월 초 크리스티안 발쟈크(폴란드, 등록명 크리스)를 영입했다. 하지만 효과는 크지 않았다. OK저축은행은 2라운드에도 1승 5패라는 성적표를 받고 최하위로 처졌다.

　반면 KB손해보험은 조금씩 안정을 찾고 3승 3패로 승률 5할을 맞추며 2라운드를 마무리했다. 한국전력은 엘리안이 빠진 자리가 컸다. 임성진과 구교혁, 윤하준 등 토종 스파이커들이 힘을 내지만 2라운드에 2승 4패로 처졌다. 삼성화재는 아시아쿼터 선수인 파즐리가 제 몫을 하는 중에 그로즈다노프가 성에 차지 않았다. 그는 기량도 기량이지만 코트 안팎에서 태도가 문제로 꼽혔다. 삼성화재는 2라운드에 3승 3패로 승률 5할을 맞추는 중에도 좀처럼 앞 순위로 치고 나가지 못했다.

　우리카드도 부상 이슈와 부딪쳤다. 주포 노릇을 하던 아히가 팀 연습 도중 발목을 다쳐 치료와 재활에 최소 6~8주가 걸린다는 진단을 받은 것. 구단은 고심 끝에 12월 초 대체선수로 두산 니콜리치

(세르비아)를 영입했다. 하지만 아히가 빠진 자리를 메우지 못하고 2라운드에 2승 4패를 기록했다.

대한항공과 현대캐피탈은 순항했다. 모두 각각 5승 1패라는 라운드 성적을 거둬 상위권에 자리했다. 허수봉이 1라운드에 이어 다시 한 번 라운드 MVP로 뽑히며 자신의 가치를 증명했다.

분위기 바꾼 KB손해보험

12월 초 한국전력은 엘리안을 대신할 선수로 지난 2019/20시즌 KB손해보험, 2020/21시즌 삼성화재에서 뛴 리그 유경험자 마테우스를 영입했다. 마테우스는 12월 13일 수원체육관에서 열린 OK저축은행과의 홈경기에 복귀해 1-3으로 지는 중에도 42점에 공격성공률 55.41퍼센트를 기록했다. 권영민 감독과 팀 입장에선 그나마 만족스러운 결과였다. 그러나 그런 마테우스마저 쓰러졌다. 4라운드인 2025년 1월 21일 안산 상록수체육관에서 열린 OK저축은행과의 원정 경기 도중 1세트 25-25 듀스 상황에서 블로킹을 시도한 뒤 착지하다가 오른쪽 발목을 접질린 것. 마테우스는 윤하준과 교체돼 코트를 떠나는데 병원 검진 결과 발목 인대가 파열돼 8주 동안 치료가 필요하다는 소견을 받았다. 수술까지 가지는 않더라도 사실상 시즌 아웃이나 다름없었다. 한국전력은 그날 3-1로 이겨 3라운드 맞대결에서 당한 패배를 설욕하지만 웃을 수 없었다. 마테우스는 그날 경기까지 포함해 5경기에 나와 총 124득점에 공격성공률 54.42퍼센트를 기록한 것으로 시즌을 마감하게 됐다. 한국전력은 결국 대체선수를 영입하지 않고 국내 선수들만으로 남은 정규리그 일정을 치르기로 했다. 3, 4라운드에 각각 1승만 올리는 데 그친 뒤 사실상 봄배구에 진출할 기대를 일찌감치 접었다.

블랑코 감독대행 체제로 시즌을 시작한 KB손해보험은 3라운드에 들어 새 사령탑을 맞이했다. 12월 중순 브라질 출신 이사나예 라미레스 감독을 내정했다. 하지만 후폭풍에 시달렸다. 현 한국 남자 대표팀 사령탑을 맡고 있는 그가 프로팀의 감독까지 겸직하는 것이 맞느냐는 반대 목소리가 커졌다. 결국 구단은 라미레스 감독 선임을 백지화하고 2025년 1월 초 같은 브라질 출신인 레오나르두 아폰소 감독에게 지휘봉을 맡겼다. 여기에 시즌 초반 홈코트인 의정부체육관을 안전 문제 때문에 사용할 수 없게 된 뒤 안산 상록수체육관과 인천 계양체육관을 오가며 임시로 홈경기를 치르는 등 어수선한 분위기가 지속됐다.

그럼에도 KB손해보험은 반전에 성공했다(결국 의정부 경민대 체육관을 임시 홈구장으로 사용). 12월 14일 현대캐피탈과의 맞대결에서만 0-3으로 질 뿐 3라운드에 5승 1패를 거뒀다. KB손해보험 상승세를 주도한 비예나가 3라운드 MVP에 선정됐다.

레오와 허수봉이 건재한 현대캐피탈은 3라운드 전승으로 내달리며 1위 독주 체제를 갖췄다. 2라운드에 2승에 그친 우리카드도 알리의 활력소 역할 덕분에 3라운드엔 4승 2패로 선전했다. 반면 대한항공은 3승 3패에 머물러 1위 현대캐피탈과의 격차를 좁히지 못했다.

OK저축은행과 삼성화재는 힘을 내지 못했다. 각각 2승 4패, 1승 5패에 그쳤다. 두 팀은 3라운드가 끝난 뒤 승부수를 던졌다. 각각 외국인 선수와 아시아쿼터 선수를 바꾼 것. 삼성화재는 그로즈다노프와 결별하고, 대한항공에서 어깨 부상을 당한 요스바니를 대신해 임시 대체선수로 뛰고 있던 막심을 데려왔다. OK저축은행도 부상으로 인해 결장 기간이 길어진 장빙룡과 헤어지고 센터인 하마다 쇼타(일본)와 계약했다. 하지만 두 팀은 교체 효과를 못 봤다. 4라운드에 삼성화재는 2승을 올리는 데 그치고 OK저축은행은 라운드 전패(6패)를 당했다. 한국전력도 4라운드에 1승에 그쳐 세 팀이 하위권을 형성했다.

반면 현대캐피탈과 KB손해보험은 잘나갔다. 현대캐피탈은 4라운드에도 전승하며 16연승까지 치고 나가고 레오도 4라운드 MVP에 이름을 올렸다. KB손해보험 역시 4라운드에 5승 1패라는 좋은 성적을 냈다. 또 4라운드에 들어 부상과 컨디션 난조로 활약도가 떨어진 스테이플즈를 떠나보내고 같은 포지션(아웃사이드 히터)인 모하메드 야쿱(바레인)을 영입했다.

대한항공도 4라운드 시작을 앞두고 아시아쿼터 선수를 교체했다. 아레프와의 계약을 해지하고 지난 시즌 한국전력에서 뛴 료헤이를 영입해 약점으로 꼽히던 리베로 자리를 보강했다. 이번엔 삼성화재, OK저축은행과 달리 교체 효과를 봤다. 대한항공은 4라운드에 4승 2패를 거둬 2위 자리를 지켜냈다. 우리카드도 3라운드와 마찬가지로 4승 2패를 거둬 3위 KB손해보험을 추격 가시권에 뒀다.

2위 경쟁

현대캐피탈은 선두 자리를 내주지 않고 독주했다. 연승이 16경기에서 끝나지만 2위 대한항공, 3위 KB손해보험과는 격차가 컸다. 결국 5라운드인 2월 22일 장충체육관에서 열린 우리카드와의 원정 경기에서 3-1 승리를 거둬 남은 6라운드 경기의 결과와 상관없이 1위를 확정했다. 팀 통산 6번째이자 2017/18시즌 이후 7시즌 만에 차지한 정규리그 1위다. 그리고 역대 최단 기간에 정규리그 1위를 확정한 신기록이기도 하다. 종전 최단 기록은 2012/13시즌 삼성화재의 '잔여 5경기'였는데 당시에는 정규리그 30경기 체제였다. 36경기 체제인 2017/18시즌 때 기록한 '잔여 4경기'를 현대캐피탈이 자체 경신한 셈.

그런 가운데 2위 경쟁이 더욱 치열해졌다. 5라운드에 대한항공이 4승 2패로 좋은 성적을 내는 동안 KB손해보험도 전승으로 내달리며 계속 압박했다. 급기야 KB손해보험은 6라운드인 2월 28일 수원체육관에서 치른 한국전력과의 원정 경기에서 3-1로 이겨 팀 최다인 9연승을 달성했다. 두 팀의 순위는 결국 6라운드 막판 뒤바뀌었다. 대한항공이 6라운드에 2승 4패로 주춤하는 사이 KB손해보험은 4승 2패로 좋은 흐름을 유지했다. 나경복과 비예나 좌우 쌍포에 야쿱의 가세로 안정적인 전력을 갖춘 게 컸다. 비예나가 5, 6라운드 연달아 MVP로 뽑힌 것과 함께 KB손해보험이 24승 12패(승점 69)로 2위를 확정했다.

21승 15패(승점 65)를 기록한 대한항공은 3위로 밀려나자 봄배구를 준비하려고 6라운드 도중 요스바니를 교체했다. 시즌 내내 부상 이슈가 끊이지 않던 요스바니는 어깨를 비롯해 오른쪽 무릎까지 탈이 난 상태였다. 3월 초 대한항공은 지난 2020/21시즌과 2021/22시즌 삼성화재 등에서 뛴 뒤 그리스리그에서 뛰고 있던 러셀을 전격 영입했다.

봄배구 진출의 꿈을 끝까지 놓지 않던 우리카드는 결국 뜻을 이루지 못했다. 6라운드에 4승 2패를 거두며 선전해 18승 18패(승점 51)로 승률 5할을 맞추지만 3위 대한항공과의 격차가 컸다. 그렇게 우리카드는 신영철 전 감독 시절 단골손님처럼 진출하던 봄배구에 초대받지 못했다. 삼성화재와 한국전력은 13승 23패로 승패가 같은 중에 승점에서 앞선 삼성화재(승점 43)가 한국전력(승점 35)을 제치고 5위가 됐다. 삼성화재는 지난 시즌에 비해 6승이 줄어든 성적을 내고도 오히려 순위는 한 계단 올라갔다.

OK저축은행은 롤러코스터를 제대로 탔다. 지난 시즌 챔피언결정전 준우승팀이던 팀이 7승 29패(승점 27)를 기록해 시즌을 최하위로 마쳤다. 정규리그 최종일인 3월 20일 천안 유관순체육관에서 열린 현대캐피탈과의 원정 경기에서 0-3으로 패한 뒤 오기노 감독은 자진 사퇴를 밝혔다. 구단은 나흘 뒤인 3월 24일 신영철 감독을 새로운 사령탑으로 선임했다.

트레블 달성

3월 26일 경민대 체육관에서 열린 플레이오프 1차전에서 KB손해보험이 대한항공을 3-1로 꺾고 기선 제압했다. 비예나와 나경복, 야쿱 삼각 편대가 각각 23점, 15점, 11점을 올리고 미들 블로커 박상하와 차영석이 15점을 합작했다. 대한항공은 러셀이 31점으로 힘을 내지만 화력 대결에서 밀렸다. 그렇게 KB손해보험은 케이타와 함께한 2021/22시즌 이후 3시즌 만에 챔피언결정전에 진출할 것 같았다. 하지만 '4시즌 연속 통합우승'을 달성한 대한항공은 저력이 있었다.

3월 26일 인천에서 열린 2차전에서 대한항공이 3-0으로 이겨 시리즈 승부를 원점으로 돌렸다. 고비마다 강력한 서브를 터뜨린 러셀의 활약이 컸다. 그는 서브 에이스 4개에 22점을 올렸다. 반면 KB손해보험은 비예나의 체력에 발목이 잡힌 듯했다. 그는 14점에 공격성공률 41.67퍼센트를 기록했다.

3월 28일 다시 경민대 체육관에서 열린 3차전에서 대한항공이 3-0으로 KB손해보험을 꺾고 2승 1패로 챔피언결정전 티켓을 손에 넣었다. KB손해보험 입장에선 2차전과 마찬가지로 힘이 빠진 비예나가 아쉬웠다. 비예나는 10점에 공격성공률 34.78퍼센트를 기록하며 정규리그와 달리 기대치에 모자란 모습을 보였다. 반면 러셀은 시리즈 내내 강력한 서브와 스파이크를 앞세워 주포의 역할을 맡았다. KB손해보험이 3세트에 듀스 승부까지 끌고 갈 때도 대한항공은 집중력을 잃지 않았다. 26-26 상황에서 러셀이 시도한 퀵오픈을 통해 27-26 리드를 잡은 다음 나경복의 후위공격을 미들 블로커 김민재가 가로막으며 승부에 마침표를 찍었다.

챔피언결정전 승부는 다소 싱거웠다. 현대캐피탈이 대한항공을 상대로 3연승을 거두며 시리즈 내내 압도했다. 그렇게 컵대회 우승에 통합우승까지 거둬 그해 트레블을 달성하게 됐다. 레오와 허수봉 쌍포가 상대인 러셀과 정지석, 정한용을 앞선 덕에 현대캐피탈은 시리즈 세 경기 모두 3-1로 이겼다. 레오와 허수봉은 1, 2차전 모두 각각 25점, 17점을 올리고 3차전에도 각각 19점, 22점을 올리며 꾸준한 모습을 보였다. 러셀은 3차전에 33점을 기록하지만 4세트 후반 추격 흐름에 찬물을 끼얹는 공격 범실을 저질렀다. 대한항공은 챔피언결정전이 끝난 뒤 틸리카이넨 감독에게 작별을 고했다. 구단은 4월 10일 브라질 출신의 헤난 달 조토 감독을 새로운 사령탑으로 선임했다.

챔피언결정전 MVP엔 레오가 선정됐다. 삼성화재 시절인 2012/13시즌과 2013/14시즌 이후 개인 통산 세 번째 수상이다. 정규리그 MVP엔 허수봉이 이름을 올렸다. 신설된 영플레이어 부문에는 우리카드의 세터 한태준이 뽑혔다.

베스트7에는 KB손해보험 선수 3명이 뽑혔다. 황택의가 센터, 비예나가 아포짓, 정민수가 리베로에 각각 이름을 올렸다. 아웃사이드 히터에는 현대캐피탈의 우승 주역인 허수봉과 레오가 나란히 선정됐다. 그리고 삼성화재의 높이를 책임진 김준우와 베테랑 신영석이 미들 블로커에 자리했다. 블랑 감독이 리그 데뷔 첫 시즌에 감독상을 받고 정준호와 이상렬이 심판상을 수상했다. 그린카드(12회)를 제일 많이 받은 현대캐피탈이 페어플레이상도 받아 그해 시즌을 완벽히 마무리하게 됐다. 그린카드 수는 한국전력과 우리카드가 각각 9회, OK저축은행과 KB손해보험이 각각 8회, 삼성화재가 6회, 대한항공이 1회였다.

V리그 연대기 둘

: 쿠바특급, 시몬스터, 슈퍼땅콩, 씻은배추줄기, 산수형까지

2025년 6월 11일 1판 1쇄 발행

지은이 류한준, 김효경
펴낸이 임후성 **펴낸곳** 북콤마
디자인 sangsoo **편집** 김삼수

등록 제2023-000246호
주소 (10449) 경기도 고양시 일산동구 호수로 336 103-309호
전화 031-955-1650 **팩스** 0505-300-2750
이메일 bookcomma@naver.com
블로그 bookcomma.tistory.com

ISBN 979-11-87572-50-3 03690
  979-11-87572-51-0 (세트)

이 책에 인용된 작품 일부는 저작권자가 확인되는 대로 정식 동의 절차를 밟겠습니다.
이 책의 전부 또는 일부를 이용하려면 반드시 저작권자와 도서출판 북콤마의 동의를 얻어야 합니다.

, BOOKCOMMA